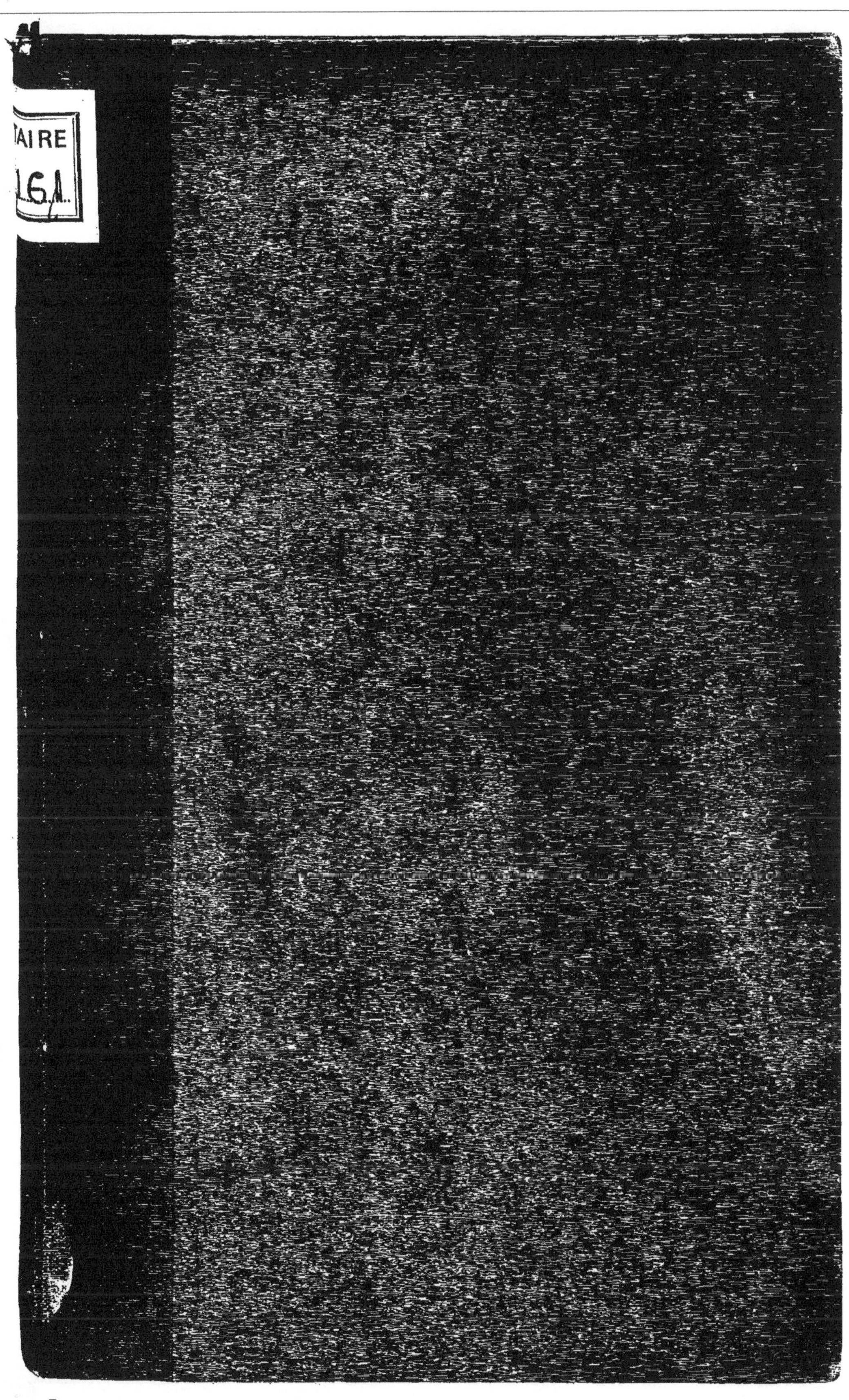
TAIRE

330

LOIS
DE L'ALGERIE

ANNÉE 1844.

RECUEIL PLUS COMPLET QUE L'EDITION OFFICIELLE,

COMPRENANT

Les Ordonnances royales, Arrêtés ministériels et Arrêtés du Gouverneur-Général et du Directeur de l'Intérieur.

Avec des Annotations et une Table alphabétique des matières.

PAR M. A. FRANQUE,

AVOCAT A LA COUR ROYALE, AUTEUR DE LA CODIFICATION DE LA LÉGISLATION FRANÇAISE, DE LA GALERIE HISTORIQUE DE L'ALGÉRIE.

Prix : 2 francs.

Les années 1845 et 1846 sont sous presse.

A LA FIN DE 1847, L'ON PUBLIERA UNE TABLE GÉNÉRALE POUR LES TROIS ANNÉES 1844, 1845 ET 1846.

L'année 1847 paraîtra dans le premier trimestre de 1848.

DUBOS FRÈRES ET MAREST, ÉDITEURS.

PARIS, 18, rue Ste-Marguerite-St-Germain. || ALGER, rue Bab-Azoun.

A PARIS, CHEZ J. DUMAINE, PASSAGE DAUPHINE.

Et chez les principaux Libraires de France et d'Algérie.

AVIS.

Le présent Recueil est plus complet que la collection officielle, car il renferme des arrêtés qui n'ont été insérés qu'au *Moniteur algérien* ou au *Journal militaire*.

Il distingue les textes abrogés de ceux qui sont en vigueur.

Il reproduit les actes législatifs dans un ordre chronologique rigoureux, ce que n'ont pu faire les collections officielles.

Par des notes de concordance, il facilite l'étude de la législation algérienne, où la même matière, par la mobilité et le développement rapide des événements, est déjà souvent régie par un assez grand nombre de textes divers.

La première date, sous laquelle nous reproduisons les actes législatifs, est celle de la sanction; la deuxième, celle de la promulgation. —Nous avons dû nous conformer, en ceci, à un usage généralement suivi en France pour la collection des lois, quoique cet usage soit extrêmement vicieux et contraire à tous les principes.

LES

PRINCES EN AFRIQUE,

1 vol. in-8. — Prix : 5 fr.

Les PRINCES EN AFRIQUE ouvrent la *Galerie historique de l'Algérie.*

ONT PARU :

LE DUC D'ORLÉANS,

LE DUC D'AUMALE,

LE DUC DE MONTPENSIER.

Le prince de JOINVILLE et le duc de NEMOURS seront incessamment publiés.

PREMIERS SOUSCRIPTEURS.

Le ROI, pour un grand nombre d'exemplaires;
Le MINISTRE DE LA GUERRE, pour 50 exemplaires;
Le MINISTRE DE LA MARINE, pour 11 exemplaires;
Etc., etc.

ANNÉE 1843

(SUPPLÉMENT.)

GOUVERNEMENT DU MARÉCHAL BUGEAUD.

16—26 Décembre.—*Ordonnance Royale concernant les inspecteurs des finances employés en Algérie.*

Louis-Philippe, etc.

Vu notre ordonnance du 21 août 1839 et notamment les articles 114, 115 et 116 de ladite ordonnance, relatifs aux attributions des inspecteurs des finances de l'Algérie;

Vu notre ordonnance du 28 mars 1842, concernant l'organisation du personnel de l'inspection générale des finances; sur le rapport de nos ministres secrétaires d'État de la guerre et des finances, etc. (1).

Art. 1er. Les inspecteurs des finances employés en Algérie seront compris dans les cadres de l'inspection continentale, et relèveront directement de notre ministre des finances. Ils seront placés sous les ordres immédiats de l'inspecteur de 1re classe, que notre ministre des finances déléguera à cet effet. Les attributions de l'inspecteur de 1re classe, chef de la mission, embrasseront les services de trésorerie et des postes, et tous les autres services financiers sans exception. Cet inspecteur communiquera au directeur des finances tous les rapports concernant les vérifications effectuées, soit d'office, soit à la demande de ce dernier fonctionnaire.

Art. 2. Pour l'exécution de l'article précédent, les cadres de l'inspection continentale, formés par notre ordonnance du 28 mars 1842, seront augmentés de deux inspecteurs de 2e classe et de deux inspecteurs de 3e.

Art. 3. La dépense des traitements fixes et des frais de tournée de l'inspecteur, chef de service de l'inspection en Algérie, et de quatre inspecteurs attachés à la mission, sera à la charge du département de la guerre.

Art. 4. Toutes les dispositions contraires à la présente ordonnance sont et demeurent abrogées.

Art. 5. Nos ministres de la guerre et des finances sont chargés, etc.

16—26 Décembre.—*Ordonnance Royale relative au service de la trésorerie et des postes de l'Algérie.*

Louis-Philippe, etc.

Vu notre ordonnance du 21 août 1839 sur les services financiers de l'Algérie; sur le rapport de nos ministres secrétaires d'État de la guerre et des finances, etc.

Art. 1er. Le service de la trésorerie et des postes de l'Algérie, jusqu'à présent centralisé entre les mains d'un seul trésorier-payeur, sera confié, à partir du 1er janvier 1844, à trois trésoriers-payeurs aux résidences d'Alger, d'Oran et de Constantine (1).

(1) Cette ordonnance introduit un changement notable dans le régime financier. Avant elle, la direction de tous les agents des administrations financières appartenait au directeur des finances. Elle crée des inspecteurs des finances, qui restent compris dans le cadre de l'inspection continentale, et relèvent directement du ministre des finances. Ce qui peut paraître singulier dans cette nouvelle organisation, c'est que la dépense est mise à la charge du département de la guerre.

(1) Cette division du service de la trésorerie était

Art. 2. Les trois trésoriers-payeurs rempliront, pour le service des recettes et dépenses par province, toutes les fonctions attribuées au trésorier-payeur par notre ordonnance du 21 août 1839. Ils seront sous les ordres de notre ministre des finances, et justiciables de notre cour des comptes. Ils fourniront, avant d'être installés dans leurs fonctions, un cautionnement en numéraire, dont la quotité sera fixée par notre ministre de la guerre.

Art. 3. Nos ministres de la guerre et des finances sont chargés, etc.

27 Décem. — 26 Janv. — CULTES RÉFORMÉS. — *Ordonnance royale qui approuve l'élection de M. Dürr en qualité de pasteur auxiliaire de l'église consistoriale d'Alger.*

Louis-Philippe, etc.

Vu le rapport de notre garde-des-sceaux, ministre secrétaire d'État au département de la justice et des cultes ;

Vu notre ordonnance du 31 octobre 1839, relative à l'organisation du culte protestant en Algérie ;

Vu notre ordonnance du 10 juillet 1842, portant création de deux nouveaux oratoires protestants en Algérie : l'un du culte réformé, à Oran, l'autre du culte de la confession d'Augsbourg, à Dély-Ibrahim ;

Vu le procès-verbal de la séance du consistoire d'Alger, du 24 juillet 1843, duquel il résulte que le sieur Dürr (Timothée-Jacques) a été élu pasteur auxiliaire audit consistoire, pour desservir l'oratoire de Dély-Ibrahim ;

Vu l'avis du directoire de la confession d'Augsbourg, en date du 26 août 1843 ;

Vu l'avis de notre ministre secrétaire-d'État au département de la guerre ;

Art. 1er. Est approuvée l'élection faite le 24 juillet 1843, par le consistoire d'Alger, de M. Dürr (Timothée-Jacques), en qualité de pasteur auxiliaire de l'Église consistoriale d'Alger, pour desservir l'oratoire de la confession d'Augsbourg, créé par notre ordonnance du 10 juillet 1842, ci-dessus visée.

Art. 2. Notre garde-des-sceaux, ministre secrétaire d'État au département de la justice et des cultes, et notre ministre de la guerre sont chargés, etc.

réclamée par les besoins du service. Depuis, la division par de l'Algérie elle-même en 3 provinces a été consacrée l'article 11 de l'ordonnance royale du 15 avril 1845.

ANNÉE 1844.

GOUVERNEMENT DU MARÉCHAL BUGEAUD.

2 — 29 Janv. — RESPONSABILITÉ DES TRIBUS A L'ÉGARD DES VOLS ET CRIMES COMMIS SUR LEUR TERRITOIRE. — *Circulaire n° 1, du Gouverneur-Général à MM. les Commandants des divisions et subdivisions, et à M. le Directeur des affaires arabes.*

Déjà plusieurs meurtres et plusieurs vols ont été commis dans les provinces, sans que nous ayons pu en découvrir les véritables auteurs. Nous avons eu des soupçons, mais pas de certitude, et nous avons dû imposer des amendes à toute la tribu sur le territoire de laquelle le méfait avait été commis. Comme il est essentiel de mettre fin à ces actes et de procéder uniformément pour arriver à leur répression, je vais vous donner la marche générale à suivre en pareille circonstance.

Après avoir commis un vol ou un assassinat, le premier soin du coupable est de se cacher; il prend d'autant plus de précautions qu'il aperçoit qu'on fait plus de recherches pour le découvrir; si, au contraire, il peut supposer que son crime est passé inaperçu, il reprend confiance, il observe moins, et une active surveillance l'a bientôt reconnu.

Chez les Arabes surtout, un voleur ou un assassin ne peut jamais entièrement cacher son méfait; car tous se connaissent entre eux, tous ont une demeure, une famille, des amis; ceux-ci ne peuvent manquer d'apprendre la cause de l'assassinat, si c'est une vengeance exercée; ils voient aussi presque toujours les objets volés, si le meurtre a été commis par cupidité; or un secret est bien vite acheté des Arabes. Voici donc les mesures à prendre pour arriver à la connaissance des coupables : Nous devons maintenir la responsabilité et la solidarité des tribus; mais il ne faut appliquer à tous la punition méritée par un seul qu'à la dernière extrémité.

Il est bien plus utile et bien plus exemplaire de châtier les véritables coupables, que de faire rentrer dans les caisses de l'Etat quelques milliers de boudjoux payés par les innocents.

Ainsi nous devons prévenir les Aghas qu'ils seront frappés eux-mêmes d'une amende, si, au bout de deux mois, les auteurs d'un crime ne sont pas découverts : les Kaïds seront également prévenus qu'ils seront destitués si des assassinats ou des vols fréquents sont commis dans leurs tribus et que les coupables ne soient pas livrés. Enfin, on doit adresser des circulaires à toutes les tribus, pour bien leur faire comprendre qu'elles sont responsables des délits commis sur leur territoire, et qu'elles n'ont pas d'autre moyen d'éviter une amende générale que de dénoncer les coupables.

Nous devons pour cela leur accorder un délai de soixante jours, afin de bien leur prouver que notre but, en frappant l'amende, n'est pas de pressurer, mais bien d'assurer la tranquillité dans tout le pays.

Du reste, la responsabilité des Aghas et Kaïds rassurera les tribus; car c'est aux fonctionnaires qui jouissent des avantages et des prérogatives du pouvoir de veiller plus que tous les autres au maintien de l'ordre et à la répression des brigandages.

Il est important aussi de prévenir tous les Aghas, Kaïds, Cheiks, qu'ils seront frappés d'amendes et même destitués, suivant le cas, s'ils permettent la vente d'objets volés dans les marchés de leur territoire, et s'ils donnent ou laissent donner refuge dans l'étendue de leur commandement aux malfaiteurs d'un autre aghalick ou d'une autre province.

Cette mesure donne une garantie de plus aux populations, car souvent il arrive que les crimes sont commis par des gens étrangers à la tribu et qui se sauvent ensuite dans la leur, où ils espèrent trouver l'impunité.

Il faut, en outre de ces dispositions prises à l'égard des chefs indigènes et de leurs administrés, envoyer des espions intelligents sur les lieux où a été commis le crime et ne pas craindre de les payer largement s'ils découvrent les coupables; car deux ou trois punitions exemplaires mettraient fin à ces actes qui, quoique isolés, maintiennent de l'inquiétude dans le pays.

J'espère, Général, que l'application immédiate de ces règles nous amènera à d'heureux résultats.

12 — 29 Janv. — Mode de nomination et révocation des Kaïds, Hakems et Cadis. — *Circulaire n° 2, du Gouverneur-Général à MM. les Officiers Généraux et Colonels commandant les Divisions et les Subdivisions, et à M. le Directeur des affaires arabes.*

Voulant rendre uniforme la marche à suivre pour la nomination et la révocation des chefs indigènes, j'ai arrêté les dispositions suivantes :

Les Kaïds seront nommés par les commandants de province sur la présentation du commandant de la subdivision qui, lui-même, aura été éclairé sur le choix à faire par une proposition de l'Agha dans le ressort duquel se trouve le kaïdat vacant.

La même marche sera observée pour la nomination des Hakems et des Cadis; seulement, comme pour ces derniers les commandants de division, parfaitement aptes à prononcer sur les conditions de moralité d'un Cadi, pourraient ne pas pouvoir juger de même ses connaissances en lois et religion, ils devront exiger un certificat d'aptitude délivré par le Medjelès de la subdivsion ou du lieu le plus voisin où il en aura été institué.

Quant à la révocation des Kaïds, Hakems et Cadis, elle aura lieu sur la proposition du commandant de la subdivision au commandant de la division qui prononcera et me rendra compte immédiatement.

Dans un cas d'urgence bien déterminée, comme trahison, correspondance avec l'ennemi, le commandant de la subdivision pourra opérer immédiatement l'arrestation du Kaïd coupable. Il pourra faire exercer ses fonctions provisoirement. Il sera tenu d'en référer immédiatement au commandant de la province, qui prononcera définitivement et me fera connaître les motifs de sa décision.

Le bernous d'investiture est pour les Arabes le signe de la nomination et de l'entrée en fonctions. C'est donc au commandant de la division qu'appartient le droit de le donner. Lorsque les circonstances s'y opposeront, il peut déléguer le commandant de la subdivision pour le remplacer.

Le cachet, chez un peuple qui ne possède que peu de gens doués de quelque instruction, forme un complément de l'investiture. La confection ne pourra donc en être ordonnée que d'après une autorisation écrite et émanée du commandant de la division. Nous avons eu tant d'exemples d'abus coupables faits de ces cachets, qui tantôt avaient été dérobés, tantôt imités par d'adroits faussaires, qu'on ne saurait apporter trop d'attention dans le choix des orfèvres chargés de le graver. Dans chaque division il y aura donc lieu à désigner un homme de confiance qui seul en sera chargé. On fera prévenir les autres orfèvres qu'ils seraient passibles de peines sévères s'ils venaient à confectionner des cachets. Le prix en sera payé par le fonctionnaire investi.

En cas de destitution, le cachet sera immédiatement retiré au fonctionnaire révoqué. Quant à ceux d'un ordre supérieur à celui que nous avons énuméré, tels que Agha, Bache-Agha et Kalifa, lorsqu'un emploi se trouvera vacant, MM. les commandants de province me feront la proposition d'un candidat. J'en référerai au ministre, qui en proposera la nomination à S. M.

Tout en laissant l'initiative de proposition à MM. les commandants de division, ils ne devront point négliger de se faire donner par les commandants de subdivision tous les renseignements qui pourraient éclairer leur choix.

L'importance des fonctions de Kalifa, d'Agha et de Bache-Agha, appelés à administrer un grand nombre de tribus, exige que leur révocation définitive ne puisse avoir lieu que par décision royale.

Dans les circonstances ordinaires, celui de ces fonctionnaires qui aurait encouru une destitution serait l'objet d'une proposition motivée de la part du commandant de la province au gouverneur-général, qui en réfère au ministre.

Dans un cas d'urgence telle que tout retard serait funeste, MM. les commandants de division pourront prendre sur eux d'ordonner l'arrestation immédiate du chef devenu dangereux, mais ils seront tenus d'en rendre compte dans le plus bref délai.

L'investiture des Kalifa, Bache-Agha ou Agha appartient en principe au gouverneur-général, mais les circonstances d'éloignement s'opposant souvent à ce qu'il puisse y présider, cette fonction pourra être déléguée aux commandants de province.

Les mêmes précautions et règles indiquées pour les cachets des Kaïds seront suivies pour ceux des fonctionnaires d'un ordre plus élevé.

Je vous invite à faire connaître les dispositions de cette circulaire à tous les fonctionnaires arabes qui servent sous vos ordres, afin qu'ils connaissent bien les garanties dont on les entoure.

13 Janv. — 12 Fév. — JUSTICE ET TRIBUNAUX. — *Arrêté ministériel qui supprime le 4e titre de commis-greffier près le tribunal du 1re instance d'Alger, et crée deux emplois de commis auxiliaires.*

Art. 1er. Le quatrième titre de commis-greffier près le tribunal de première instance d'Alger, est supprimé.

Art. 2. Il est créé deux emplois de commis auxiliaires au même greffe, à la nomination desquels il sera pourvu par les soins du procureur-général du Roi en Algérie.

Art. 3. Le procureur-général du Roi en Algérie est chargé, etc.

13 — 26 Janv. — CIMETIÈRES. — *Arrêté du Directeur de l'Intérieur, qui qui affecte un terrain de 1,800 mètres au lieu dit* DJEBEL-SIDI-BEN-NOUR, *à l'établissement d'un nouveau cimetière des Mozabites.*

Vu la demande formée par l'Amin et les Mkaddems des Mozabites, à l'effet d'être autorisés à établir un cimetière pour les gens de leur secte, au lieu dit Djebel-Sidi-ben-Nour, situé dans la commune de Boudjaréah;

Vu l'avis de l'architecte, chef du service des travaux coloniaux, duquel il résulte que l'emplacement ci-dessus indiqué réunit toutes les conditions propres à l'usage auquel on le destine;

Vu les articles 2 et 3 du décret du 12 juin 1804 (23 prairial an XII), relatif à la distance où doivent être les cimetières des lieux servant d'habitation, à leur situation et à leur clôture;

Considérant que les nouvelles constructions qui se sont élevées au faubourg Bab-Azoun n'ont pas permis de laisser dans leur voisinage l'ancien cimetière des Mozabites, qui se trouve enclavé dans la nouvelle enceinte de la ville.

Art. 1er. Est affecté à l'établissement du nouveau cimetière des Mozabites le terrain d'une superficie de dix-huit cents mètres environ, acquis par le chef de cette corporation, au lieu dit Djebel-Sidi-ben-Nour, et limité : au nord, par la route de la Pointe-Pescade; au sud, par un petit chemin de ceinture allant à Boudjaréah; à l'est, par la propriété du maure Ben Louzen, à cent mètres environ du cimetière européen; à l'ouest, le ravin correspondant à la première batterie après le Fort des Anglais.

Art. 2. Les maires d'Alger et de Boudjaréah sont chargés, etc.

15 — 26 Janv. — IMPORTATIONS. — *Arrêté du Gouverneur-Général qui lève la prohibition générale d'importation prononcée par l'article 16 de l'ordonnance du 16 décembre 1843, en ce qui concerne les objets dénommés audit arrêté.*

Vu l'ordonnance du 16 décembre 1834, sur les droits de douane et de navigation à percevoir en Algérie;

Sur la proposition du directeur des finances;

Le conseil d'administration entendu :

En vertu de l'approbation donnée le 26 décembre 1843 par M. le ministre de la guerre, conformément à l'art. 21 de l'ordonnance du 16 décembre 1843 (1);

Art. 1er. La prohibition générale d'importation, prononcée par l'article 16 de l'ordonnance du 16 décembre 1843, est levée en ce qui concerne les objets admis en Algérie en franchise de droits, savoir (2) :

Les grains et farines, légumes verts, lait, beurre, œufs, volaille, gibier, bois à brûler, charbons de bois et de terre, bois de construction et de menuiserie, marbre brut et

---

(1) Voy. ci-dessous l'arrêté du 29 janvier 1844.

(2) Les marchandises à l'égard desquelles l'article 1re ci-dessus lève la prohibition, étaient déjà affranchies de tout droit à leur entrée *par mer* dans la colonie, par l'ordonnance organique du 16 décembre 1843. Il n'y avait donc aucun inconvénient grave à les affranchir également de tout droit à leur entrée *par terre* avec les Etats voisins.

Mais la prohibition des marchandises tarifiées (assujéties au paiement d'un droit d'entrée) a été maintenue.

Pour assurer l'exécution de ces mesures prohibitives, l'arrêté du 15 janvier ci-dessus introduit la disposition exceptionnelle de l'article 2, par laquelle les indigènes sont admis à concourir avec le service de Douane à la répression de la contrebande sur les frontières de terre de Tunis et de Maroc.

scié en tranches sans autre main-d'œuvre, pierres à bâtir, chaux, plâtre, pouzzolane, briques, tuiles, ardoises, carreaux en terre cuite ou en faïence, verres à vitre, fonte, fers et aciers fondus ou forgés, fer-blanc, plomb, cuivre, zing, étain à l'état brut, ou simplement étiré ou laminé, chevaux et bestiaux; plants d'arbres et graines pour semences.

Tous autres objets provenant des États de Maroc ou de Tunis, sont et demeurent prohibés à l'importation par terre sous les peines portées par l'article 16 de l'ordonnance du 16 décembre 1843 ;

Art. 2. Des arrêtés ultérieurs détermineront, s'il y a lieu, ceux de ces objets qui pourront être admis par terre, les points d'importation et les conditions à imposer à la circulation.

Art. 3. Les chefs arabes des tribus frontières, autorisés à cet effet par une commission écrite, signée par les commandants supérieurs, auront le droit d'arrêter et de retenir tout chargement des objets prohibés introduits sur les frontières de terre en contravention à l'ordonnance du 16 décembre, ainsi que les introducteurs et les moyens de transport.

Art. 4. Les personnes en contravention, les objets saisis et les moyens de transport, seront conduits immédiatement près du commandant supérieur le plus voisin du lieu de la saisie. Celui-ci nous en rendra compte et fera remise des objets aux employés des douanes, ou à défaut au receveur des contributions diverses, qui rédigera le procès-verbal, requerra l'incarcération des contrevenants et suivra l'affaire conformément aux réglements.

Le produit des amendes et de la confiscation, déduction faite des frais, de la part revenant au trésor et au receveur, sera payé immédiatement au chef arabe qui aura fait la saisie (1).

Art. 5. Le directeur des finances et les commandants supérieurs sont chargés, etc.

16 Janv. — 20 Fév. — **Cérémonies publiques** — *Circulaire du Gouverneur-Général à MM. les Généraux et Colonels commandant les divisions et subdivisions, touchant le mode de convocation des agents financiers aux cérémonies publiques.*

Par décision du 18 novembre dernier, j'ai réglé le mode de convocation aux cérémo-

26 janv. 1844. — Décision du Gouverneur général.

Nous, maréchal de France, gouverneur général de l'Algérie,

Vu l'ordonnance du 16 décembre 1843 qui probibe l'importation par terre des marchandises venant des états limitrophes de l'Algérie ;

Vu l'arrêté du 15 janvier 1844 qui confère aux chefs des tribus frontières commissionnés à cet effet par les commandants su-

(1) Une décision de M. le maréchal duc D'Isly du 26 janvier 1844 a complété cet arrêté, en réglant le mode de constatation des contraventions, et en en déférant la connaissance aux conseils de guerre. Nous rapportons ci-dessous cette décision qui est toujours en vigueur et qui n'a reçu aucune publication officielle.

Une grave question de compétence s'est élevée à ce sujet.

On a fait remarquer que les délits de contrebande ou de fraude en matière d'octroi sont des délits spéciaux dont la connaissance est réservée exclusivement aux tribunaux ordinaires, et qui, par cela seul, entrainent toujours devant cette juridiction les militaires en activité de service présents sous les drapeaux, qui s'en sont rendus coupables. L'on a ajouté que les conseils de guerre devaient d'autant moins intervenir dans toute affaire de ce genre, que l'article 23 de l'ordonnance royale du 16 décembre 1843, déclare que les lois, décrets, ordonnances et réglements qui règlent les douanes en France, seront applicables en Algérie en tout ce qui n'est pas contraire aux dispositions de cette ordonnance.

Mais il importe de ne point perdre de vue que l'Algérie est *nécessairement* placée sous un régime exceptionnel. Les lois d'exception contre lesquelles tant de déclamations se produisent ne sont le plus souvent que le résultat même des circonstances et de la disposition des lieux. La décision ci-dessous du 26 janvier 1844 en est un frappant exemple. Il s'agissait d'atteindre la contrebande et la fraude en matière de douanes, dans un rayon de 40 kilomètres des frontières. Cela explique comment on a cru devoir attribuer aux conseils de guerre les plus proches, une juridiction en cette matière, quelque spéciale qu'elle puisse être. L'on a voulu, et l'on a dû vouloir éviter les lenteurs, les difficultés, les frais de transport, jusqu'au siége d'un tribunal civil qui aurait pu être souvent fort éloigné. En prononçant sur la validité des peines, les conseils de guerre appliquent, d'ailleurs une des peines portée par l'article 16 de l'ordonnance royale du 16 décembre 1843, et par conséquent leur compétence a pu paraitre résulter de l'article 43 de l'ordonnance royale du 26 septembre 1842.

Mais nous pensons que les motifs mêmes de cette décision s'opposent à ce qu'elle soit étendue aux territoires civils. En effet, là où, à côté des conseils de guerre fonctionnent des tribunaux civils, c'est évidemment à ces tribunaux tant d'après le droit commun que d'après même la législation spéciale de l'Algérie, qu'appartient la connaissance des délits spéciaux, en matière de Douane, et de tous autres délits commis par des indigènes militaires ou assimilés aux militaires.

nies publiques, des différents fonctionnaires de l'ordre civil en prescrivant aux commandants supérieurs d'avoir toujours à prendre à l'avenir l'initiative en pareil cas;

En ce qui concerne les services financiers, il avait été prescrit de convoquer le plus élevé en grade des fonctionnaires de cet ordre; toutefois sur les observations que m'a adressées à ce sujet M. le directeur des finances, j'ai modifié ma décision en ce sens, qu'attendu que les chefs des différents services financiers (*domaines — douanes — contributions — forêts*), employés dans les localités, sont indépendants les uns des autres, ils seront à convoquer individuellement. Vous aurez en conséquence à assurer dans ce sens l'exécution de ma décision primitive à leur égard.

20 — 29 Janv. — **Fouilles pour découvrir des objets d'art.** — *Circulaire n° 3, du Gouverneur-Général, à MM. les Généraux et Colonels commandant les divisions et subdivisions, et à M. le Colonel commandant supérieur du Génie, sur les précautions à prendre dans les endroits qui peuvent en recéler.*

Les travaux de tout genre effectués sur différents points de l'Algérie et notamment à Cherchell, Constantine et Orléanville, ont amené la découverte de plusieurs fragments de monuments antiques, à la conservation desquels M. le Ministre de la Guerre attache le plus vif intérêt.

---

périeurs le soin de poursuivre et d'arrêter la contrebande;

Voulant assurer dans l'intérêt du commerce de bonne foi et des manufactures françaises, l'effet de la prohibition portée par l'art. 16 de l'ordonnance;

Sur la proposition du directeur des finances,

Après avoir pris l'avis du conseil,

Avons adopté les dispositions suivantes, qui seront exécutées administrativement,

1° Toute marchandise prohibée à l'entrée par terre, circulant en caisses, balles, ballots ou en quantité supérieure à 5 kilog. de tissus et 5 kilog. d'autres marchandises dans un rayon de 40 kilom. des frontières de l'empire de Maroc ou de Tunis sera arrêtée et amenée sans retard avec les conducteurs et les moyens de transport, auprès du commandant supérieur le plus voisin du lieu de la saisie;

2° Immédiatement après l'arrivée desdits objets et en présence du commandant de place, de l'officier chargé des affaires arabes et d'un membre de la commission administrative désigné par le commandant supérieur, il sera procédé, par l'agent supérieur des douanes ou des contributions diverses, à l'interrogatoire des prévenus;

3° Si, à la suite de cet interrogatoire, la commission d'examen reconnaît avec certitude que la saisie n'était pas fondée, soit parce que les objets sont affranchis de droit, soit parce qu'il serait fourni la preuve certaine qu'ils arrivent d'un port algérien où ils auraient acquitté les droits, les conducteurs seront mis en liberté et la marchandise leur sera rendue;

4° Si la saisie est déclarée valable, la commission constatera autant que possible le nom et la tribu des colporteurs qui transportaient ou accompagnaient la marchandise saisie en contrebande et elle procédera dans la séance à l'estimation tant des objets saisis que des moyens de transport.

Ces derniers seront de suite ou livrés à l'administration militaire au prix fixé, ou vendus aux enchères.

Les marchandises ficelées et cachetées après estimation, seront déposées au bureau du receveur des douanes ou des contributions.

Les fraudeurs seront retenus en détention préventive.

Il sera rédigé, séance tenante, par l'agent des finances, procès-verbal de la saisie et de ces opérations.

Ce procès-verbal sera signé par les membres de la commission pour être suivi comme il sera dit ci-après, et un double en sera immédiatement transmis avec un rapport à l'appui au directeur des finances.

5° Aussitôt après l'estimation des marchandises et des moyens de transport, la moitié du prix total de l'estimation, sera payée en présence de la commission d'examen et à titre d'avance provisoire aux Arabes capteurs.

Le receveur leur paiera au même titre et également en présence de la commission et séance tenante la prime d'arrestation pour les fraudeurs reconnus tels, savoir :

Quand le transport aura été effectué par une ou deux bêtes de somme ou à dos d'homme, 10 fr. par homme arrêté.

Quand il aura été effectué par trois bêtes de somme jusqu'à six, 15 fr. par homme arrêté.

Plusieurs de ces restes précieux d'architecture ou de sculpture ont déjà enrichi le Musée de la métropole. Semblable destination va être donnée au buste récemment découvert dans les fouilles opérées à Orléanville. Ce buste, remarquable par sa parfaite conservation et le fini de son exécution qui semble indiquer qu'il appartient à la plus belle époque de la statuaire antique, a malheureusement été endommagé à la face par la pioche. M. le Ministre de la Guerre, instruit de cette circonstance, me recommande de donner des instructions pour qu'à l'avenir les précautions les plus minutieuses soient prises pour prévenir le retour de pareils accidents. Je vous invite donc à prendre toutes les dispositions nécessaires pour que les objets d'art, qui pourraient être découverts dans l'étendue de votre commandement, ne soient pas exposés, au moment de leur extraction, à être détériorés par défaut de soins.

En cas de découvertes d'objets de ce genre vous aurez à les faire recueillir et inventorier sur des états que vous m'adresserez, afin que je puisse les transmettre à M. le Ministre de la Guerre.

23—29 Janv.— LOCATIONS A LONG TERME DANS LES VILLES DE L'INTÉRIEUR A CONVERTIR EN CONCESSIONS DÉFINITIVES. — *Circulaire n°4 du Gouverneur-Général à MM. les Généraux et Colonels commandant les divisions et subdivisions, et à M. le Directeur des finances, touchant les mesures à proposer.*

Plusieurs commissions administratives, pensant que l'arrêté du 3 septembre 1842 interdit les aliénations d'immeubles dans les villes de l'intérieur, se sont abstenues de demander pour les colons européens qui vont s'y établir, la concession définitive et perpétuelle des maisons qu'ils restaurent ou reconstruisent en entier (1).

J'ai déjà eu occasion de faire observer que, loin de prononcer cette interdiction, l'arrêté en question fait connaître (art. 9) les conditions dans lesquelles les aliénations doivent être effectuées.

La circulaire du 26 février a seulement rappelé que dans l'intérêt même de l'établissement européen, il importait de faire établir avant tout les plans d'alignements sans lesquels aucune construction importante, rien de sérieux, ne peut être entrepris sans compromettre ou le Trésor ou la fortune des colons.

Quand il aura été effectué par plus de six bêtes de somme, 20 fr. par homme arrêté.

La commission délivrera au receveur un certificat de ces paiements.

En cas d'insuffisance de fonds dans la caisse du receveur chargé d'acquitter aux Arabes les sommes ci-dessus indiquées, le trésorier payeur ou son préposé devra lui verser immédiatement, à titre de subvention, les fonds qui pourront être nécessaires.

La demande du receveur à la suite d'une déclaration de la commission indiquant la somme à payer aux Arabes, suffira au payeur de titre régulier pour justifier cette subvention.

6° Les procès-verbaux seront déposés au greffe du conseil de guerre le plus voisin de la localité où ils auront été rédigés.

L'affaire sera suivie à la requête du directeur des finances poursuites et diligences du receveur des douanes ou des contributions diverses, par devant le conseil de guerre.

Le conseil de guerre ne pourra appliquer d'autres peines, ni de peines plus fortes ou plus modérées que celles prononcées par l'art. 16 de l'ordonnance du 16 décembre 1843.

7° Le jugement rendu, en cas de condamnation, les marchandises saisies seront vendues aux enchères publiques. Néanmoins les marchandises sujettes à dépérissement pourront être vendues sans attendre le jugement. Lorsque la vente aura été effectuée et l'amende recouvrée ou admise en non valeur, le prix total de la saisie sera réparti définitivement conformément à l'art. 4 de l'arrêté du 15 janvier, et il sera tenu compte aux Arabes capteurs de la part supplémentaire qui pourra leur revenir.

8° Tout chef arabe, convaincu d'avoir, faute de surveillance ou par connivence, laissé passer des marchandises en fraude sur le territoire soumis à son autorité, sera puni comme complice de la contrebande d'une amende fixée par le commandant supérieur et révoqué de ses fonctions.

9° Le directeur des finances et les commandants supérieurs sont chargés, etc.

(1) Les ventes de gré à gré d'immeubles *urbains* sont actuellement régies par l'ordonnance royale du 9 novembre 1845. Mais les concessions d'immeubles *ruraux* sont régies par l'ordonnance royale du 21 juillet 1846. Ainsi, les dispositions de l'arrêté du 3 septembre 1842 sont modifiées en ce qu'elles ont de contraire aux ordonnances ci-dessus.

Malheureusement, et nonobstant mes recommandations réitérées, les principales dispositions de cette circulaire n'ont été exécutées dans plusieurs localités que d'une manière incomplète.

Il s'en suit que les colons, qui y ont engagé leur fortune et leur avenir, éprouvent sur leur sort des inquiétudes, sans fondement il est vrai, mais qui finiraient par comprimer l'essor que tendent à prendre nos nouveaux établissements.

Il importe, sans doute, à tous les intérêts que les plans des villes soient levés avec l'indication des nouveaux alignements et des propriétés, telles qu'elles resteront ou qu'elles pourront être réédifiées d'après ces alignements; il n'importe pas moins à la conclusion des affaires qui pourront se présenter dans l'avenir, à notre politique bien entendue, comme à notre humanité, que les indigènes autrefois propriétaires et autorisés à rentrer, reçoivent promptement les immeubles qui devront leur être donnés en compensation de ce qu'ils possédaient avant la prise de leur ville, et je ne saurais trop vous presser de hâter l'accomplissement de ces deux grandes mesures d'ordre et d'équité; la confection des plans parcellaires et la liste des donations à faire aux indigènes.

Mais ces travaux, s'ils ne sont pas achevés aujourd'hui, doivent approcher de leur conclusion; d'une part, les alignements, sans être définitivement approuvés, sont du moins convenus, et il est peu probable qu'ils reçoivent des modifications importantes; de l'autre, les listes des indigènes rentrés doivent être closes partout, et l'on doit être à peu près fixé sur ce qu'il y aura lieu de leur donner. Enfin l'emplacement des établissements civils et militaires doit être déterminé.

Sans connaître d'une manière bien nette et bien positive la totalité de ce qui sera disponible, il est probable qu'on en connaît une partie notable et dès lors rien n'empêche qu'il ne soit disposé des maisons existantes ou des emplacements à reconstruire qui existent dans les parties connues pour être disponibles.

En conséquence, je vous invite :

1° A faire établir la liste de tous les individus auxquels il a été passé jusqu'à présent des locations à longs termes de 9 ans et au dessous, à fixer en commission administrative le prix d'aliénation en se basant sur le prix d'environ 2 fr. à 3,50 c. le mètre, suivant les positions, et à faire transmettre au directeur des finances, par l'agent des domaines, un plan partiel de l'immeuble, un rapport portant extrait certifié de la délibération de la Commission administrative et une soumission passée par le concessionnaire de rebâtir sur les alignements et de payer la rente qui sera fixée.

2° A faire étudier des propositions analogues pour les nouveaux colons qui auront les moyens de bâtir, et d'acquitter les rentes et à faire transmettre au fur et à mesure les documents de ce genre.

Ces pièces seront soumises au conseil d'administration et à M. le ministre de la guerre dans les formes ordinaires, et après leur approbation il sera délivré des titres définitifs de propriété.

26 — 29 Janv. — COMMISSIONS ADMINISTRATIVES SPÉCIALES. — * *Circulaire n°5 du Gouverneur-Général à MM. les Généraux et Colonels commandant les divisions et subdivisions, et à M. le Colonel commandant supérieur du Génie, portant notification de la décision qui nomme membre de ces Commissions le Chef du Génie dans chaque* CHEF-LIEU *de subdivision.*

Pour compléter la composition des Commissions administratives des villes de l'intérieur, instituées par mon arrêté du 3 septembre 1842, l'officier chef du Génie de chacune de ces localités a été appelé à en faire partie. Aujourd'hui que, par suite des circonstances pacifiques dans lesquelles se trouve le pays, les Commissions administratives *spéciales* créées par mon arrêté du 7 novembre même année, et qui, dans l'origine, n'avaient eu guères à s'occuper que des mesures relatives à la constatation et au recouvrement de l'impôt, sont dans le cas d'administrer la partie de territoire arabe placée dans leur circonscription, la présence du chef du Génie dans le sein des Commissions administratives de cette dernière catégorie m'a paru de même tout à fait indispensable pour éclairer celles-ci sur les questions de travaux qui peuvent y être discutées. J'ai, en conséquence, décidé que l'officier du Génie chargé de ces fonctions dans les places où il y a une semblable commission, en sera à l'avenir membre. Veillez en informer les Commissions administratives auxquelles cette décision est applicable, et assurer, en ce qui vous concerne, l'exécution de celle-ci, dès la réception de la présente circulaire.

27 Janv. — 12 Fév. — **Justice et Tribunaux.** — *Ordonnance royale qui nomme le sieur Sarget juge de paix à Mostaganem, et le sieur Thierry, son suppléant.*

Louis-Philippe, etc.

Vu l'article 28 de notre ordonnance du 26 septembre 1842, sur l'organisation de la justice en Algérie ;

Vu notre ordonnance en date du 16 novembre 1843, portant création d'une justice de paix à Mostaganem ;

Sur le rapport de notre président du conseil, ministre secrétaire d'Etat de la guerre,

Avons ordonné, etc.

Art. 1er. Le sieur Sarget (Jacques), ancien avoué près le tribunal de première instance de Tulle, est nommé juge de paix à la résidence de Mostaganem ;

Son traitement, en cette qualité, est fixé à deux mille quatre cents francs.

Art. 2. Le sieur Thierry, secrétaire du commissariat civil de Mostaganem, est nommé suppléant du juge de paix de cette résidence.

Art. 3. Notre Ministre Secrétaire d'Etat de la guerre, Président du Conseil, est chargé, etc.

27 Janv. — 12 Fév. — **Affaires arabes.** — *Ordonnance royale portant révocation de divers fonctionnaires arabes et nomination de plusieurs autres.*

Louis-Philippe, etc.

Sur le rapport de notre ministre secrétaire d'Etat de la guerre, Président du Conseil,

Nous avons ordonné, etc.

Art. 1er. Kouïder ben Abdallah, est nommé Agha de l'Est de la subdivision de Titteri, en remplacement d'El-Akhdar ben el-Hadj, révoqué.

Kouïder ben Chourar est nommé Agha du Sud de la subdivision de Titteri, en remplacement de Mohammed ben Lakdar, révoqué.

Kouïder ben Ahmed ben Meïmouna, est nommé Agha de Boghar (subdivision de Titteri).

Ces trois Aghas relèveront du commandant supérieur de Médéah.

Art. 2. Notre ministre secrétaire d'Etat de la guerre, président du Conseil, est chargé, etc.

27 Janv. — 20 Fév. — **Attributions judiciaires.** — *Circulaire n°7 du Gouverneur-Général à MM. les Généraux, les Colonels et les Commandants des divisions, et subdivisions et cercles, relativement aux attributions judiciaires conférées aux Commandants de place dans les villes administrées par l'autorité militaire.*

Les attributions administratives et judiciaires, qu'aux termes de mon arrêté du 5 août dernier (*voir le bulletin des actes du gouvernement* no 165), les commandants de place sont appelés à exercer dans les villes administrées par l'autorité militaire, imposent à ces officiers l'obligation de se pénétrer particulièrement des dispositions qui font l'objet des articles 27 à 45 de l'arrêté ministériel du 18 décembre 1842, sur les attributions judiciaires des commissaires civils (*voir le bulletin des actes du gouvernement* no 137), afin d'appliquer les règles du droit commun au jugement des contestations civiles et commerciales qui leur sont déférées (1).

Je n'ai pas besoin de vous faire remarquer que, sauf les cas prévus par la loi, il n'appartient au juge, sous aucun prétexte, de refuser de prononcer sur les contestations portées devant lui toutes les fois qu'elles ne sortent pas des limites de sa compétence ; s'il agissait autrement, il commettrait un déni de justice qui entraînerait avec lui des lenteurs et des frais, double inconvénient qu'il importe singulièrement d'éviter aux parties. Toutefois, lorsque le cas sera très embarrassant et que l'autorité militaire se méfiera de ses lumières, elle pourra renvoyer les parties devant le tribunal civil de la province avec l'instruction de l'affaire au point où elle se trouvera.

Je vous recommande de m'adresser à l'avenir avec exactitude, dans les cinq premiers jours du mois, pour le mois écoulé, les extraits des divers jugements rendus par les commandants de place, afin que je puisse m'assurer par moi-même s'il a été fait, pour ce qui les concerne, une juste application des lois et arrêtés sur la matière.

Vous me ferez parvenir en même temps, en double expédition, le relevé sommaire de toutes les amendes qui auront été prononcées en ladite qualité par ces officiers,

(1) Les attributions conférées aux commandants de place par l'arrêté du 5 août 1833, leur ont été confirmées par l'article 100 de l'ordonnance royale du 15 avril 1845.

en ayant soin d'indiquer tant les noms et qualités des parties qui ont encouru la condamnation, que le motif de celle-ci.

28 Janv. — 20 Fév. — Affaires arabes. — *Circulaire du Gouverneur-Général à MM. les Généraux, Colonels et Commandants des divisions et subdivisions et cercles, touchant l'envoi d'un rapport de quinzaine des faits quelconques survenus en pays arabes.*

J'attache beaucoup d'importance à recevoir dorénavant avec une grande exactitude des rapports de quinzaine présentant le résumé de tous les faits et nouvelles de l'intérieur du pays.

Ce document, qui continuera à être rédigé par l'officier placé à la tête du bureau arabe dans chaque chef-lieu de subdivision, rapportera avec un intitulé sommaire en marge :

Les faits politiques survenus;

Les nouvelles politiques généralement en circulation dans la contrée ;

Les crimes et vols commis, en indiquant sommairement les circonstances qui s'y rattachent ;

La situation des tribus sous le rapport commercial et agricole ;

Les dispositions de celles-ci touchant le paiement de l'impôt :

En un mot, le journal de tous les faits divers de nature à devoir fixer l'attention de l'autorité supérieure à raison de leur influence immédiate, ou par les conséquences que ceux-ci pourraient avoir, soit sous le point de vue de la tranquillité locale, ou de la sûreté générale, ou de la salubrité publique, soit sous celui du bien-être des tribus, soit enfin sur l'approvisionnement de nos marchés.

Ce rapport me sera adressé en double expédition, dont l'une sera transmise à M. le ministre de la guerre.

Dans chaque bureau arabe, il sera ouvert un registre conforme au cadre d'autre part, à diviser en autant de feuillets qu'il y a de tribus, de manière à former en quelque sorte un compte ouvert avec chacune de celles-ci. On y consignera sommairement, jour par jour, l'objet des réclamations portées devant l'officier chargé des affaires arabes ; les amendes ou châtiments infligés, avec l'indication de la cause qui a motivé leur application, les restitutions et autres mesures prescrites, enfin toutes les décisions et mesures quelconques concernant les Arabes.

Le relevé de ce registre, en ce qui concerne les amendes imposées, me sera envoyé tous les trois mois, aussi en double expédition. Ce document offrira en quelque sorte le compte rendu moral de chaque tribu pendant le trimestre écoulé.

DATES.	RÉCLAMATIONS. GRIEFS. AFFAIRES.	MESURES ORDONNÉES. DÉCISIONS.	RÉSULTAT. EXÉCUTION DES ORDRES.	ÉPOQUE et CHIFFRE DES Sommes versées à la caisse de l'agent financier.	OBSERVATIONS.
		Nom de la tribu. *Nom du Kaïd.*			
Janvier.	Assassinat d'un Juif et d'un Maure, le novembre, sur le territoire de la tribu, sans que les coupables aient pu être découverts.	Décision de M. le Gouverneur, du janvier qui, conformément à l'avis de la commission administrative et du Général commandant la division, leur impose à titre de punition une amende de 1800 francs.	2/3 de l'amende ont été payés par la tribu : le reste, mis à la charge du Kaïd, a été acquitté par celui-ci.	12 janvier. 1800 fr.	

Déjà vous avez reçu, pour la *statistique financière*, des états servant à la constatation et à la perception de l'impôt, et donnant indépendamment des chiffres de la population, l'énumération des richesses de la tribu en bétail et terres cultivées et cultivables.

Il vous sera adressé prochainement des imprimés pour l'établissement de la *statistique* des tribus sous le rapport *politique, militaire et administratif*; les renseignements à y consigner seront non moins intéressants; ils serviront à compléter le travail général sur ce qui concerne les tribus fixées dans l'étendue de votre commandement.

En constatant chaque jour avec soin les faits, les actes de la population arabe, de cette population guerrière vis-à-vis de laquelle nous avons besoin d'être sans cesse sur le qui vive, nous connaîtrons infiniment mieux ses besoins comme aussi ses dispositions à notre égard; je ne saurais donc trop vous recommander de donner sur tous les points de votre commandement des ordres pour que le rapport de quinzaine dont j'ai parlé plus haut me soit adressé avec exactitude.

29 Janv. — 12 Fév. — DOUANES. — *Arrêté du Gouverneur-Général, qui autorise les chefs arabes des tribus du littoral à retenir tous les objets prohibés débarqués en dehors de l'enceinte des ports occupés.*

Vu l'ordonnance du 16 décembre 1843 et l'arrêté du 16 janvier 1844;

Considérant qu'il importe, dans l'intérêt du commerce de bonne foi et des manufactures françaises, de confier aux chefs arabes des tribus du littoral, le soin de réprimer les opérations de fraude qui pourraient être tentées sur la frontière de mer qui n'est point gardée par la Douane;

Sur la proposition du directeur des finances;

Le conseil d'administration entendu;

En vertu de l'approbation donnée le 26 décembre 1843 par M. le ministre de la guerre, conformément à l'art. 21 de l'ordonnance du 16 décembre 1843; etc.

Art. 1er. Les chefs arabes des tribus du littoral, autorisés à cet effet par une commission écrite, signée par les commandants supérieurs, auront le droit d'arrêter et de retenir tous objets prohibés qui auront été débarqués en dehors de l'enceinte des ports occupés, ainsi que les individus qui auront effectué les débarquements frauduleux et les navires et embarcations qui auront servi auxdits débarquements (1).

Art. 2. Les personnes en contravention et les objets saisis seront conduits immédiatement près du commandant supérieur le plus voisin du lieu de la saisie. Celui-ci nous en rendra compte et fera remise des objets saisis au receveur des douanes qui rédigera le procès-verbal, requerra l'incarcération des contrevenants et suivra l'affaire par devant les tribunaux, conformément aux réglements.

Art. 3. Les peines à infliger dans le cas d'embarquement d'objets prohibés, sont celles dictées par l'art. 16 de l'ordonnance du 16 décembre 1843.

Art. 4. Le directeur des finances et les généraux commandant la division et subdivision sont chargés, etc.

1er — 12 Fév. — AFFAIRES ARABES. — *Arrêté ministériel relatif à l'organisation des Directions et Bureaux des affaires arabes.*

Le président du conseil, ministre secrétaire d'Etat de la guerre,

Vu l'arrêté du 16 août 1841, portant rétablissement de la direction des affaires arabes (2);

Considérant que les affaires arabes ont pris depuis lors une très grande extension, et que la pacification du pays augmente de plus en plus leur importance;

Arrête :

TITRE Ier.

Organisation et hiérarchie.

Art. 1er. Il y aura dans chaque division militaire de l'Algérie, auprès et sous l'autorité immédiate de l'officier général commandant, une *direction des affaires arabes* (3).

Des bureaux désignés sous le nom de *Bureaux arabes* seront en outre institués:

Dans chaque subdivision, auprès et sous les ordres directs de l'officier général commandant;

Subsidiairement, sur chacun des autres points occupés par l'armée où le besoin en sera reconnu, et sous des conditions semblables de subordination à l'égard des officiers investis du commandement.

(1) Cette disposition complète celle de l'article 3 de l'arrêté ci-dessus du 15 janvier 1844, relative aux chefs arabes des tribus frontières. (Voy. la note sur cet arrêté.)

(2) Voy. cet arrêté et note.

(3) Cette organisation est encore en vigueur au 1er janvier 1847. (Voy. ci-dessous la circulaire du 27 janvier 1844.)

Art. 2. Les bureaux arabes seront de deux classes, savoir : de première classe, ceux établis aux chefs-lieux de subdivision ; de deuxième classe, ceux établis sur les points secondaires.

Ces bureaux ressortiront respectivement à chacune des divisions militaires dans la circonscription de laquelle ils se trouveront placés.

Art. 3. Les directions divisionnaires et les bureaux de leur ressort seront spécialement chargés des traductions et rédactions arabes, de la préparation et de l'expédition des ordres et autres travaux relatifs à la conduite des affaires arabes, de la surveillance des marchés et de l'établissement de comptes de toute nature à rendre au gouverneur général sur la situation politique et administrative du pays.

Art. 4. Indépendamment de ses attributions comme direction divisionnaire, la direction d'Alger centralisera le travail des directions d'Oran et de Constantine, sera chargée de la réunion et de la conservation des archives, et de la préparation des rapports et des comptes généraux à adresser au ministre de la guerre, et prendra en conséquence le titre de *Direction centrale des affaires arabes*.

Elle exercera sous l'autorité immédiate du gouverneur général.

Art. 5. Partout et à tous les degrés, les affaires arabes dépendront du commandant militaire, qui aura seul qualité pour donner et signer les ordres, et pour correspondre avec son chef immédiat, suivant les règles de la hiérarchie.

TITRE II.

De la composition et de la direction des bureaux arabes.

Art. 6. Le personnel de la direction d'Alger se compose comme il suit : 1 directeur. — 1 officier adjoint. — 1 secrétaire archiviste. — 1 officier de santé. — 1 officier payeur du Makhzen. — 2 interprètes. — 1 interprète auxiliaire. — 1 copiste (sous-officier). — 1 Cadi. — 2 secrétaires arabes. — 1 Oukil-el-Diaf. — 8 Chaouchs. — 11 Mokhalia.

Art. 7. Le personnel de chacune des directions des divisions militaires d'Oran et de Constantine se compose comme il suit : 1 directeur. — 1 officier de santé. — 1 officier payeur du Makhzen. — 2 interprètes. — 1 copiste (sous-officier). — 1 secrétaire arabe. — 1 Oukil-el-Diaf. — 2 Chaouchs.

Art. 8. Le personnel des bureaux arabes de 1re classe se composera comme il suit : 1 officier chef de bureau. — 1 interprète. — 1 sous-officier copiste. — 1 chaouch.

Art. 9. Le personnel des bureaux arabes de 2e classe se composera comme il suit : 1 officier chef de bureau. — L'interprète de la place. — 1 chaouch.

TITRE III.

Des allocations.

Art. 10. Les allocations attribuées aux emplois ci-dessus désignés sont déterminées comme il suit :

1° — DIRECTION CENTRALE D'ALGER.

Directeur, fr. 4,000. — officier adjoint, 1,200. — secrétaire archiviste, 2,400. — officier de santé, 600. — copiste (sous-officier, 400. — Cadi, 1,200. — 1 secrétaire arabe à 1,200. — 1 id. id. à 600. — 6 chaouchs à 50 fr., 300, 600. — Entretien du mobilier, éclairage, chauffage, etc., 1,200. — Total 16,400 fr.

2° — DIRECTIONS DES DIVISIONS.

Directeur, fr. 2,000. — Officier de santé, 500. — Copiste (sous-officier), 360. — Secrétaire arabe, 900. — 2 chaouchs à 50 fr. 1,200. — Entretien du mobilier, éclairage, chauffage, etc., 600. Total, 5,560 fr.

3° — BUREAU DE 1re CLASSE.

Chef de bureau, fr. 1,200. — Copiste (sous-officier), 360. — 1 chaouch, 600. — Entretien du mobilier, chauffage, etc., 300. — Total, 2,460 fr.

4° — BUREAU DE 2e CLASSE.

Chef de bureau, fr. 600. — 1 chaouch, 600. — Entretien du mobilier, chauffage, etc., 200. — Total, 1,400 fr.

Art. 11. Les allocations fixées par l'article précédent sont attribuées :

Aux directeurs, à titre de frais de représentation, déplacement et de bureau ;

Aux chefs de bureaux à titre de frais de déplacement et de bureau ;

Aux officiers adjoints et aux officiers de santé, à titre de frais de déplacement ;

Elles constituent, pour tous les autres employés des directions et des bureaux arabes, le traitement de leur emploi.

Art. 12. Le gouverneur général de l'Algérie est chargé, etc.

3 Fév. — 5 Mars — MATIÈRES D'OR ET D'ARGENT. — *Arrêté du Gouverneur-Général, qui nomme le sieur Bekir ben Aïssa essayeur public à Mascara.*

Vu l'arrêté du 31 mars 1832, relatif au

service des essais des matières d'or et d'argent;

Vu la délibération prise par la commission administrative de Mascara;

Considérant qu'il importe de rétablir dans cette localité la charge de l'Amin-el-Fodda;

Sur le rapport du directeur des finances,

Art. 1er. Le sieur Bekir-ben Aïssa est nommé essayeur public des matières d'or et d'argent sous la dénomination d'Amin-el-Fodda, fonctions qu'il occupe depuis longtemps à Mascara.

Art. 2. Il jouira à ce titre pour tout traitement des rétributions établies par le tarif ci-après pour les essais auxquels il procédera :

Or et essence de rose, par 4 grammes de matière (mitikal).	» 05
Argent, musc, par 30 grammes de matière (oukia).	» 05
Diamants, par 5 centigrammes.	» 50
Perles, par 30 grammes (oukia).	2 »

Art. 3. Les frais d'établissement sont à la charge de l'Amin-el-Fodda.

Art. 4. Toutes les recettes de l'Amin-el-Fodda seront constatées sur un registre à souche qui lui sera remis par le Directeur des finances.

Art. 5. Le contrôleur-percepteur des contributions diverses devra s'assurer, par des vérifications fréquentes, de la régularité des écritures de l'Amin-el-Fodda.

Art. 6. Le Directeur des finances est chargé, etc.

4 Fév. — 5 Mars — Affaires arabes — *Ordonnance royale qui nomme Chérif ben Dani, Agha des Medjaher.*

Louis-Philippe, etc.

Sur le rapport de notre ministre secrétaire d'Etat de la guerre, président du conseil,

Avons ordonné :

Art. 1er. Chérif ben Dani est nommé Agha des Medjaher.

Art. 2. Notre ministre secrétaire d'État de la guerre, président du conseil, est chargé, etc.

4 Fév. — 5 Mars. — Culte Protestant. — *Ordonnance royale, portant qu'il sera établi à Philippeville un oratoire du culte réformé.*

Louis-Philippe, etc.

Vu notre ordonnance du 31 octobre 1839, portant organisation du culte protestant en Algérie;

Vu l'avis de notre garde-des-sceaux, ministre secrétaire d'État au département de la justice et des cultes;

Sur le rapport de notre ministre secrétaire d'État au département de la guerre, président du conseil;

Nous avons ordonné :

Art. 1er. Il est établi à Philippeville un oratoire du culte réformé; un pasteur auxiliaire du consistoire d'Alger sera attaché à cet oratoire (1).

Art. 2. Notre ministre secrétaire d'État de la guerre, président du conseil, et notre garde-des-sceaux, ministre secrétaire d'État de la justice et des cultes, sont chargés.

5 — 20 Fév. — Renouvellement annuel des Kaïds et des cheiks investis. — *Circulaire nº 9 du Gouverneur-Général à MM. les Généraux et Colonels, commandant les divisions et subdivisions, et à M. le directeur des affaires arabes.*

Il m'a paru avantageux d'arrêter en principe le renouvellement périodique des Kaïds et Cheiks investis, qui sont présentement en fonctions. En conséquence, les fonctionnaires de cet ordre seront renouvelés tous les ans à partir du 1er mai 1845; ils pourront être prorogés si l'autorité est satisfaite de leurs services, et s'il n'y a point dans la tribu des hommes capables de les remplacer. Ils recevront un burnous d'investiture qui leur sera fourni par le Gouvernement.

A chaque renouvellement ou chaque prorogation, le Kaïd versera au beylik un cheval propre au service de la cavalerie. Ce versement aura lieu le jour même de l'investiture.

Le prix de ce cheval sera également réparti sur toute la tribu, comme les impôts ordinaires.

Le Kaïd ne payant rien pour son investiture, ne pourra rien demander à la tribu, à cette occasion.

Les fractions des grandes tribus dont le Cheik sera de même investi, donneront aussi le cheval.

Lorsque la tribu sera trop peu nombreuse, ou trop pauvre par suite des mauvaises récoltes, des épizooties ou de quelque grand malheur, l'officier général commandant la division pourra la dispenser de la remise du cheval dû par elle pour le renouvellement de son Kaïd ou Cheik. Il nous en rendra compte immédiatement.

Chaque Kaïd recevra un cachet, qui lui sera fourni gratuitement par l'autorité

(1) *Voy.* ci-dessous l'ordonnance royale du 11 mars 1845.

française. En cas de remplacement ou de destitution il lui sera retiré.

Je n'ai pas cru devoir étendre de même le principe du renouvellement annuel à l'égard des Cadis.

Le cercle des lettrés dans lequel ils sont à choisir est très restreint, il y a d'ailleurs avantage de maintenir en fonctions tous ceux qui se recommandent par leur savoir, leur expérience et leur dévouement à notre cause.

Au moment de leur entrée en fonctions ils recevront un cachet qui leur sera fourni gratuitement par le Gouvernement. Il ne leur sera pas donné de burnous.

Ceux qui vous seront signalés pour leur ignorance, leur vénalité, leur inconduite et leur opposition systématique aux actes du Gouvernement, seront dans le cas d'être destitués.

Je me propose de régler ultérieurement par l'adoption d'une mesure générale la quotité des droits en argent qu'ils sont dans l'usage de se faire payer pour les actes de leur ministère.

Vous porterez ces diverses dispositions à la connaissance de tous les chefs arabes, et ceux-ci en instruiront leurs administrés.

9 — 12 Fév. — **Maires et adjoints.** — *Arrêté du Gouverneur-Général, qui nomme le sieur Freschard aîné, maire provisoire de Douaouda.*

Sur la proposition de M. le directeur de l'intérieur ;

Art. 1. M. Freschard aîné est nommé provisoirement maire de Douaouda.

Art. 2. Avant d'entrer en fonctions, il devra prêter entre les mains de M. le directeur de l'intérieur délégué par nous à cet effet le serment prescrit en pareil cas.

Art. 3. Le directeur de l'intérieur est chargé, etc.

10 — 20 Fév. — **Documents statistiques.** — *Circulaire n° 10 du Gouverneur-Général à MM. les Généraux, Colonels et Commandants des divisions, subdivisions et cercles, pour les inviter à apporter de l'exactitude dans l'envoi de l'état mensuel du mouvement de la population civile, et de l'uniformité dans l'indication des renseignements à consigner sur le Tableau mensuel des arrivages de l'intérieur en denrées et autres objets de consommation.*

Je remarque que sur les états d'arrivages qui me sont adressés chaque mois, *les quantités, le poids* ou *la mesure* des divers produits vendus sur les marchés des villes du littoral et de l'intérieur, portent une indication différente. Sur quelques uns de ces états, les denrées et produits, qui, d'après l'entête de l'imprimé servant à cet usage, seraient à évaluer, suivant l'espèce, en litres ou en kilogrammes, le sont souvent de toute autre manière. En outre, pour ce qui concerne les objets de consommation dénombrés par charge, il serait essentiel de faire connaître par une annotation si ce sont des charges de chameau, de mulet, de bœuf ou d'âne, en indiquant, à défaut de poids exact, celui approximatif.

Pour mettre l'autorité à même d'être toujours parfaitement fixée sur les ressources du pays, par le rapprochement du relevé des arrivages sur les marchés des diverses localités, sans être obligée de refaire les calculs, il importe essentiellement, comme je viens de le faire remarquer, de se conformer scrupuleusement aux indications portées sur les imprimés destinés à l'établissement de ces relevés mensuels.

La colonne réservée aux tissus étant la seule qui n'indique pas sur quelle base doit être assise l'évaluation de cette nature de produits, vous aurez à donner pour instruction que l'évaluation s'en fera en kilogrammes ou quintaux métriques.

Conformément aux prescriptions de M. le Ministre de la guerre, il faudra avoir soin de mentionner aussi par une annotation, au bas des états, la part que prend l'administration dans l'achat des chevaux et mulets amenés sur les marchés, et indiquer le prix d'achat.

Je vous recommande l'exécution des dispositions qui précèdent, soit pour la transmission avec exactitude de ces documents statistiques, soit sur les indications à suivre pour leur rédaction d'une manière uniforme, double soin sur lequel j'appelle toute votre attention.

11 Fév. — 5 Mars. — **Primes de capture.** — *Arrêté du Gouverneur-Général, portant que la gratification de 25 francs, accordée à ceux qui arrêtent un déserteur, sera payée sans retard à tout Arabe capteur, dans le lieu même où il aura remis le déserteur ramené par lui.*

Vu le décret du 12 janvier 1811, relatif à la gratification à payer à ceux qui arrêtent un déserteur (*Bulletin des lois*, 1er sémestre, page 41) ;

Vu la note ministérielle du 28 octobre

1831, insérée au *Journal militaire*, 2e semestre 1831, page 252, relative au paiement de ladite gratification ;

Vu le réglement sur la comptabilité publique en date du 1er décembre 1838 et la nomenclature des pièces à produire aux payeurs à l'appui des mandats de paiement ;

Considérant qu'il est urgent de faire payer sans aucun retard, aux Arabes qui ramèneront des déserteurs de l'armée, la gratification de vingt-cinq francs accordée par le décret précité pour l'arrestation de chaque déserteur.

Art. 1er. La gratification de vingt-cinq francs accordée pour l'arrestation de chaque déserteur sera payée sans aucun retard, à tout Arabe capteur, dans le lieu même où il aura remis, au chef de la gendarmerie, le déserteur arrêté et ramené par lui.

Art. 2. Le chef de la gendarmerie à qui un Arabe aura remis un déserteur, constatera sur-le-champ, par un procès-verbal, l'arrestation et la remise de ce déserteur.

Art. 3. Il dressera immédiatement l'état nominatif des déserteurs arrêtés et le fera certifier par l'autorité civile dans les lieux où elle existe.

Art. 4. Dans les localités où l'autorité civile n'existe pas, l'état nominatif sera certifié par le commandant supérieur ou par son suppléant en cas d'absence ou d'empêchement.

Art. 5. Copie certifiée du procès-verbal d'arrestation et copie de l'état nominatif prescrit par l'article 3 ci-dessus, seront remises au sous-intendant militaire de la localité, dans la journée même de leur rédaction. Sur le vu desdites pièces, le sous-intendant militaire délivrera immédiatement le mandat de paiement de la gratification que le payeur devra acquitter sur-le-champ. La quittance des capteurs qui ne sont ni militaires, ni agents civils, doit être timbrée aux frais de celui qui reçoit.

Art. 6. Le directeur de l'intérieur, les généraux commandant les divisions et subdivisions, les intendants militaires, le chef de la légion de gendarmerie, les commandants supérieurs et commandants de place sont chargés, etc.

12 — 20 Fév. — AMENDES IMPOSÉES EN PAYS ARABES. — *Circulaire, n° 11 du Gouverneur-Général à MM. les Généraux, Colonels et Commandants des divisions, subdivisions et cercles, et à M. le Directeur des affaires arabes, touchant l'envoi du réglement sur la quotité, le mode d'application, de répartition et de comptabilité des amendes imposées aux tribus ou aux individus, soit par les Chefs indigènes, soit par les Commandants français.*

Jusqu'ici les grandes occupations de la guerre nous ont empêchés d'entrer dans les détails de l'administratios des Arabes, mais le moment est venu de nous en occuper sérieusement. Nous ne pouvons pas les livrer plus longtemps à l'arbitraire des chefs avides, qui semblent ne tenir au pouvoir que pour avoir la faculté de spolier leurs administrés. La politique, l'humanité, les sentiments paternels qui doivent nous animer, tout nous commande de réglementer toutes choses, de manière à supprimer autant qu'il est en nous les abus, et principalement ceux qui touchent aux perceptions de toute nature.

Les amendes, plus que tout autre prétexte, donnent lieu aux exactions; le paiement des courriers arabes fournit aussi de nombreuses occasions de fouler les populations. C'étaient donc les premières choses à établir. Je le fais par le réglement qui accompagne cette circulaire, et que vous lirez et expliquerez aux chefs arabes, au fur et à mesure que vous pourrez les réunir.

RÉGLEMENT *sur la quotité, le mode d'application et de répartition des amendes imposées aux tribus ou aux individus soit par les Chefs indigènes, soit par les Commandants français.*

Réglement sur l'application et la répartition des amendes en pays arabes.

Les amendes ayant été imposées de temps immémorial d'après la législation musulmane, nous en maintenons le principe et l'application pour la conservation de l'ordre et de la justice, et nous fixons les règles ci-après à observer fidèlement pour que chacun ne paie que ce qui est dû et reçoive ce qui lui revient.

TITRE Ier.

Causes et quotités des amendes ; autorités qui peuvent les imposer ; modes de les prescrire et de les percevoir.

Art. 1er. Les Cheikhs ne peuvent imposer aucune amende de leur propre autorité ; s'ils ont connaissance d'une faute, ils en instruisent le Kaïd qui prononce ou fait prononcer la punition suivant les règles.

§ 1er. — *Amendes imposées par les Kaïds.*

Art. 2. Les Kaïds peuvent imposer des amendes jusqu'à concurrence de cinq douros français (25 francs), pour les fautes ci-après :

Refus de comparaître devant la justice, soit comme accusé, soit comme témoin ;

Refus d'obéissance aux ordres donnés pour les corvées, transports et convois ;

Refus d'obéissance aux ordres des Cheikhs ;

Insulte ou injure contre les agents du pouvoir, tels que les Mekhaznias, Chaouchs, etc ;

Atteinte à la morale publique ;

Querelles et rixes entre les particuliers ;

Discours séditieux et termes de mépris tendant à déconsidérer les agents du pouvoir ;

Désordre dans les marchés ;

Refus de paiement des courriers ;

Infractions aux coutumes établies relativement à l'hospitalité à accorder aux voyageurs, et notamment aux agents du gouvernement ;

Refus d'accepter la monnaie française ;

Empiètements de propriété, relatifs soit aux limites des terres, soit au droit de pâturage ;

Atteintes portées à la propriété commune, telle que la destruction des arbres fruitiers, la dégradation des puits, etc.

Art. 3. Quand le Kaïd jugera qu'il y a lieu d'imposer une amende pour les faits ci-dessus, il écrira une lettre revêtue de son cachet, indiquant la cause de l'amende, sa quotité et la personne qui doit la payer.

Elle sera envoyée au Cheikh qui la montrera à celui qui doit payer l'amende, recevra l'argent et le remettra au Kaïd, sans en rien garder.

Le Kaïd inscrira sa lettre et l'argent reçu sur le registre qu'il aurait à tenir conformément à l'art. 21, et il en rendra compte à la fin du mois, au commandant français, comme il sera dit art. 22.

§ 2. — *Amendes imposées par l'Agha.*

Art. 4. L'Agha pourra imposer des amendes jusqu'à concurrence de dix douros français (50 fr.) pour les fautes ou délits ci-après :

Refus de contributions ou lenteur à les payer ;

Emplois de termes injurieux pour désigner les autorités françaises ou les Français ;

Refus d'exécution des sentences du Cadi ;

Absences non justifiées aux rassemblements de guerre ;

Voies de faits contre les Mekhaznias, Chaouchs ou autres agents subalternes ;

Vols autres que ceux dont il est question aux art. 8 et 9 ;

Recel des objets quelconques provenant de vols ;

Désordre commis par un Arabe sur le territoire d'une tribu à laquelle il n'appartient pas.

Art. 5. Les sentences du Cadi, dans les causes qui par leur nature rentrent dans la nomenclature des crimes et délits entraînant des amendes, seront portées sans retard par ceux-ci à la connaissance de l'Agha qui en rendra compte immédiatement au commandant supérieur français, lequel, selon qu'il aura lieu, imposera l'amende encourue.

Art. 6. Si l'Agha juge que l'amende imposée par le Cadi n'est pas suffisante en raison de la gravité de la faute, il peut augmenter l'amende, mais sans que le total puisse dépasser dix douros (50 fr.).

Si l'Agha vient à connaître directement une faute entraînant une amende imposable par les Kaïds, il peut lui-même infliger l'amende.

Art. 7. Quand l'Agha juge qu'il y a lieu d'imposer une amende, il envoie au Kaïd une lettre portant son cachet et indiquant la cause de l'amende, sa quotité et la personne qui doit la payer.

Le Kaïd envoie cette lettre au Cheikh qui la montre à celui qui doit la payer, reçoit l'argent et l'apporte, sans en rien retenir, au Kaïd, qui en rendra compte comme pour les autres amendes qu'il aura imposées.

§ 3. — *Amendes imposées par les Kalifas ou Bache-Aghas.*

Art. 8. Les Kalifas ou Bache-Aghas peuvent imposer des amendes jusqu'à concurrence de vingt douros français (100 francs), pour les fautes, crimes ou délits ci-après :

Hospitalité accordée aux espions ou agents de l'ennemi ;

Hébergement des déserteurs, des criminels ou généralement de tous les individus poursuivis en justice pour motif quelconque ;

Relations avec les membres de tribus ennemies ou hostiles ;

Vente ou achat d'armes à feu, de *poudre de chasse* ou de guerre, ou d'autres munitions de guerre, sans autorisation spéciale ;

Détentions illégales de biens, meubles ou immeubles du Gouvernement ;

Vols de chevaux, armes et effets appartenant à des corps indigènes irréguliers ;

Vols de grains ou de bestiaux appartenant au Gouvernement ;

Seront passibles d'amendes infligées par le Kalifa ou le Bache-Agha, ceux qui, ayant connaissance de faits coupables du genre de ceux énoncés ci-dessus, n'en auront pas fait immédiatement la déclaration aux Kaïds.

Art. 9. Si les Kalifas ou les Bache-Aghas jugent que l'amende imposée, soit par les Kaïds, soit par les Aghas, n'est pas suffisante en raison de la gravité de la faute, ils peuvent augmenter cette amende, mais sans que le total puisse dépasser vingt douros.

Si les Kalifas ou les Bache-Aghas viennent à connaître directement une faute entraînant une amende imposable par les Aghas ou par les Kaïds, ils peuvent eux-mêmes infliger l'amende.

Art. 10. Quand les Kalifas ou Bache-Aghas jugent qu'il y a lieu d'imposer une amende, ils envoient à l'Agha une lettre revêtue de leur cachet; celui-ci la remet au Kaïd qui agit comme il a été dit à l'art. 3.

§ 4. — *Amendes imposées par les Commandants français sur les individus.*

Art. 11. Les commandants supérieurs français peuvent imposer aux individus établis sur le territoire soumis à leur commandement des amendes depuis cent un francs jusqu'à cinq cents francs.

Ils pourront même élever les amendes au dessus de ce chiffre, mais dans ce cas leur décision devra être approuvée par le général commandant la division.

Art. 12. Sont passibles des amendes ci-dessus, sans préjudice des peines plus graves, s'il y a lieu de traduire les coupables devant les conseils de guerre :

La révolte ou la provocation à la révolte;

La fabrication des poudres à feu;

Les vols des bestiaux, chevaux, armes et effets appartenant à des corps réguliers;

La contrefaçon ou soustraction de cachets appartenant aux autorités;

Les faux;

La soustraction de dépêches;

La fabrication ou mise en circulation de la fausse monnaie.

Art. 13. Seront passibles d'une amende imposée par les commandants français, ceux qui, ayant connaissance de faits tels que trahison, correspondance avec des chefs ennemis, assassinats, attaques de voyageurs ou de caravanes, fabrication de fausses monnaies ou de poudres à feu, vols sur les grandes routes, vols à main armée ou avec violation de domicile, n'auront pas dénoncé ces crimes dans le plus bref délai, soit au Cadi, soit à l'autorité française.

Art. 14. Dans le cas d'assassinat, le commandant français doit en être immédiatement averti; il fait aussitôt constater aussi complètement que possible le lieu et les circonstances du crime.

Les assassinats commis sur les indigènes donnent lieu à deux espèces d'amende :

1° La dia ou prix du sang dont le taux sera toujours fixé par le Cadi;

2° L'amende en punition du crime qui sera toujours prononcée par le commandant français, et ne pourra excéder le triple de la dia.

Les assassinats commis sur des Européens sont toujours déférés au conseil de guerre.

Art. 15. Les commandants supérieurs français ont le droit d'augmenter ou de réduire les amendes imposées par les autorités indigènes quand ils le croient convenable.

Dans les cas de fautes graves de la nature de celles qui sont mentionnées ci-dessus aux art. 12 et 13, les commandants supérieurs en référeront au général commandant la division qui décidera s'il y a lieu de traduire les coupables devant les conseils de guerre.

Art. 16. Quand les commandants français jugent qu'il y a lieu d'imposer à un individu une amende de la nature de celles qui viennent d'être manifestées, ils écrivent à l'Agha une lettre revêtue de leur cachet; l'Agha remet cette lettre à l'un de ses cavaliers qui reçoit l'argent et l'apporte à l'Agha, qui le fait passer immédiatement au commandant français.

Le commandant français opère pour l'inscription de sa lettre, le versement et la répartition des fonds comme il sera dit articles 23 et 25.

§ 5. — *Amendes imposées par les Commandants français sur les tribus.*

Art. 17. Les tribus ou fractions de tribus sont passibles d'amendes pour les crimes ou délits mentionnés plus haut, soit quand elles les ont commis en commun, soit quand elles n'ont pas fait connaître et remis les coupables à l'autorité française.

Quand le crime ou le délit aura été commis sur les limites de deux tribus, ces deux tribus seront possibles chacune ou de la moitié ou de la totalité de la peine, suivant la gravité des circonstances.

Il est accordé un délai de deux mois aux tribus avant le prélèvement des amendes imposées pour crimes ou délits commis sur leur territoire et dont les auteurs seraient restés inconnus, afin qu'elles aient le temps de découvrir et de remettre les coupables à l'autorité française.

Art. 18. Les amendes collectives sur les

tribus ou fractions de tribus ne peuvent être imposées que par les autorités françaises.

Le prélèvement n'en peut être effectué que sur l'autorisation du Commandant de la division.

Toutefois, en cas d'urgence, le commandant de la subdivision ou du cercle, ou même le commandant d'une colonne, pourront frapper et faire percevoir immédiatement les amendes collectives.

Dans ce cas, les fonds seront perçus et déposés à la caisse du receveur des contributions diverses; mais ils ne seront portés en recette définitive que sur l'autorisation du commandant de la division qui pourra, s'il y a lieu, prescrire le remboursement de tout ou partie de la somme reçue.

Art. 19. L'amende imposée à une tribu ou fraction de tribu se percevra de la manière suivante :

L'ordre écrit, après avoir été inscrit sur le registre n° 2 du commandant français, est transmis par lui au Kalifa, Bache-Agha ou Agha, qui transmet la lettre reçue au Kaïd.

Celui-ci réunit immédiatement en Djemâa (assemblée), les chefs de fraction qui ont à supporter l'amende, et leur donne connaissance de la lettre reçue.

Les chefs convoqués procèdent de suite et avec justice à la répartition de l'amende entre les fractions qui doivent la supporter et entre les tentes de chaque fraction.

Cette opération terminée, l'Agha remet une lettre revêtue de son cachet à ses cavaliers chargés de la perception; ceux-ci perçoivent l'argent et le remettent à l'Agha qui le porte immédiatement au commandant français.

Art. 20. Toutes les amendes au dessus de cent francs devant être perçues par les cavaliers de l'Agha, ces cavaliers sont payés par lui sur la partie qu'il aura touchée, conformément à ce qui sera dit ci-après.

TITRE II.

Des registres de la répartition des amendes et du versement à la caisse coloniale.

§ Ier. — *Des registres.*

Art. 21. Les Kaïds tiendront un registre conforme au modèle n. 1, sur lequel ils inscriront par ordre de numéro le nom du chef qui a imposé l'amende, la date de la lettre écrite par le Kaïd, le montant de l'amende, ses causes, le nom du délinquant, les sommes perçues.

Art. 22. A la fin de chaque mois, les Kaïds se rendront avec leur registre et la totalité des sommes reçues chez le commandant supérieur.

Celui-ci, en présence de l'Agha et en commission administrative, vérifiera les causes des amendes et leur quotité; il examinera si elles ont été imposées avec justice, arrêtera le registre et en portera les résultats sur le registre n. 3, après avoir procédé à la répartition et au versement des amendes.

Art. 23. Les commandants français tiendront deux registres :

Le premier (modèle n. 2) présentera l'indication des amendes imposées par l'autorité française.

Le deuxième (modèle n. 3), destiné à présenter par mois, en une seule ligne par tribu, les résultats consignés sur les registres n. 1, tenus par les Cadis, et n. 2, tenus par les commandants français, ainsi que la répartition des sommes entre les chefs arabes et la caisse coloniale.

§ 2. *Répartitions des sommes.*

Art. 24. Les autorités et agents français ne prennent jamais aucune part dans la répartition des amendes.

Les amendes sont partagées ainsi qu'il suit entre les chefs arabes et le trésor colonial :

Amendes de 20 douros (100 f.) et au dessous.	Trésor colonial	2/10
	Kalifa ou Bache-Agha	2/10
	Agha	2/10
	Kaïd	3/10
	Cheikh investi	1/10
Amendes au dessus de 20 douros (100 f.)	Trésor colonial	7/10
	Khalifa ou Bache-Agha	1/10
	Agha	1/10
	Kaïd	1/10

Lorsque les chefs dénommés ci-dessus n'existeront pas, leur part ne sera pas comptée, et la somme qui leur serait revenue augmentera d'autant la part du trésor colonial.

Le produit entier de la dia, fixé par le

Cadi, appartiendra toujours à la famille de la victime.

§ 3. — *Versement à la caisse coloniale.*

Art. 25. Les sommes revenant, d'après l'article ci-dessus au trésor colonial seront toujours versées à la caisse du receveur des contributions diverses établi près du commandant supérieur, soit à la fin du mois pour les sommes apportées par les Kaïds, soit au moment du versement effectué par les Aghas.

Art. 26. A cet effet, les commandants supérieurs feront dresser par le secrétaire de la commission administrative, après l'arrêté des registres nos 1, 2 et 3, un état de mois dressé d'après ce dernier registre et présentant le décompte des sommes perçues et réparties entre les ayant-droit.

Art. 27. Cet état, conforme au modèle ci-joint, no 4, sera formé en double expédition, dont l'une sera remise au receveur avec les fonds pour lui servir de titre de perception, l'autre sera transmise dans l'ordre hiérarchique au commandant de la division qui les réunira et les enverra avec un état récapitulatif sommaire au gouverneur général.

L'état récapitulatif restera dans les archives du Gouvernement ; les bordereaux seront envoyés par le gouverneur au directeur des finances pour lui servir au contrôle des opérations du comptable.

TITRE III.

Du paiement des courriers arabes.

Celui qui recevra une lettre du Kaïd concernant les affaires du beylick, paiera deux francs au cavalier.

Celui qui recevra une lettre de l'Agha concernant les affaires du beylick, paiera quatre francs au cavalier.

Celui qui recevra une lettre du Bach-Agha, du Kalifa ou du commandant français concernant les affaires du beylick, paiera huit francs au cavalier.

Les Kaïds étant les chefs qui auront à recevoir le plus grand nombre de lettres, paieront immédiatement les cavaliers, mais la somme avancée par eux pour ports de lettres, sera répartie entre la tribu.

12 Fév. — 5 Mars. — ARMES, SOUFRES ET SALPÊTRES. — *Arrêté du Gouverneur-Général, qui autorise le débarquement des armes, et permet le commerce des fers, aciers, plomb, soufres et salpêtres.*

Vu les arrêtés du 23 mai et 9 juin 1831 et du 18 juillet 1842 ;

Vu l'ordonnance du 16 décembre 1843 qui prohibe, sous des peines sévères, l'importation en Algérie des armes, poudres et projectiles de guerre.

Considérant que dans l'état de tranquillité dont nous jouissons, on peut, sans inconvénient, renoncer aux mesures de précaution qui avaient été adoptées pendant que la guerre était générale.

Voulant accorder au commerce toutes les facilités compatibles avec la sécurité publique (1).

Sur la proposition du directeur des finances ;

Le conseil d'administration entendu ;

Art. 1er. Les armes dites de commerce pourront être débarquées après l'accomplissement des formalités prescrites en douane et moyennant le paiement des droits au vu de l'autorisation donnée par l'autorité civile dans chaque localité, ou à défaut par le commandant de place.

Art. 2. Les fers, aciers, plombs, pierres à feu, capsules, soufres et salpêtres pourront être importés librement, ou exportés dans les ports de l'Algérie ouverts au commerce, moyennant l'accomplissement des formalités prescrites en douane et le paiement des droits.

La vente et la circulation de ces objets ne sont assujettis à aucune formalité spéciale (1).

Art. 3. Le présent arrêté n'est pas applicable aux poudres de chasse, qui seront l'objet de dispositions particulières (2).

Art. 4. Le directeur des finances est chargé, etc.

13 Février. — 2 Mars. *Ordonnance Royale qui pourvoit à diverses nominations près la cour et les tribunaux de l'Algérie.*

Louis-Philippe, etc.
Avons ordonné, etc.

---

(1) L'arrêté du 18 juillet 1842 avait déjà, pour favoriser le commerce, et l'affranchir d'entraves inutiles, modifié les arrêtés des 23 mai et 9 juin 1831 et rendu complètement libre la vente des *fers* et *aciers*.

L'arrêté ci-dessus modifie dans le même esprit les arrêtés précités et celui du 4 septembre 1839, en ce qui concerne les *armes de commerce*, les *fers*, *aciers*, *plombs*, *pierres à feu*, *capsules*, *soufres et salpêtres*, dont le commerce est rendu libre même avec les indigènes.)

Avant l'arrêté du 12 février 1844 l'*importation des armes* dites de commerce était permise, et elle avait lieu sans autorisation spéciale. L'arrêté ci-dessus prescrit cette autorisation. (Voy. au surplus l'arrêté ci dessous du 8 mai 1845.

(2) Voy. ci-dessous l'arrêté du 18 mars 1844. Les formalités prescrites par les arrêtés antérieurs pour la

Art. 1er. Sont nommés :

Conseiller à la cour royale d'Alger, M. Mongrand, président du tribunal de première instance de Philippeville, en remplacement de M. Boutelier, appelé à d'autres fonctions ;

Président du tribunal de première instance de Philippeville (Algérie), M. Pelluchon Destouches, juge d'instruction au tribunal de première instance de Bône, en remplacement de M. Mongrand, appelé à d'autres fonctions ;

Juge au tribunal de première instance de Bône (Algérie), M. Beaufils, juge d'instruction au tribunal de première instance d'Oran, en remplacement de M. Pelluchon Destouches, appelé à d'autres fonctions ;

Juge d'instruction au tribunal de première instance d'Oran (Algérie), M. Lefrançois, conseiller-adjoint à la cour royale d'Alger, en remplacement de M. Beaufils, appelé à d'autres fonctions ;

Conseiller-adjoint à la cour royale d'Alger, M. Brown, juge-adjoint au tribunal de première instance d'Alger, en remplacement de M. Defrançois, appelé à d'autres fonctions ;

Juge-adjoint au tribunal de première instance d'Alger, M. Bonhomme de Lajaumont, juge-adjoint au tribunal d'Oran, en remplacement de M. Brown, appelé à d'autres fonctions ;

Juge-adjoint au tribunal de première instance d'Oran (Algérie), M. Rogé Belliard (Emile), avocat, en remplacement de M. Bonhomme de Lajaumont, appelé à d'autres fonclions ;

Juge au tribunal de première instance d'Alger, M. André, procureur du roi près le tribunal d'Oran, en remplacement de M. Couttolenc, appelé à d'autres fonctions ;

Procureur du roi près le tribunal de première instance d'Oran (Algérie), M. Couttolenc, juge au tribunal d'Alger, en remplacement de M. André, appelé à d'autres onctions ;

Substitut du procureur du roi près le tribunal de première instance d'Oran (Algérie), M. Bertauld, juge-adjoint au tribunal d'Alger, en remplacement de M. Saint-Marc ;

Juge-adjoint au tribunal de première instance d'Alger, M. Didier (Henri), avocat, en remplacement de M. Bertauld, appelé à d'autres fonctions.

Art. 2. M. Caillebar, juge au tribunal de première instance de Bône, remplira les fonctions de juge d'instruction au même tribunal, en remplacement de M. Pelluchon Destouches, appelé à d'autres fonctions.

Art. 3. Notre président du Conseil, etc.

13 Fév. — JUSTICE ET TRIBUNAUX. — *Ordonnance royale qui pourvoit à diverses nominations près les Cour et tribunaux de l'Algérie.*

Louis-Philippe, etc.

Sur le rapport de notre président du conseil, ministre secrétaire d'Etat au département de la guerre, et de notre garde-des-sceaux, ministre secrétaire d'Etat au département de la justice et des cultes ;

Avons ordonné et ordonnons ce qui suit :

Art. 1er. Sont nommés :

Conseiller de la Cour royale d'Alger, M. Mongrand, président du tribunal de première instance de Philippeville, en remplacement de M. Boutelier, appelé à d'autres fonctions ;

Président du tribunal de première instance de Philippeville (Algérie), M. Pelluchon Destouches, juge d'instruction au tribunal de première instance de Bône, en remplacement de M. Mongrand, appelé à d'autres fonctions ;

Juge au tribunal de première instance de Bône (Algérie), M. Beaufils, juge d'instruction au tribunal de première instance d'Oran, en remplacement de M. Pelluchon Destouches, appelé à d'autres fonctions ;

Juge d'instruction au tribunal de première instance d'Oran (Algérie), M. Lefrançois, conseiller-adjoint à la Cour royale d'Alger, en remplacement de M. Beaufils, appelé à d'autres fonctions ;

Conseiller-adjoint à la Cour royale d'Alger, M. Brown, juge-adjoint au tribunal de première instance d'Alger, en remplacement de M. Lefrançois, appelé à d'autres fonctions ;

Juge-adjoint au tribunal de première instance d'Alger, M. Bonhomme de Lajaumont, juge-adjoint au tribunal d'Oran, en remplacement de M. Brown, appelé à d'autres fonctions ;

Juge-adjoint au tribunal de première instance d'Oran (Algérie), M. Doye Belliard (Emile), avocat, en remplacement de M. Bonhomme de Lajaumont, appelé à d'autres fonctions ;

Juge au tribunal de première instance d'Alger, M. André, procureur du Roi près le tribunal d'Oran, en remplacement de M. Couttolenc, appelé à d'autres fonctions ;

Procureur du Roi près le tribunal de

vente et la circulation des armes subsistent encore. (Voy. l'arrêté du 8 mai 1846.)

première instance d'Oran (Algérie), M. Coutolene, juge au tribunal d'Alger, en remplacement de M. André, appelé à d'autres fonctions ;

Substitut du procureur du Roi au tribunal de première instance d'Oran (Algérie), M. Bertauld, juge-adjoint au tribunal d'Alger, en remplacement de M. Saint-Marc ;

Juge-adjoint au tribunal de première instance d'Alger, M. Didier (Henri), avocat, en remplacement de M. Bertauld, appelé à d'autres fonctions.

Art. 2. M. Caillebar, juge au tribunal de première instance de Bône, remplira les fonctions de juge d'instruction au même tribunal, en remplacement de M. Pelluchon Destouches, appelé à d'autres fonctions.

Art. 3. Notre président du conseil, ministre secrétaire d'État de la guerre, et notre garde-des-sceaux, ministre secrétaire d'État au département de la justice et des cultes, sont chargés, etc.

24 Fév. — 11 Avril. — **Matières d'or et d'argent.** — *Arrêté du Gouverneur-Général qui nomme le sieur Mohammed et Hanachi, essayeur public à la résidence de Médéah.*

Vu l'arrêté du 31 mars 1832, relatif au service des essais des matières d'or et d'argent ;

Considérant qu'il importe, en attendant que le contrôle de la garantie puisse être institué, d'établir à Médéah la charge d'Amin-el-Fodda (essayeur public des matières d'or et d'argent), et de fixer régulièrement les rétributions dont cet ayant-droit jouit, à titre de traitement pour les essais auxquels il procédera ;

Vu l'arrêté du 2 novembre 1843, qui règle ces rétributions (1).

Sur la proposition du directeur des finances ;

Art. 1er. Le sieur Mohammed el-Hanachi est nommé essayeur public des matières d'or et d'argent, sous la dénomination d'Amin-el-Fodda, fonctions qu'il exerce à Médéah, depuis le mois de janvier 1843.

Art. 2. Il jouira à ce titre et pour tout traitement des rétributions fixées, ainsi qu'il suit, par l'arrêté du 2 novembre 1843 :

	f.	c.
Or et essence de rose, par 4 grammes de matière (mitikal).	»	05
Argent, musc, par 30 grammes (oukia).	»	05
Diamants, par grains, 15 centigrammes.	»	05
Perles, par 30 grammes (oukia).	2	»

Art. 3. Les frais d'établissement sont à la charge de l'Amin-el-Fodda.

Art. 4. Toutes les recettes de cet agent seront constatées sur un registre à souche qui lui sera remis par le directeur des finances.

Art. 5. Le contrôleur-percepteur des contributions diverses devra s'assurer, par des vérifications fréquentes, de la régularité des écritures de l'Amin-el-Fodda.

Art. 6. Le directeur des finances est chargé, etc.

25 Fév. — **Affaires arabes.** — *Ordonnance royale qui nomme à trois aghalicks compris dans la division d'Oran.*

Louis-Philippe, etc.

Sur le rapport de notre ministre secrétaire d'Etat de la guerre, président du Conseil,

Nous avons ordonné et ordonnons ce qui suit :

Art. 1er. Kada-Ould-el-Mokhtar est nommé Agha des Hachem-Cheraga (division d'Oran) ;

Cheikh-el-Kharoubi est nommé Agha des Ouled-Khelif (division d'Oran).

El-Hadj-el-Ouzzâ est nommé Agha des Iakoubyah (Division d'Oran).

Art. 2. Notre ministre secrétaire d'Etat de la guerre, président du Conseil, est chargé, etc.

25 Fév. — 5 Mars. — **Matières d'or et d'argent.** — *Arrêté du Gouverneur-Général, qui nomme le sieur Mohamed ben Ali ben Adjouz, essayeur public à Constantine.*

Vu l'arrêté du 30 mars 1832, relatif au service des essais des matières d'or et d'argent ;

Considérant qu'il importe d'établir à Constantine, sur des bases régulières, la charge d'Amin-el-Fodda, et de fixer les rétributions accordées au titulaire de cette charge ;

Sur le rapport du directeur des finances,

Art. 1er. Le sieur Mohamed ben Ali ben Adjouz est nommé essayeur public des matières d'or et d'argent, sous la dénomination d'Amin-el-Fodda, fonctions qu'il exerce depuis longtemps à Constantine.

Art. 2. Il jouira à ce titre, pour tout traitement, des rétributions établies par le tarif ci-après pour les essais auxquels il procédera :

(1) *Voy.* cet arrêté et note.

Or et essence de rose, par 4 grammes de matières (mitikal). » 05
Argent, musc, par 30 grammes de matière (oukia). » 05
Diamants, par 5 centigrammes. » 05
Perles, par 30 grammes (oukia). 2 »

Art. 3. Les frais d'établissement sont à la charge de l'Amin-el-Fodda.

Art. 4. Toutes les recettes de l'Amin-el-Fodda seront constatées sur un registre à souche qui lui sera remis par le directeur des finances.

Art. 5. Le contrôleur-percepteur des contributions diverses devra s'assurer, par des vérifications fréquentes, de la régularité des écritures tenues par l'Amin-el-Fodda.

Art. 6. Le directeur des finances est chargé, etc.

2 — 13 Mars. — CHASSE. — *Arrêté de M. le Directeur de l'Intérieur qui interdit l'exercice de la Chasse à partir du 5 dudit mois.*

Nous, directeur de l'Intérieur,

Vu l'arrêté du gouverneur général, en date du 5 décembre 1834, sur l'exercice de la chasse;

Considérant que l'intérêt des récoltes exige la prohibition momentanée de cet exercice, et que, d'un autre côté, le seul moyen de lui opposer une répression efficace est de l'atteindre dans ses produits;

Art. 1er. A partir du 5 mars courant, la chasse est interdite dans la province d'Alger, sur les terres non closes, cultivées ou non cultivées, sous les peines portées par l'arrêté du 5 décembre 1834.

Art. 2. L'introduction, la vente et le colportage du gibier sont également interdits à dater du 8 mars, sur le territoire et dans toutes les localités de la province. En conséquence le gibier de quelque espèce qu'il soit, qui sera mis en vente ou rencontré après cette époque sera immédiatement saisi et versé aux établissements de bienfaisance.

Art. 3. Il sera en outre dressé procès-verbal contre les délinquants qui seront traduits devant le tribunal de simple police, et condamnés aux peines portées par les articles 471 et 474 du code pénal.

Art. 4. Les maires, les commissaires civils et la gendarmerie sont chargés, etc.

8 — 26 Mars. — MAIRES ET ADJOINTS. — *Arrêté du Gouvernement-Général, qui nomme le sieur de Reyneval maire du village de Montpensier et le sieur Ferrouilhat adjoint à ladite mairie.*

Vu l'arrêté de notre prédécesseur du 23 avril 1835;

Sur la proposition de M. le directeur de l'Intérieur,

Art. 1er. Sont nommés : Maire du village de Montpensier, *M. de Reyneval;*

Adjoint à ladite mairie, *M. Ferrouilhat.*

Art. 2. Avant d'entrer en fonctions ils prêteront entre les mains de M. le directeur de l'intérieur, que nous déléguons à cet effet, serment de fidélité au Roi des Français, d'obéissance aux lois et arrêtés, de remplir consciencieusement les fonctions qui leur sont confiées.

Art. 3. Le directeur de l'Intérieur est chargé, etc.

9 Mars. — 9 Avril. — MONITEUR ALGÉRIEN. DOCUMENTS A FOURNIR. — *Circulaire n° 12 du Gouverneur-Général à MM. les Chefs des divers services pour les inviter à transmettre au Secrétariat-Général du Gouvernement, tous les faits intéressants qui parviennent à leur connaissance.*

Il importe essentiellement à la question d'Afrique d'être connue et en quelque sorte d'être popularisée en France. A ce titre, rien de ce qui se passe dans la colonie ne doit rester étranger à la métropole; or dans un temps de publicité, le meilleur moyen pour arriver à ce but, c'est de publier dans le journal officiel, afin qu'ils soient répétés par les journaux de France, tous les faits intéressants à un degré quelconque qui se passent en Algérie, soit qu'ils concernent l'armée, l'administration, la population européenne, les indigènes, les mœurs du pays, le pays lui-même, comme topographie, statistique, fertilité du sol, cultures, etc., etc.

Pour obtenir ce résultat, il faut que chacun des fonctionnaires de la colonie, veuille bien y concourir, dans la mesure que comporte sa sphère d'activité; je vous prie donc de prescrire des dispositions pour que ceux des agents sous vos ordres, qui se trouvent placés de manière à connaître les faits les plus intéressants concernant le pays, vous adressent des notes et documents que vous me transmettrez en dehors de vos communications officielles. Vous pourrez même, dans la plupart des cas, adresser ou faire adresser directement ces notes et renseignements au Secrétariat général du Gouvernement, où cette correspondance sera centralisée.

10 Mars.—*Arrêté du Gouverneur-Général sur les Poudres.*

Vu les arrêtés des 1er juillet 1834 et 20 mars 1835 sur la fabrication, l'importation, la circulation et la vente des poudres à feu en Algérie.

Vu les lois des 13 fructidor an V et 24 mai 1834, qui règlent la matière dans la métropole.

Vu l'ordonnance du 22 juin 1841 portant réglement du prix des poudres des manufactures royales, les seules dont la vente et la circulation soient autorisées en Algérie;

Considérant que les arrêtés précités ne sont plus en harmonie avec l'état actuel de notre établissement en Algérie, ni avec l'organisation administrative;

Considérant que la cessation des hostilités sur la plus grande partie du territoire de l'Algérie permet d'autoriser la vente des poudres à feu des manufactures royales, sous l'accomplissement des mesures de précaution prescrites dans l'intérêt commun;

Qu'en prohibant sévèrement la fabrication de toute espèce de poudres, l'importation, la vente et la circulation des poudres étrangères, il convient de mettre à la portée de tous les consommateurs les poudres de chasse et de mine provenant des manufactures royales;

En vertu des pouvoirs qui nous sont délégués par l'art. 5 de l'ordonnance du 22 juillet 1834.

Sur la proposition du directeur des finances;

Le conseil d'administration entendu :

Vu l'urgence;

Art. 1er. Les dispositions du projet d'ordonnance qui précède, transmis à M. le président du conseil, ministre secrétaire d'Etat de la guerre, seront immédiatement publiées et exécutoires à partir de leur publication.

Art. 2. Le directeur des finances est chargé, etc.

11 — 26 Mars. — Servitudes militaires. — *Arrêté du Gouverneur-Général qui détermine la zône des terrains soumis aux servitudes militaires en avant de la vieille enceinte d'Alger.*

Vu le projet de la nouvelle enceinte d'Alger déjà en cours d'exécution, par suite des ordres de M. le Ministre de la guerre, et qui reporte à l'extérieur les défenses de la place, en les faisant partir du plateau du Tagarins et les appuyant au fort Bab-Azoun et à la mer, en avant du fort Vingt-quatre-Heures;

Vu la décision du ministre, en date du 7 septembre 1843, qui arrête en principe la construction des forts extérieurs dont l'exécution doit être entreprise en 1845;

Vu la loi du 17 juillet 1819, sur les servitudes imposées à la propriété;

Vu l'art. 6 de l'ordonnance du Roi du 1er août 1821, qui fixe le mode d'exécution de la loi du 17 juillet 1819, en ce qui concerne les limites des esplanades du côté des villes;

Vu l'arrêté du 28 août 1840;

Vu l'arrêté du 14 février 1843, qui crée un polygone exceptionnel entre les deux premiers lacets de la route du faubourg Bab-Azoun;

Sur le rapport du colonel, directeur des fortifications, commandant le Génie en Algérie;

Le Conseil d'administration entendu;

Art. 1er. Les terrains soumis aux servitudes militaires, en avant de la vieille enceinte d'Alger, du côté de Bab-Azoun, sont limités par le contours A B C D E F G H *tracé sur le plan ci-joint.* Cette limite est formée : premièrement, par la ligne A G, passant par un point pris à 20 m. en deçà de l'angle N. O. de la caserne du train des équipages et par l'extrémité d'une perpendiculaire de 100 m. de longueur, élevée sur la face de la batterie n. 7; secondement, par la limite de la zône de la citadelle fixée par l'arrêté du 28 août 1840. Toutefois, la limite que donne ce même arrêté du 20 août 1840, en ce qui concerne l'exonération des servitudes, aux terrains contigus au côté gauche de la route qui monte vers le fort de l'Empereur, n'est pas modifiée pour les parties de ces mêmes terrains qui se trouveraient plus rapprochés de la place que la nouvelle limite.

Art. 2. Le polygone exceptionnel créé à gauche de la Porte-Neuve par arrêté du 25 novembre 1841, est maintenu.

Art. 3. L'arrêté du 14 février 1843, qui crée un polygone exceptionnel entre les deux premiers lacets de la route du fort l'Empereur, est rapporté.

Art. 4. Les terrains situés en avant de l'ancienne enceinte du côté de Bab-Azoun et qui sont en dehors des limites ci-dessus, sont affranchis des servitudes militaires. Des constructions de toute nature peuvent y être exécutées en se conformant aux réglements de voirie.

Art. 5. Les directeurs de l'intérieur, des finances et le colonel commandant le Génie en Algérie, sont chargés, etc.

12 — 26 Mars. — **Transactions immobilières.** — *Arrêté du Gouverneur-Général qui détermine les villes et territoires dans lesquels les transactions relatives aux biens immeubles sont ou demeurent autorisées.*

Vu les arrêtés des 3 septembre 1833, 28 octobre 1836, 10 juillet 1837, 30 mai 1841 et 14 février 1842, portant prohibition de toutes transactions immobilières dans diverses localités de l'Algérie, hors certaines limites ;

Sur la proposition de M. le Directeur des finances,

Le conseil d'administration entendu ;

Vu l'urgence ;

Art. 1. Sont et demeurent autorisées toutes transactions relatives aux biens immeubles situés dans les villes et les territoires ci-après désignés (1).

1° Dans la province d'Alger, à Oran et à Bône, sur toute l'étendue du territoire soumis à la juridiction des tribunaux de première instance, telle que cette étendue a été déterminée par l'arrêté du 21 décembre 1842.

2° Cherchell et les terrains compris dans la ligne de défense formée par les blokhaus.

3° Mostaganem (intra-muros).

4° Philippeville et dans sa banlieue, telle qu'elle sera déterminée par l'arrêté à intervenir.

Art. 2. Jusqu'à disposition contraire, toute transmission d'immeubles en propriété ou usufruit entre les indigènes ou Européens est interdite sur tous les autres points de l'Algérie sans exception, sauf ce qui concerne les acquisitions à faire par l'Etat.

Toute transaction passée contrairement à cette disposition sera nulle et stipulée non avenue. Les officiers publics et ministériels qui auront prêté leur concours aux actes de l'espèce seront passibles d'une amende de 500 à 2,000 fr. sans préjudice des peines disciplinaires et dommages-intérêts, s'il y a lieu.

Art. 3. La nullité de ces ventes sera poursuivie d'office par le ministère public.

Art. 4. Les dispositions contraires au présent arrêté sont abrogées.

Art. 5. Le procureur-général et le directeur des finances sont chargés, etc.

22 Mars. — 9 Avril. — **Destruction des bêtes fauves** — *Circulaire n° 13 du Gouverneur-Général à MM. les Généraux et Colonels commandant les divisions et subdivisions, relative aux primes accordées pour la destruction des bêtes fauves.*

Dans les dernières courses que j'ai faites pour visiter les routes en construction et le sud de la province de Miliana, nous avons entendu, presque toutes les nuits, des familles arabes crier, tirer des coups de fusil pour éloigner de leurs douars les lions, les panthères et les hyènes. D'un autre côté, j'ai appris, que ces bêtes détruisaient chaque jour, sur un point ou sur un autre, des bœufs, des chevaux, des moutons et des chameaux : ainsi se trouvent gravement affectés le repos et les intérêts des populations.

Nos devoirs envers les Arabes que nous gouvernons, la nécessité de multiplier les troupeaux pour assurer à bon marché les approvisionnements de l'armée et de la population européenne, nous commandent d'exciter les Arabes à la destruction des animaux malfaisants.

En conséquence, j'ai décidé qu'il serait accordé des primes proportionnées à la puissance destructive de chaque bête féroce qui sera présentée morte ou vivante à l'autorité. Ces primes seront graduées comme suit :

Pour un lion ou une lionne. . . 50 fr.
Pour des lionceaux de 1 à six mois. 15
Pour une panthère. 25
Pour de jeunes panthères de 1 à 6 mois. 7
Pour une hyène. 20
Pour de jeunes hyènes de 1 à 6 mois. 5

Ces animaux devront être présentés au lieu le plus voisin occupé. Le commandant supérieur payera immédiatement la prime. L'animal restera la propriété du chasseur.

En attendant qu'il ait été créé un fonds spécial pour cet objet, MM. les commandants supérieurs sont autorisés à payer les primes sur les fonds secrets qui sont à leur disposition.

Vous ferez connaître immédiatement aux Arabes de toutes les tribus placées sous vos ordres, les dispositions contenues dans cette circulaire, et vous les ferez publier au moins deux fois dans les marchés de la contrée.

---

(1) Cet arrêté, qui se complète par l'arrêté du 8 avril 1844, pour Mostaganem, par l'ordonnance royale du 20 septembre 1845 ci-dessous, est toujours en vigueur.

Voy. également ci-dessous l'ordonnance royale du 9 novembre 1845 qui autorise les transmissions immobilières à Dellys.

L'état de la législation en cette matière est fixé par les articles 47 et suivants de l'ordonnance royale du 21 juillet 1846.

23 — 26 Mars. — MILICE ALGÉRIENNE. — *Arrêté du Gouverneur-Général portant création d'une milice dans la ville de Constantine et décidant qu'à l'avenir le major de la milice d'Alger sera de droit membre du conseil d'administration du corps.*

Vu les arrêtés des 28 octobre 1836 et 17 décembre 1841 relatifs à la milice,

Vu le chiffre de la population européenne en état de porter les armes;

Sur la proposition du Directeur de l'Intérieur;

Art. 1er. Il est créé à Constantine une milice composée de deux compagnies d'infanterie, dont une de Grenadiers et une de Voltigeurs, et une section de Sapeurs-Pompiers.

Art. 2. Le directeur de l'Intérieur est chargé, etc.

Considérant que l'instruction des affaires portées au Conseil d'administration de la milice exige que le major du corps en fasse partie;

Vu l'arrêté du 28 octobre 1836;

Sur la proposition du directeur de l'intérieur;

Art. 1er. Le major de la milice d'Alger est de droit membre du Conseil d'administration du corps.

Art. 2. Le directeur de l'intérieur est chargé, etc.

22 Mars. — 11 Avril. — COLONISATION — *Arrêté du Gouverneur-Général, portant qu'il sera créé au lieu dit el-Arrouché (province de Constantine) un centre de population composé de 120 familles.*

Considérant que la position d'*El-Arrouche*, sur la route de Constantine, est évidemment propre à la construction d'un village routier et agricole;

Considérant qu'il importe de favoriser le développement de l'établissement qui s'est déjà fondé spontanément sur ce point;

Vu la proposition de son Altesse Royale le lieutenant général, commandant supérieur de la province de Constantine;

Sur le rapport de M. le directeur de l'intérieur, et conformément aux instructions de M. le ministre de la guerre;

Vu l'arrêté du 10 avril 1841;

Vu les plans produits;

Art. 1er. Il est créé au lieu dit *El-Arrouche* un village de cent vingt familles, conformément au plan ci-annexé.

Art. 2. La circonscription territoriale qui doit être affectée au village sera fixée ultérieurement.

Art. 3. Il sera fait remise par le domaine à l'autorité militaire de tous les terrains compris au plan dont il s'agit.

Art. 4. Les fonds nécessaires à cette création seront prélevés sur les crédits affectés à la colonisation civile.

Art. 5. L'officier général commandant supérieur de la province de Constantine, les directeurs de l'intérieur et des finances sont chargés, etc.

Pour ampliation,

Le secrétaire général du gouvernement,

A. SOL.

M. le président du Conseil, ministre de la guerre a sanctionné de son approbation, le 31 du même mois, l'arrêté ci-dessus.

22 Mars. — 11 Avril. — COLONISATION — *Arrêté du Gouverneur-Général, portant qu'il sera formé au lieu dit Mahelma un centre de population composé de 50 familles.*

Vu l'article 2 de l'arrêté du 1er décembre 1840 sur le séquestre;

Vu l'arrêté du 18 avril 1841, relatif à l'établissement de centres de population;

Vu l'arrêté du 9 décembre 1841, sur les expropriations pour cause d'utilité publique;

Considérant que la position de Mahelma est éminement propre, par la fécondité de son territoire et le passage de la route de Coléah, à la création d'un nouveau village;

Vu les plans produits;

Sur la proposition de M. le directeur de l'intérieur, en exécution des instructions de M. le ministre de la guerre;

Art. 1er. Il est formé, au lieu dit Mahelma, un village de cinquante familles.

Art. 2. La circonscription territoriale de ce village comprendra cinq cents hectares de terres.

Art. 3. Il sera fait remise, par la direction des finances à celle de l'intérieur, des terres domaniales qui sont comprises dans ce périmètre; quant aux parcelles reconnues comme appartenant à des particuliers, elles sont et demeurent expropriées pour cause d'utilité publique et à titre d'occupation définitive. La prise de possession en aura lieu immédiatement, et les indemnités dues aux propriétaires dépossédés, seront réglées conformément à l'arrêté du 9 décembre 1841.

Art. 4. MM. le directeur de l'intérieur et le directeur des finances, sont chargés, etc.

23 Mars. — 9 Avril. — **Monuments anciens et objets d'antiquité.** — *Circulaire n° 15, du Gouverneur-Général à MM. les chefs des divers services, touchant les dispositions à prendre pour la conservation des monuments et des restes d'antiquités.*

M. le Maréchal, ministre de la guerre, m'a adressé les instructions ci-après, touchant les dispositions à prendre pour la conservation des monuments anciens et restes d'antiquités en Algérie. Je m'empresse de les mettre textuellement sous vos yeux en vous invitant à concourir, en ce qui vous concerne, à leur exécution.

« Une suite de lois et de dispositions administratives (voir notamment au recueil des actes du ministère de l'intérieur, la circulaire du 8 avril 1819) assurent en France la conservation des monuments anciens qui sont considérés comme propriété de l'Etat. Aucune mesure n'a jusqu'à ce jour été prise en Algérie pour préserver de la destruction les précieux débris d'antiquités qu'on y découvre à chaque pas; aussi n'ont-ils pas été respectés. Dans plusieurs localités leurs matériaux ont servi à des constructions publiques et même privées, sans que l'autorité ait été préalablement consultée sur l'opportunité de conserver les ruines intactes, ou de les consacrer à quelques usages.

» Mon intention est qu'à l'avenir, et à l'instar de ce qui se pratique dans la métropole, les fonctionnaires et agents d'aucun service ne disposent des monuments anciens ou débris d'antiquités, sous quelque prétexte que ce soit, et quel que soit d'ailleurs leur peu d'importance apparente, sans avoir satisfait à des conditions qui en garantissent la conservation et réservent les droits de l'administration.

» En conséquence, à l'exception des cas urgents et de force majeure, qui se présentent d'ailleurs très rarement, les restes d'antiquités ne pourront être ni démolis ni même restaurés que sur la proposition d'un fonctionnaire soit militaire soit civil; suivant les localités, sur l'avis du conseil d'administration ou de la commission administrative et avec mon approbation.

» Je désire que vous fassiez connaître mes intentions à cet égard aux officiers généraux et fonctionnaires civils, en les invitant à donner aux officiers de toutes armes, ingénieurs des ponts-et-chaussées, architectes, géomètres, agents forestiers et autres agents militaires ou civils sous leurs ordres, les instructions les plus précises à cet égard.

» Pour arriver à constater aussi exactement que possible l'existence et l'état actuel des monuments, ruines et restes d'antiquités sur les parties occupées du territoire, et dans le but d'en donner le catalogue, les officiers d'Etat-Major et du Génie, les ingénieurs des ponts-et-chaussées ou les architectes du service des travaux coloniaux, seront invités à faire les dessins (plan, coupe et élévation) de tous ceux qui se trouveraient dans leurs arrondissements respectifs ou dont ils feraient ultérieurement la découverte, et à accompagner ces dessins de notes renfermant les indices qu'ils pourront se procurer sur leur origine et les souvenirs historiques qui s'y rattacheraient. Dans ce travail devront être compris les restes des monuments anciens qui auraient été restaurés et appropriés à l'usage des services civils et militaires.

» Je verrai avec satisfaction l'empressement que l'on mettra à accomplir une tâche agréable et instructive, et que je recommande dans l'intérêt de l'art et de l'histoire.

» Lorsque ces documents me seront parvenus, et que, par l'examen qui en sera fait, j'aurai pu me former une idée de l'importance des monuments anciens répandus sur le sol d'Algérie, je compléterai mes instructions à l'effet de régulariser, à l'instar de ce qui se fait en France depuis plus de cinquante ans, la recherche des antiquités, d'assurer leur conservation, et de pourvoir à leur restauration, s'il y a lieu.

» Alors je distinguerai d'une manière particulière les fonctionnaires, officiers, ingénieurs, architectes et agents de tout rang qui auront concouru avec zèle à cette utile entreprise. »

23 Mars. — 9 Avril. — **Recrues.** — *Circulaire n° 14 du Gouverneur-Général à MM. les Généraux commandant les divisions de l'Algérie, concernant les ménagements à prendre à l'égard des recrues.*

Général,

Les recrues appartenant aux régiments d'infanterie de l'armée d'Afrique, et qui sont dans les dépôts de France, vont être immédiatement dirigées sur leurs corps.

Vous comprendrez que ces jeunes soldats, dont l'instruction n'est qu'ébauchée, dont l'éducation militaire est à faire, ne peuvent être employés immédiatement ni aux expéditions, ni aux travaux pénibles; il faut d'ailleurs les acclimater, et, sous tous les rapports, nous devons les laisser en station pendant le printemps, l'été et l'automne dans les lieux que nous occupons d'une manière permanente.

Vous recommanderez qu'ils y soient traités avec des ménagements paternels, afin d'éviter les maladies et surtout la nostalgie.

Chaque corps devra laisser pour les administrer et les instruire, à défaut d'une fraction constituée, des officiers et des sous-officiers détachés en nombre suffisant.

Ces recrues pourront, néanmoins, faire un léger service, et rendre ainsi disponibles, pour les besoins extérieurs, une grande partie des soldats aguerris qu'on aurait été obligé de laisser dans les places.

Ce sera donc un véritable renfort pour les travaux et pour les rares expéditions qui pourront avoir lieu.

26 Mars. — 11 Avril. — POUDRES. — *Arrêté du Gouverneur-Général qui crée de nouveaux débits de poudres des manufactures royales.*

Vu l'article 1er de l'arrêté du 10 de ce mois, qui rend exécutoires à partir de leur publication les dispositions du projet d'ordonnance inséré au *Moniteur algérien*, no 599, relatif à la fabrication et à la vente des poudres à feu (1);

Considérant qu'en prohibant la fabrication de toute espèce de poudres, l'importation, la vente et la circulation des poudres étrangères, il convient de mettre à la portée de tous les consommateurs les poudres de chasse et de mine provenant des manufactures royales;

Sur la proposition du directeur des finances;

Art. 1er. Les débits de poudres à feu établis à Alger, Bône, Oran et Philippeville, sont et demeurent maintenus.

Le nombre de ces débits pourra être porté à deux pour la ville d'Alger.

Art. 2. Des débits de poudres à feu seront créés dans les localités ci-après désignées, savoir :

Province d'Alger.

Bouffarick, Douéra, Koléah, Bougie, Cherchell, Tenez, Orléanville, Médéah, Milianah.

Province de Constantine.

Constantine, Sétif, Guelmah, Gigelli.

Province d'Oran.

Arzew, Mostaganem, Mascara et Tlemcen.

(1) Voir ci-dessus l'arrêté du 10 mars et note.

Art. 3. Les débitants seront nommés par le directeur des finances, conformément au 2e § de l'art. 8 de l'ordonnance précitée.

Ils seront assujettis à toutes les prescriptions du projet d'ordonnance précité.

Art. 4. Le directeur des finances est chargé, etc.

27 Mars. — 11 Avril. — MAIRES ET ADJOINTS. — *Arrêté du Gouverneur-Général qui nomme M. le capitaine Blanchet, maire provisoire du village de Fouka.*

Vu l'arrêté de notre prédécesseur, du 25 avril 1835;

Sur la proposition de M. le directeur de l'intérieur;

1o M. le capitaine Blanchet est nommé provisoirement maire du village de Fouka.

Avant d'entrer en fonctions, il devra prêter, entre les mains de M. le directeur de l'intérieur, que nous déléguons à cet effet, serment de fidélité au Roi des Français, d'obéissance aux lois et arrêtés, et de remplir consciencieusement les fonctions qui lui sont confiées.

2o Le directeur de l'intérieur est chargé, etc.

29 Mars. — 9 Avril. — PLANS D'ALIGNEMENTS. — DÉLIMITATIONS DES BANLIEUES. — BIENS DOMANIAUX. — *Circulaire no 16 du Gouverneur-Général, à MM. les Généraux et Colonels, commandant les divisions et subdivisions, qui les invite à faire établir sans délai le travail demandé sur ce triple objet.*

Je n'ai encore reçu qu'en partie les plans généraux d'alignement des villes administrées par l'autorité militaire dans l'étendue de votre commandement. Comme il est de la plus grande urgence d'arrêter sans retard d'une manière définitive le tracé des communications principales à ouvrir ou à rectifier, ainsi que le plan d'alignement des maisons et des emplacements à bâtir dans les rues existantes ou à percer, je vous recommande de donner des ordres pressants à cet égard, et de tenir la main à leur exécution, pour que le travail en retard soit terminé dans le plus bref délai possible.

De son côté, M. le colonel commandant le Génie en Algérie aura à prescrire des mesures dans le même objet.

Aussitôt après que les projets de plan auront été dressés, ils me seront adressés, avec votre avis personnel et celui des commissions administratives des localités qu'ils concernent.

Dans l'absence des renseignements que je vous ai itérativement demandés sur la *consistance des biens domaniaux* des villes régies conformément aux dispositions de l'arrêté du 3 septembre 1842, et qui, sauf pour ce qui regarde Mascara, ne me sont pas encore parvenus, il m'a été impossible de satisfaire aux instructions de M. le ministre de la guerre. Par une dépêche toute récente, Son Excellence me demande de nouveau l'envoi de renseignements complets et précis, par ville, sur les propriétés domaniales.

Vous aurez donc à me transmettre, pour ce qui vous concerne, dans un tableau sommaire :

1o L'état général des immeubles domaniaux, en désignant les maisons, les boutiques ou échoppes.

2o Le relevé des immeubles affectés à des services publics.

3o Le relevé des immeubles disponibles.

Des annotations sommaires seront à ajouter pour indiquer l'état d'habitabilité des immeubles compris sur les tableaux numéros 2 et 3.

Ces documents avant de m'être transmis seront communiqués de même à la commission administrative.

Enfin un autre travail, non moins important et urgent, dont je vous recommande d'ordonner la confection et sur lequel j'appelle toute votre sollicitude, afin de mettre désormais l'autorité supérieure à même de faire, sur la proposition des commissions administratives, des concessions rurales autour des villes de l'intérieur et autres administrées par l'autorité militaire, a pour objet *le levé des terrains destinés à être compris dans le territoire de colonisation de chaque ville, et la délimitation de ces territoires.* L'intention de M. le ministre de la guerre est d'augmenter dans ce but le personnel des agents du cadastre afin qu'ils puissent suffire sur tous les points aux exigences de ce service.

Vous aurez en conséquence à me faire connaître sans retard le nombre d'agents du cadastre dont l'emploi vous paraîtra indispensable, afin que je provoque les dispositions convenables pour qu'ils soient mis à la disposition de M. le directeur des finances et répartis entre les diverses localités dans la proportion des besoins de chacune d'elles.

29 Mars. — 11 Avril. — MILICE. — *Arrêté du Gouverneur-Général portant réorganisation des milices des différentes provinces de l'Algérie.*

Vu les arrêtés du 28 octobre 1836, 12 décembre 1836 et 17 décembre 1841, sur la milice ;

Considérant que la création des établissements agricoles du Sahel et le développement que la population a pris dans les différentes localités de l'Algérie, nécessitent un remaniement des cadres actuels de la milice ;

Considérant qu'il importe à la sûreté publique, que l'organisation des sapeurs-pompiers soit appliquée indistinctement à toutes les localités de l'Algérie ;

Considérant que l'institution des compagnies de Marins est susceptible de rendre des services spéciaux sur le littoral ;

Sur la proposition de M. le directeur de l'intérieur ;

Avons arrêté :

Art. 1er. Les milices de l'Algérie dans les villes administrées par l'autorité civile sont réorganisées d'après les bases indiquées ci-après pour chaque localité, savoir :

BATAILLONS DE LA VILLE D'ALGER

(*Intra muros*).

Un escadron d'artillerie et trois bataillons maintenus tels qu'ils ont été constitués par l'arrêté du 28 octobre 1836, et par ceux des 25 décembre 1839 et 29 juillet 1843.

BATAILLONS DE LA BANLIEUE ET DE LA PROVINCE D'ALGER.

Quatre bataillons portant les numéros 4, 5, 6, 7 et une section de bataillon, composés ainsi qu'il suit :

QUATRIÈME BATAILLON.

1re compagnie de chasseurs à Mustapha inférieur ; — 2e id. à Mustapha supérieur ; — 3e id. à l'agha ; — 4e et 5e id. à Hussein-Dey ; — 6 id. à Kouba ; — 7e id. à Bir kadem ; — 8e id. à Birmandreïs ; — 9e id. à Drariah, Kaddous et Saoula réunis.

CINQUIÈME BATAILLON.

1re compagnie de chasseurs à Dely-Ibrahim ; — 2e et 3e d. à El-Biar ; — 4e id. à Boudjaréah ; — 5e id. à la Pointe-Pescade ; — 6e id. à Chéragas et Sidi-Kalef réunis ; — section de compagnie à Ouled-Fayet ; — id. à Sidi-Ferruch.

SIXIÈME BATAILLON.

Douéra. — Une section de compagnie de sapeurs-pompiers ; — 1re compagnie de chasseurs ; — 2e id.

Bouffarick. — Une section de sapeurs-pompiers; — 3e compagnie de chasseurs; — 4e id.

Koléah. — Une section de pompiers; — une compagnie de chasseurs.

Section de compagnie de chasseurs à Ba-ba-Hassen; — id. à Crescia; — id. à Saint-Ferdinand; — id. à Sainte-Amélie; — id. à Mahelma; — id. à Daouda; — id. à Hadj-Jacoub.

SEPTIÈME BATAILLON.

Blida. — Une compagnie de sapeurs-pompiers; — une id. de grenadiers; — une id. de voltigeurs; cinq id. de chasseurs.

Section de compagnie de chasseurs à Beni-Méred; — id. à Joinville; — id. à Montpensier.

CHERCHELL.

Une section de marins; — id. de sapeurs-pompiers; — id. de grenadiers; — Une compagnie de voltigeurs.

PROVINCE DE CONSTANTINE.

Philippeville. — Un bataillon; — une section de marins; — une compagnie de sapeurs-pompiers; — id. de grenadiers; — id. de voltigeurs; — six compagnies de chasseurs.

Bône. — Un bataillon. — Une compagnie de marins; — une id. de sapeurs-pompiers; — une id. de grenadiers; — une id. de voltigeurs; trois id. de chasseurs.

Constantine. — Une compagnie de grenadiers; — id. de voltigeurs; une section de sapeurs-pompiers.

Une section de compagnie à La Galle.

PROVINCE D'ORAN.

PREMIER BATAILLON.

Oran. — Une batterie d'artillerie; — une compagnie de marins répartie entre Oran et Mers-el-Kebir; — id. de sapeurs-pompiers; — un demi escadron de cavalerie.

DEUXIÈME BATAILLON.

Une compagnie de grenadiers; — id. de voltigeurs; — cinq compagnies de chasseurs comprenant les faubourgs.

Mostaganem. — Un bataillon. — Une section de marins; — id. de sapeurs-pompiers; — une compagnie de grenadiers; — id. de voltigeurs; — deux compagnies de chasseurs.

Art. 2. La composition des compagnies et des sections de compagnie de marins et sapeurs-pompiers, ainsi que du demi-escadron de cavalerie est arrêtée ainsi qui suit :

1 capitaine, 1 lieutenant, 1 sous-lieutenant 1 maître-major, 1 fourrier, 6 maîtres, 12 contre-maîtres, 76 marins et ouvriers, 1 tambour. — 100 hommes.

Section de compagnie.

1 lieutenant et 1 sous-lieutenant, 1 maître-major, 2 maîtres, 5 contre-maîtres, 30 marins et ouvriers, 1 tambour. — 40 hommes.

COMPAGNIE DE MARINS.

COMPAGNIE DE SAPEURS-POMPIERS.

1 capitaine, 1 lieutenant, 1 sous-lieutenant, 1 sergent-major, 1 fourrier, 4 sergents, 8 caporaux, 42 sapeurs-pompiers, 1 tambour. — 60 hommes.

Section de compagnie de sapeurs-pompiers.

1 lieutenant, 1 sous-lieutenant, 1 sergent-major, 2 sergents, 4 caporaux, 30 pompiers, 1 tambour. — 40 hommes.

UN DEMI-ESCADRON DE CAVALERIE.

1 lieutenant, 1 sous-lieutenant, 1 maréchal-des-logis-chef, 1 fourrier, 3 maréchaux-de-logis, 6 brigadiers, 36 cavaliers, 1 trompette. — 50 hommes.

Art. 3. Les dispositions de l'arrêté du 28 octobre sur la composition des cadres autres que ceux désignés ci-dessus, sont et demeurent maintenues.

Art. 4. Le directeur de l'intérieur est chargé, etc.

M. le président du conseil, ministre de la guerre, a sanctionné de son approbation, le 2 avril, l'arrêté ci-dessus.

6 — 9 Avril. — COMMISSIONS ADMINISTRATIVES. — *Circulaire n° 17, du Gouverneur-Général à MM. les Généraux et Colonels, commandant les divisions et subdivisions, qui les invite à lui transmettre, indépendamment des procès-verbaux de séance des commissions administratives, des extraits séparés de ces mêmes procès-verbaux, par nature d'affaire.*

Les affaires portées devant les commissions administratives créées par les arrêtés des 3 septembre et 7 novembre 1842, se sont tellement accrues depuis quelque temps, qu'il importe essentiellement à la prompte expédition de toutes celles qui réclament une suite, qu'indépendamment du procès-verbal des séances, qui m'est adressé en double expédition, conformément à ma circulaire du 25 octobre dernier, je reçoive en outre des *Extraits* séparés de ces mêmes procès-verbaux par *nature d'affaire*.

L'adoption de cette méthode, qui est celle suivie pour l'envoi à M. le ministre de la guerre, des délibérations du Conseil d'administration de la colonie, influera favorablement sur la marche des affaires, en ce que, dès la réception de ces extraits, pour l'établissement desquels vous recevrez aux premiers jours des formules imprimées, le travail pourra être aussitôt classé par service et bureau qu'il concerne et communiqué sans perte de temps à l'un ou l'autre des chefs de service dans les attributions duquel rentre l'instruction ou l'examen de l'affaire, objet de la délibération, soit que pour arriver à une solution il s'agisse d'un simple avis de sa part ou d'un rapport au conseil d'administration.

Une autre mesure d'ordre, également utile, dont je vous prie de prescrire également l'exécution, c'est de faire numéroter soigneusement par une série unique par année, les procès-verbaux des commissions administratives de l'une et l'autre catégorie.

Je vous recommande de tenir la main à l'exécution de cette double prescription.

6 — 11 Avril. — MAIRES ET ADJOINTS. — *Arrêté du Gouverneur-Général qui nomme M. Chirac adjoint au maire de Philippeville.*

Considérant que la création d'un emploi d'adjoint au maire de Philippeville est devenu nécessaire pour suppléer au besoin ce fonctionnaire.

Sur la proposition de M. le directeur de l'intérieur.

Art. 1er. M. Chirac Augustin est nommé adjoint au maire de Philippeville.

Art. 2. Avant d'entrer en fonctions, il prêtera serment entre les mains de M. le sous-directeur de l'intérieur de la localité, délégué à cet effet.

Art. 3. Le directeur de l'intérieur est chargé, etc.

8 — 11 Avril. — TRANSACTIONS IMMOBILIÈRES. — *Arrêté du Gouverneur-Général qui autorise les transactions immobilières dans les villes de Médéah, Milianah Mascara, Tlemcen, ainsi que dans leurs banlieues.*

Vu l'arrêté du 12 mars, relatif aux transactions immobilières dans certaines limites ;

Considérant que les progrès administratifs réalisés dans les villes de l'intérieur permettent aujourd'hui une impulsion nouvelle à la colonisation européenne dans ces localités ;

Qu'il y a lieu en conséquence d'y permettre les transactions immobilières qui pourront s'effectuer sans inconvénients pour les contractants ou pour les services publics ;

Le conseil d'administration entendu (1).

Art. 1er. Les transactions immobilières sont autorisées dans les villes de Médéah, Miliana, Mascara et Tlemcen, et dans les banlieues déterminées autour de ces villes, au delà de la zône militaire desdites places.

Art. 2. Néanmoins et jusqu'à nouvel ordre, lesdites ventes ne pourront s'effectuer sans une autorisation spéciale du commandant de la subdivision, après avoir pris l'avis des commissions administratives, rendu au vu des plans et décisions qui ont déterminé les limites des alignements et l'affectation des immeubles à des services publics.

Art. 3. Toute vente effectuée sans cette autorisation sera nulle et réputée non avenue. L'annulation en sera poursuivie, et les officiers publics et ministériels qui auront prêté leur concours aux actes de l'espèce, seront punis conformément aux dispositions de notre arrêté du 12 mars courant.

Art. 4. Les transactions immobilières et tous autres actes passibles des droits d'enregistrement seront soumis à l'enregistrement et au paiement des droits conformément à l'ordonnance du 19 octobre 1841.

Art. 5. Le directeur des finances et les commandants supérieurs sont chargés, etc.

8 — 11 Avril. — BOIS D'OLIVIERS. — ID., *qui interdit la vente du bois vert provenant de l'olivier sur tous les marchés de d'Agérie.*

Considérant que les oliviers forment une des principales richesses de l'Algérie, et qu'il importe d'en assurer la conservation par tous les moyens ;

Le conseil d'administration entendu ;

Art. 1er. La vente du bois vert provenant de l'olivier est interdite sur tous les marchés de l'Algérie, à partir du 1er mai prochain.

Art. 2. Le bois vert provenant de l'olivier trouvé circulant sur les routes, ou exposé en vente sur les marchés, sera saisi, confisqué et livré à l'administration militaire pour les hôpitaux et pour les troupes.

Art. 3. Les directeurs de l'intérieur et

(1) Voy. ci-dessus l'arrêté du 12 mars 1844 et note.

des finances et les commandants supérieurs dans les localités administrées par l'autorité militaire, sont chargés, etc.

42 — 27 Avril. — MAIRES ET ADJOINTS. —*Arrêté du Gouverneur-Général, qui nomme à douze emplois de maires et à vingt-un emplois d'adjoints français ou indigènes dans les communes du district d'Alger.*

Vu l'arrêté ministériel du 17 décembre dernier,

Sur la proposition de M. le directeur de l'intérieur,

Art. 1er. Sont nommés maires et adjoints des communes du district d'Alger :

NOMS DES COMMUNES.	MAIRES.	ADJOINTS FRANÇAIS.	ADJOINTS INDIGÈNES.
Birkadem.	Reverchon.	Adam.	Khalil ben Inja.
Birmandrais.	Leboul Vaujours.	Astruc.	Mohamed Zamboujou.
Bouzaréah.	Colonel d'Esparbès de Lussan.	Amesland.	Mahmoud Oulid Khasnadji.
Chéragas.	Mercurin (Henri-Joseph-Marie).	Fruitier Albin.	Soliman.
Kouba.	Boensch.	Shéron.	Mohamed ben Kodja.
Drariah.	Pelissier.	Esquier.	Mustapha ben Bakir.
Dely-Ibrahim.	Mazères.	Duverger.	Mahmoud ben Djaffar.
El-Biar.	Couput.	Morin.	Mahmoud Seum Seum.
Hussein-Dey.	Simon.	Sabatault.	Hamoud Saya.
Mustapha-Pacha.	Lavollée.	Lieutaud.	Mustapha ben Omar.
Ouled Fayet.	Coppin.	Ollier, père.	
Pointe Pescade.			
Sidi Ferruch.	Boë Vincent.		

3

Art. 2. Ils devront prêter serment entre les mains de M. le directeur de l'Intérieur, que nous déléguons à cet effet, et qui est chargé, etc.

29 Mars. — 27 Avril. — MILICE. — *Arrêté du Gouverneur-Général qui institue à Orléanville une milice composée d'une compagnie d'infanterie.*

Vu les arrêtés des 28 octobre 1836 et 7 décembre 1841, sur l'organisation de la milice ;

Considérant que le chiffre de la population européenne d'Orléanville permet de créer une compagnie de milice dans cette localité ;

Sur la proposition du commandant de la subdivision ;

Art. 1er. Il est institué à Orléanville une milice composée d'une compagnie d'infanterie.

Art. 2. Le colonel commandant la subdivision d'Orléanville, est chargé, etc.

1er — 27 Avril. — INDEMNITÉS POUR EXPROPRIATIONS.—*Arrêté du Gouverneur-Général, qui attribue à une Commission de cinq membres le réglement des indemnités dues pour démolition d'immeubles.*

Considérant qu'à la suite de la conquête, la nécessité de frayer à l'armée des routes carrossables a produit la démolition d'urgence de nombreux édifices, sans la formalité d'expertises préalables ;

Que ces démolitions ont été assimilées, par l'arrêté du 9 décembre 1841, à l'expropriation pour cause d'utilité publique ;

Que l'absence d'expertise, jointe à l'insuffisance de la plupart des titres, forme l'obstacle qui a jusqu'ici retardé la liquidation d'indemnités, et constitue une situation exceptionnelle à laquelle il y a lieu de pourvoir par des dispositions particulières ;

Considérant qu'il importe de hâter et de terminer la liquidation de toutes les indemnités dues pour cause d'expropriation ;

Art. 1er. Les expropriations dont les indemnités restent à liquider seront classées en deux catégories distinctes, savoir :

1° Les expropriations faites avec expertise ;

2° Les expropriations faites sans expertise.

Art. 2. La direction de l'Intérieur continuera de procéder dans les formes ordinaires à la liquidation des indemnités dues pour les expropriations appartenant à la première desdites catégories.

A l'effet d'activer ce travail, de nouveaux employés seront ajoutés au bureau qui en est chargé.

Art. 3. Le réglement des indemnités dues pour démolitions d'immeubles, dans les cas où des circonstances extraordinaires n'auront pas permis l'expertise préalable, est confié à une commission dite de liquidation qui sera composée ainsi qu'il suit :

Un magistrat président ;

Un auditeur au conseil d'Etat ;

Un agent de la direction de l'intérieur ;

Un agent de la direction des finances ;

Un membre de la chambre de commerce.

Art. 4. La commission de liquidation recherchera en premier lieu, les circonstances diverses dans lesquelles ont été faites les démolitions ; vérifiera si tout ou partie des indemnités qui en résultent, sont susceptibles de liquidation individuelle, ou si elles doivent être faites collectivement. Elle donnera son avis sur les règles et les formes qu'il convient de suivre pour arriver le plus promptement possible à cette liquidation.

Art. 5. La commission exposera dans un rapport les faits par elle constatés, ainsi que ses vues et ses propositions. En cas d'opinions différentes, le rapport les énoncera toutes avec leurs motifs.

Art. 6. Le rapport de la commission sera adressé au gouverneur-général, pour être soumis au conseil d'administration.

Copie en sera immédiatement transmise au ministre.

Art. 7. Le conseil d'administration appréciera les propositions faites par la commission, et en présentera d'autres concurremment, s'il le juge convenable. Sa délibération fera connaître et motivera, le cas échéant, les diverses opinions qui auront pu être émises.

Art. 8. La délibération du conseil d'administration sera envoyée sans retard, avec les observations du gouverneur-général, au ministre, qui statuera définitivement.

Art. 9. Il sera procédé ultérieurement et sans retard à la fixation du chiffre des indemnités et à leur répartition conformément aux règles qui auront été adoptées par le ministre (1).

Art. 10. Le gouverneur-général de l'Algérie est chargé, etc.

(1) Cet arrêté atteste de nouveau la sollicitude du Gouvernement, dans l'accomplissement de l'œuvre difficile, qui lui est échue en Afrique. Rien n'a été négligé pour réparer les fautes inévitablement commises dans les premières années de l'occupation et clore l'arriéré en matière d'expropriation. Déjà une ordonnance royale du 30 juillet 1836 avait déterminé les délais dans lesquels

5 — 27 Avril. — AFFAIRES ARABES. — *Ordonnance royale, qui nomme Mohamed ould Safi, Agha des Beni-Amer Gharaba, et Yousouf ben Hamed, Agha des Beni-Amer Chèraga.*

Louis-Philippe, etc.

Sur le rapport de notre ministre secrétaire d'Etat de la guerre, président du conseil.

Nous avons ordonné, etc.,

Art. 1er. Mohamed ould Safi est nommé agha des Beni-Amer-Gharaba, en remplacement d'Ismaïl ould el-Hadj Kada.

Ben-Jousef ben Ahmed est nommé agha des Beni-Amer-Cheraga, en remplacement de Ghalem ben Feriha, révoqué.

Art. 2. Notre ministre secrétaire d'État de la guerre, président du conseil, est chargé, etc.

14 — 27 Avril. — CHIENS ERRANTS. — *Arrêté du Directeur de l'Intérieur, relatif à la divagation des chiens.*

Vu la loi du 16-24 août 1790, titre 2, article 3, § 6, et l'article 46 du titre 1er de celle du 19-22 juillet 1791;

Vu les arrêtés du 12 mars 1835 et du 6 décembre 1842, relatifs à la divagation des chiens;

Considérant qu'un grand nombre de ces animaux errent en liberté sur la voie publique, où leur présence est un sujet d'inquiétude pour les passants et quelquefois même une cause d'accidents plus ou moins graves;

Art. 1er. Huit jours après la publication du présent arrêté, tous les chiens qui seront trouvés dans la ville et les faubourgs d'Alger, sans être pourvus d'un collier indiquant le nom et la demeure de leurs propriétaires, seront saisis et immédiatement abattus.

Art. 2. Les chiens de garde devront être enchaînés pendant le jour et ne pourront être mis en liberté dans l'intérieur des lieux à la garde desquels ils sont employés, qu'autant que lesdits lieux seront clos de murs et seulement après l'heure où il n'y devra plus entrer ni passer personne.

Il est également défendu de placer des chiens sous les voitures ou charrettes, sans qu'ils y soient attachés ou retenus au moyen d'une chaîne en fer.

Art. 3. En cas de contravention aux dispositions des deux articles ci-dessus, il en sera dressé procès-verbal, et les propriétaires des animaux trouvés en délit seront punis, suivant les circonstances, des peines portées par les articles 471 et 475 du Code pénal, sans préjudice de l'application, s'il y a lieu, des articles 319 et 320 du même Code, ainsi que de la responsabilité résultant de l'article 1385 du Code civil.

Art. 4. Les arrêtés sus-visés, des 12 mars 1835 et 6 décembre 1842, sont abrogés.

Art. 5. La police et la gendarmerie sont chargées, etc.

14 Avril. — 28 Mai. — ADMINISTRATION. — *Arrêté ministériel qui nomme M. Mercier Lacombe, auditeur au Conseil d'Etat, secrétaire-général de la Direction de l'Intérieur.*

Art. 1er. M. Mercier-Lacombe (Gustave), auditeur au conseil d'Etat, attaché aux services civils de l'Algérie, est nommé secrétaire-général de la direction de l'Intérieur à Alger, en remplacement de M. de Santeül.

Art. 2. Le gouverneur-général de l'Algérie est chargé, etc.

14 Avril. — 28 Mai. — ID. *qui nomme M. Fenech maire de la ville de Bône, et Fissont chef de bureau à la Direction de l'Intérieur, en remplacement de M. Fenech.*

Art. 1er. M. Fenech (Emmanuel-Xavier-Marie), chef de bureau de 2e classe à la Direction de l'Intérieur à Alger, est nommé maire de la ville de Bône, en remplacement de M. Fissont, appelé à d'autres fonctions.

---

devaient se produire les demandes d'indemnités. Une décision ministérielle en date du 12 février 1841 proroge ces délais. La commission créée par l'arrêté ministériel ci-dessus devait hâter la liquidation des indemnités dues pour expropriation *sans expertise*. Cette commission a fait des travaux préparatoires sur lesquels le ministre doit statuer.

Ses dernières séances ont eu lieu en septembre 1844.

Une nouvelle ordonnance royale du 9 mai 1845 fixe un dernier délai de déchéance pour les productions des demandes d'indemnités pour expropriation antérieure au 31 juillet 1836. Ces délais ont dû expirer avant la fin de septembre de la même année; il n'est pas à présumer que de nouveaux délais puissent être encore accordés. Ainsi, aucun obstacle n'existe plus aujourd'hui à une solution définitive de ces affaires d'expropriation qui ont à diverses reprises préoccupé l'attention des chambres et du public.

Les indemnités dues pour expropriation avec expertise s'élèvent approximativement, au 6 avril 1845.

Capital. . . . . 1,416,310 fr. 32c.

Rentes capitalisés. 2,131,022 80

Les indemnités dues pour expropriation sans expertises, s'élèvent approximativement, d'après les travaux de la commission à 300,000 fr.

Art. 2. M. Fissont (Maurice-Benoît), maire de la ville de Bône, est nommé chef de bureau de 2e classe à la direction de l'Intérieur à Alger, en remplacement de M. Fenech.

Art. 3. Le gouverneur-général de l'Algérie est chargé, etc.

19 Avril. — MINISTÈRE DE LA GUERRE. *Décision ministérielle relative aux demandes en concessions de gré à gré formées par des fonctionnaires publics.*

Le ministre, secrétaire d'Etat au département de la guerre, décide en principe :

1° Que les concessions de gré à gré d'immeubles domaniaux ne pourront être faites aux officiers de l'armée et aux fonctionnaires publics qu'après dix ans de résidence en Algérie.

2° Que les acquisitions projetées par les officiers de l'armée ou les fonctionnaires publics, autrement que par concessions de gré à gré, continueront d'être autorisées par le ministre, quand il y aura lieu, après avoir pris l'avis du conseil d'administration.

22 — 27 Avril. — SERVITUDES MILITAIRES. — *Arrêté du Gouverneur-Général, qui détermine les limites des servitudes imposées à la ville d'Oran.*

Vu le procès-verbal du 9 mars 1843, établissant la délimitation du terrain intérieur dans la place d'Oran en avant des bastions 1 et 10 du Château-Neuf;

Vu la délibération du conseil d'administration du 12 juillet 1843;

Vu la loi du 7 juillet 1791 et 17 juillet 1819, sur les servitudes imposées à la propriété pour la défense de l'Etat;

Vu l'ordonnance du Roi du 1er août 1821 qui fixe le mode d'exécution de la loi du 17 juillet 1819;

Vu le rapport fait par le colonel commandant le Génie en Algérie, tendant à réduire l'espace à affecter au terrain militaire en avant du bastion 10;

Considérant que cette réduction n'entraîne aucun inconvénient pour la défense;

Le conseil d'administration entendu;

Art. 1er. Le terrain militaire intérieur devant les bastions cotés 1 et 10 du Château-Neuf, à Oran, sera limité comme il suit et ainsi qu'il est indiqué au plan ci-joint.

1. Par la ligne menée perpendiculairement à la capitale du bastion 10, et à 35 mètres du pied de l'escarpe au saillant et comprise entre la limite intérieure de la rue des Remparts, à l'est, à l'autre extrémité et l'alignement ouest de la rue Philippe.

2. Par le côté ouest de la rue Philippe à partir de la limite ci-dessus jusqu'au deuxième angle de cette rue désignée par la lettre E.

3. Par une ligne (E F) qui joint l'angle précédent à l'angle F de l'arrondissement projeté de la rue de Turin;

4. Par une ligne F G tangente menée à partir de l'angle F ci-dessus, tangentiellement à un arc de cercle décrit avec un rayon de 20 mètres, à partir du pied de l'escarpe à l'angle d'épaule de droite du bastion 1;

5. Par une ligne (G H) menée à 30 mètres en avant du saillant du bastion 2, et de l'angle d'épaule de droite du bastion 1.

Art. 2. Il sera statué ultérieurement sur la limite du terrain militaire à la droite du bastion 2.

Art. 3. Il sera établi un polygone exceptionnel dans le terrain militaire ci-dessus désigné; il aura pour limites:

A l'est, l'escarpement de la rue Philippe;

à l'ouest, l'alignement de ce côté de ladite rue;

Au nord, une ligne menée à 20 mètres de distance et parallèlement à la face unique du bastion 1;

Au sud, par la façade des maisons actuellement existantes et comprises dans le polygone.

Art. 4. Les propriétaires des terrains compris dans le polygone exceptionnel pourront y bâtir en se conformant aux réglements de grande voirie, mais ils ne pourront élever les constructions en maçonnerie que jusqu'à la hauteur de l'escarpement au point où ils établiront leurs bâtiments; ils pourront construire audessus en bois et torchis, mais avec cette restriction que la hauteur de la bâtisse audessus de l'escarpement ne dépassera pas 3 m. 60 c. sous sablière.

Art. 5. Les propriétaires seront soumis, pour les constructions neuves, reconstructions, améliorations et réparations, aux conditions spécifiées dans les articles 2, 3, 8 et 10 de l'ordonnance du 17 août 1821.

Art. 6. Le polygone exceptionnel tel qu'il est désigné dans l'art. 3 du présent arrêté, sera délimité immédiatement par le chef du génie de la place d'Oran au moyen de bornes rattachées à des points fixes.

Art. 7. La répression de toute contravention se fera conformément à l'art. 6 de notre arrêté du 10 septembre 1841 sur les servitudes militaires.

Art. 8. Le lieutenant-général commandant supérieur de la province d'Oran, le directeur de l'intérieur, le colonel commandant du Génie en Algérie, sont chargés, etc.

20 Avril.— 28 Mai. —AFFAIRES ARABES. — *Ordonnance royale qui nomme Sy Abdallah ben Lazrak, Agha des Medjahers.*

Louis-Philippe, etc.

Sur le rapport de notre ministre secrétaire-d'Etat de la guerre, président du conseil,

Nous avons ordonné, etc.

Art. 1er. Sy Abdallah ben Lazrak est nommé agha des Medjahers, en remplacement de Cherif ben Dani, décédé.

Art. 2. Notre ministre secrétaire d'Etat de la guerre, président du conseil, est chargé, etc.

26 Avril. — 28 Mai. —ADMINISTRATION. — *Arrêté du Gouverneur-Général, qui investit M. le général de Bar de la direction supérieure des services administratifs en l'absence du Gouverneur-Général.*

Article unique. — En notre absence du chef-lieu de notre gouvernement, M. le général de Bar réunira au commandement de la division d'Alger, la direction supérieure des services administratifs.

A ce titre, les divers chefs de service auront à correspondre avec lui pour toutes les affaires dans le cas d'être soumises au gouverneur-général.

En outre, les pouvoirs nécessaires lui sont délégués par le présent arrêté pour présider le conseil d'administration de la colonie.

4 — 28 Mai. — FORMES DES VENTES DE BIENS DOMANIAUX. — *Arrêté ministériel qui supprime l'article 4 de l'arrêté ministériel du 14 mai 1841, et le remplace par de nouvelles dispositions.*

Vu la délibération du conseil d'administration, en date du 20 octobre 1843, et l'avis du gouverneur-général;

Vu l'arrêté du 14 mai 1841, sur la forme des ventes et concessions de biens domaniaux;

Considérant que, s'il convient de réduire autant que possible les débours qu'occasionnent aux parties la délivrance des actes de ventes d'immeubles domaniaux, il est juste de ne pas faire supporter par l'administration les frais qu'entraînent les expéditions de ces actes qui sont de droit à la charge des acquéreurs;

Art. 1er. L'article 4 de l'arrêté ministériel du 14 mai 1841 est supprimé, et remplacé par l'article ci-après :

Art. 2. La grosse et les expéditions à délivrer aux parties donneront lieu, indépendamment des droits d'enregistrement, d'hypothèques et de timbre, au paiement de cinquante centimes par rôle qui seront employés à indemniser les expéditionnaires chargés de ce travail.

Art. 3. Le gouverneur-général de l'Algérie et le directeur des finances sont chargés, etc.

6 — 28 Mai. — CAUTIONNEMENTS — ID. *du 6 mai 1844 qui rend communes aux notaires, aux défenseurs, huissiers et commissaires-priseurs, les dispositions de l'ordonnance du 4 mars 1835.*

Vu l'ordonnance royale du 4 mars 1835 (1);

Art. 1er. Les dispositions du 4 mars 1835 concernant les cautionnements de l'ordonnance en numéraire exigés en Algérie, sont applicables aux notaires, défenseurs, huissiers, commissaires-priseurs et courtiers de commerce.

Art. 2. Sont abrogées toutes dispositions contraires au présent arrêté.

Art. 3. Le gouverneur-général est chargé, etc.

---

(1) Extrait de l'Ordonnance du 4 mars.

TITRE PREMIER.

Des cautionnements en numéraire.

Art. 1er. Les cautionnements en numéraire exigés dans nos possessions françases du nord de l'Afrique, pour l'exercice d'un emploi administratif ou de comptable, pour une profession d'officier public, et pour la sûreté des marchés passés avec l'État, seront versés à la caisse du trésorier à Alger, ou de ses préposés dans les autres localités, au vu de l'acte de nomination ou de la décision portant fixation de cautionnement.

Art. 2. Les cautionnements spécifiés dans l'article précédent, seront productifs de l'intérêt de 4 p. 100, fixé par la loi du 28 avril 1816.

Art. 3. Le récépissé à talon délivré par

6 Mai. — Courtiers de commerce. — *Arrêté ministériel qui règle l'exercice de la profession de courtier en Algérie.*

Vu l'article 73 de l'ordonnance royale du 26 septembre 1842, portant :

« Les réglements concernant l'exercice des fonctions ou professions de notaires, défenseurs près les tribunaux, huissiers, commissaires-priseurs et courtiers de commerce, seront arrêtés par le ministre de la guerre (1). »

Art. 1er. Des courtiers sont institués en Algérie, savoir : à Alger, Oran, Bône, Philippeville, Mostaganem, Ténès, Cherchell, Bougie et Djigelly (1).

Il pourra en être créé dans les villages de l'Algérie, lorsque l'importance des affaires l'exigera.

Art. 2. Les courtiers se divisent en deux classes :

1° Les courtiers de marchandises ;

2° Les courtiers maritimes.

Art. 3. Les courtiers de marchandises, institués conformément aux dispositions du présent arrêté, ont seuls le droit de faire le

---

le trésorier et contrôlé par les agents administratifs du ministère de la guerre, sera remis par le titulaire au directeur des finances dans nos possessions du nord de l'Afrique, qui adressera à notre ministre des finances, par l'intermédiaire de notre ministre secrétaire d'État de la guerre, la demande du certificat d'inscription de cautionnement sur les livres du trésor.

Ce certificat, délivré en exécution de l'article 8 de la loi du 24 germinal an VIII (14 avril 1800), sera transmis par la même voie au directeur des finances à Alger, et remis ensuite par lui à l'ayant-droit.

Art. 4. Le paiement des intérêts et le remboursement des capitaux de cautionnements seront faits directement par le trésorier à Alger, sur ordonnances du ministre des finances, d'après une demande formée par le directeur des finances à Alger, et appuyée des pièces de libération ou de justification de droits exigées par les lois et réglements en vigueur sur la matière.

Lesdits paiements d'intérêts et le remboursement de capitaux, pourront également être effectués à Paris ou sur tout autre point du royaume si la demande en a été faite à l'avance par les ayant-droit.

Art. 5. Les dispositions des lois et arrêtés relatifs aux bailleurs de fonds de cautionnements dont il s'agit, et aux oppositions formées par des tiers, soit au greffe du tribunal de la résidence du titulaire, soit directement au ministère des finances à Paris, recevront leur application à ces cautionnements, comme à ceux qui sont versés en France.

Art. 6. Les dispositions des articles 96 et 97 de la loi du 28 avril 1816, seront également appliquées aux titulaires de cautionnements dans nos possessions du nord de l'Afrique.

(1) Cette matière est régie en France par la loi du 28 ventôse an x, les arrêtés des 29 germinal an ix et 27 prairial an x ; les décrets des 22 novembre 1811, 17 avril 1812, et l'ordonnance royale du 9 avril 1819.

(1) L'arrêté ci-dessus se complète par les arrêtés des 10 juillet 1844, 9 avril 1845 et 27 mai 1846.

Cet arrêté a été fait dans le même esprit que ceux qui règlent l'exercice de la profession de commissaire-priseur, de défenseur, etc. Il fixe, sur des bases analogues, les rapports qui doivent exister entre le courtier et le Gouvernement : quant à l'organisation *intrinsèque*, elle diffère peu de celle de la métropole.

Lorsqu'il s'agit d'une institution de ce genre, deux systèmes se trouvent toujours en présence, l'un qui veut le courtage libre, c'est à dire praticable pour tous, moyennant certaines conditions déterminées, l'autre qui élève le courtage au rang de fonction publique, et confère au Roi, ou à ses délégués, la nomination des courtiers.

Ces systèmes se touchent et ne diffèrent entre eux que par le mode d'institution des courtiers : du reste, presque toutes les autres dispositions sur l'exercice même de la profession de courtier, s'appliquent à l'un ou à l'autre.

Ainsi, dans le système de liberté illimitée du courtage, comme dans le système contraire que l'on peut appeler de *protection*, les attributions des courtiers qui sont le fond même de la matière, doivent être semblables. Les attributions, en effet, sont éminemment d'ordre public ; trop étendues, elles pourraient empiéter sur d'autres attributions qu'il faut ménager ; mal définies, elles pourraient compromettre les intérêts pour lesquels elles ont été créées. On le répète, il n'y a d'autres différences entre ces deux systèmes que celle qui résulte du mode même de l'institution des courtiers.

Le système de liberté a été proclamé en France par la loi du 6 mai 1791, qui, non seulement avait supprimé la vénalité des offices, mais le titre même, en le faisant tomber dans le commerce, pour ainsi dire, et en établissant la libre concurrence. Ce système ne dura que le temps nécessaire pour en démontrer tous les dangers. La loi de vendémiaire an 4 ne tarda pas à défaire l'œuvre de la loi de 91. Les motifs de cette loi révèlent tous les abus du système qu'elle venait changer, et répondent aux objections qu'on devait tenter de reproduire ; les voici :

« Considérant que l'ordre et la liberté qui en est la suite doivent régner dans l'enceinte de la Bourse ; que la sûreté du commerce exige que les fonctions des agents de change et des courtiers de marchandises soient classées et déterminées ; que cette liberté et cette sûreté, nécessaires au commerce ne peuvent être confondues avec *la licence et le trafic de l'agiotage* ; que le négociant honnête a réclamé et obtenu, dans tout pays commerçant, des lois protectrices sur la légalité de ses opérations, et qui en assurent l'exécution, tandis que l'agioteur a cherché partout à les violer et à s'y soustraire, etc. »

courtage des marchandises et d'en constater le cours.

A défaut d'agents de change, ils ont seuls le droit de faire les négociations des effets publics et autres susceptibles d'être cotés, de faire pour le compte d'autrui les négociations des lettres de change ou billets et de tous papiers commerçables, et d'en constater le cours; de faire les négociations et le courtage des ventes ou achats de matières métalliques et d'en constater le cours.

Art. 4. Les courtiers maritimes rédigent les contrats en police d'assurance, concurremment avec les notaires; ils en attestent la vérité par leur signature, certifient le taux des primes pour tous les voyages de mer ou de rivières.

Ils ont seuls, en outre, le droit de traduire en cas de contestations, devant les tribunaux, les déclarations, chartes-parties, connaissements, contrats et tous actes de commerce dont la traduction serait nécessaire; enfin, de constater le cours du frêt ou du nolis.

Dans les affaires contentieuses de commerce et pour le service de toutes les administrations, ils serviront seuls de truchement à tous étrangers, maîtres de navires, marchands, équipages de vaisseaux et autres personnes de mer.

L'arrêté de nomination déterminera les langues que chaque courtier aura le droit d'interpréter.

Art. 5. Dans le cas où, parmi les courtiers régulièrement institués, il ne se trouverait pas d'interprète ou de traducteur pour remplir les fonctions déterminées au précédent article, il pourra être commissionné par le ministre de la guerre des interprètes ou traducteurs suppléants.

Ces interprètes-traducteurs cesseront leurs fonctions aussitôt qu'ils seront remplacés par des courtiers, relativement à la langue pour laquelle ils avaient été nommés.

Art. 6. Lorsqu'il y aura lieu de faire une interprétation ou une traduction à l'audience, et qu'il y aura urgence et péril en la demeure, le président du tribunal pourra, en cas d'empêchement des interprètes-traducteurs titulaires ou suppléants, en désigner un d'office et séance tenante, lequel prêtera serment avant d'opérer, et ne sera admis à interpréter ou à traduire que dans les affaires pour lesquelles il aura été commis par le président.

Il sera fait mention sur le plumitif d'audience de la désignation faite par le président, et du serment prêté par l'interprète traducteur commis d'urgence.

Art. 7. Les courtiers de marchandises seront exclusivement chargés des ventes de marchandises aux enchères publiques ordonnées par le tribunal de commerce ou le tribunal qui le remplace, pour quelque cause que ce soit (1).

Néanmoins, en cas de faillite, les dispositions de l'article 486 du code de Commerce continueront de recevoir leur exécution.

Art. 8. La vente de marchandises aux enchères publiques, même lorsqu'elle est volontaire, ne peut se faire qu'avec l'autorisation du tribunal de commerce ou du tribunal qui le remplace.

Il n'y a pas lieu, en ce cas, de dresser le tableau prescrit par l'article 2 du décret du 17 avril 1812; mais la vente ne peut être autorisée que par lots, dont le montant sera déterminé par le tribunal de commerce, et qui ne pourront être audessous de mille francs, ni excéder dix mille francs (2).

Art. 9. Hors les cas prévus par les articles 195, 197 et suivants du code de commerce, et 620 du code de procédure civile, les courtiers maritimes procèderont exclusivement à la vente des navires, chaloupes et autres bâtiments destinés à la navigation

Il a sans doute paru au législateur algérien que la situation de l'Algérie (*si parva licet componere magnis*) avait quelque analogie avec celle de la France en l'an IV. Il lui a paru qu'il convenait d'y ramener par tous les moyens et d'y multiplier les éléments d'ordre et de sécurité; qu'il convenait, en un mot, d'y accorder au gouvernement une influence directe et salutaire sur les agents actifs de cette société naissante.

Le système, consacré par l'arrêté ci dessus, est donc le système de *protection* de la métropole, moins la *vénalité des offices*, introduite par l'article 91 de la loi du 28 avril 1816.

Le système de liberté illimitée ne pouvait d'ailleurs être admis sans blesser profondément le petit nombre de courtiers en possession depuis la conquête.

La question s'est élevée de savoir s'il y avait incompatibilité entre les fonctions de courtier et celles de membre d'une chambre de commerce.

Cette question est d'abord tranchée par l'article 6 du décret du 8 mai 1791, qui porte que nul ne pourra exercer à la fois la profession de courtier et celle de commerçant. Cette déclaration d'incompatibilité est d'autant plus significative qu'elle était proclamée à l'époque où l'exercice de la profession de courtier était rendu libre. A plus forte raison, a-t-elle dû se maintenir sous la législation postérieure qui, en érigeant les courtiers en officiers publics, établissait un nouveau motif d'incompatibilité.

(1) Comme en France. Les commissaires-priseurs de France ont renoncé à leurs prétentions de vendre ces marchandises aux enchères. Voy. l'arrêt de la Cour de cassation du 9 janvier 1823.

(2) On a pensé que ce tableau, faisait double emploi avec l'autorisation spéciale, accordée par le tribunal de commerce; mais on a conservé l'obligation de vendre par lots, condition qui protége les marchands en détail, et les met à l'abri de la concurrence des négociants.

fluviale et maritime, ainsi qu'à la vente des agrès, apparaux, armements et victuailles.

Art. 10. Le cumul des fonctions déterminées en l'article 2 pourra être autorisé par l'arrêté de nomination de chaque courtier.

Art. 11. Dans les localités où il n'y aura pas de courtiers de commerce, les commissaires-priseurs, et, à défaut de commissaires-priseurs, les huissiers, notaires ou greffiers des justices de paix, pourront faire les ventes mentionnées aux articles 8 et 9, mais selon les formes, conditions et tarifs imposés aux courtiers.

Art. 12. Les droits exigibles pour le courtage et le change sont fixés ainsi qu'il suit :

1° Pour le courtage des marchandises, *un* pour cent, payable par le vendeur, et *un* pour cent, payable par l'acheteur ;

2° Pour le change de papier en espèces métalliques, *un tiers* pour cent, payable par le cédant ;

3° Pour le courtage de nolissement, *trois* pour cent sur les affrètements en bloc, et *cinq* pour cent sur les affrètements à la cueillette, payables par le capitaine seulement ;

4° Pour le courtage d'assurances, *sept et demi* pour cent, payables sur la prime par l'assureur seulement ;

5° Pour les ventes aux enchères, *deux* pour cent, payables par l'acheteur, et compris dans le procès-verbal de vente, indépendamment des frais d'enregistrement, de ceux de publication et autres dont le montant sera fixé, suivant l'importance de la vente, par le tribunal de Commerce, dans l'autorisation mentionnée en l'article 8 ci-dessus, et qui tous demeureront à la charge de l'acheteur (1).

Art. 13. Les courtiers sont nommés et révocables par le ministre de la guerre : l'arrêté de nomination déterminera la résidence à laquelle ils sont attachés.

Ils ne peuvent entrer en fonctions qu'après avoir prêté serment.

Leur nombre est réglé par le ministre de la guerre, selon les besoins du service. Il est présentement fixé, savoir :

À quarante, pour la résidence d'Alger ;
À quinze, pour celle d'Oran ;
À cinq, pour celle de Philippeville ;
À huit, pour celle de Bône ;
À trois, pour celle de Mostaganem ;
À deux, pour celle de Bougie ;
À deux, pour celle de Djigelly ;
À deux, pour celle de Cherchell ;
À deux, pour celle de Ténès.

Les courtiers qui exercent actuellement à titre provisoire, en vertu de l'arrêté du 2 avril 1833, devront se pourvoir d'une commission confirmative qui leur sera délivrée, s'il y a lieu (1).

Art. 14. Nul ne sera admis aux fonctions de courtier :

1° S'il n'est français ;

2° S'il n'a vingt-cinq ans accomplis (2) ;

3° S'il n'a satisfait à la loi du recrutement ;

4° S'il ne réside depuis deux ans en Algérie, dont un an au moins, dans la ville où il demande à exercer lesdites fonctions ;

5° S'il ne produit un certificat de moralité, et s'il n'a fait vérifier sa capacité.

Toutefois, les étrangers peuvent être admis aux fonctions de courtiers, après une résidence de trois années révolues et consécutives en Algérie, et s'ils remplissent les conditions d'âge, de moralité et de capacité prescrites par les dispositions ci-dessus (3).

Art. 15. Les conditions de résidence prescrites par le n° 4 de l'article qui précède, pourront n'être pas exigées pour les premières nominations qui seront faites, conformément à l'article 13.

Art. 16. Le certificat de moralité sera délivré par l'autorité administrative du lieu dans lequel le candidat sera domicilié en Algérie.

Si ce candidat est domicilié en Algérie depuis moins de cinq ans, il devra produire en outre un certificat de moralité délivré par l'autorité municipale du lieu de son dernier domicile en France.

Art. 17. La capacité du candidat sera vérifiée par la chambre de commerce d'Alger.

Art. 18. Les courtiers sont assujettis à un cautionnement de *cinq mille francs* pour Alger, et de *trois mille francs* pour les autres résidences. Le cautionnement est

(1) Dans ce tarif, supérieur à celui de France, il est deux articles qui peuvent paraître particulièrement élevés, savoir : celui du nolissement à la cueillette, porté à 5 pour 100, et celui des assurances fixé à 7 et demi pour 100. C'est que l'affrètement à la cueillette, qui est celui où le chargement se compose de marchandises appartenant à divers, donne une peine infinie pour réunir la cargaison d'un navire. Quant aux assurances, le taux de 7 et demi pour 100 ne porte pas sur la somme assurée, mais sur la prime, laquelle n'est que de 1 à 2 pour 100 de la somme assurée, ce qui réduit à fort peu de chose le 7 et demi pour 100 revenant au Courtier.

La distinction, qui met les droits de courtage tantôt à la charge de l'acheteur, tantôt à celle du vendeur est conforme aux usages généraux du commerce, et tient à la nature des opérations.

(1) Ces courtiers étaient au nombre de 12.

(2) En France, on peut être courtier à 21 ans.

(3) Voyez ci-dessous l'arrêté ministériel du 10 juillet.

Le décret du 22 janvier 1813 règle le mode d'examen des courtiers d'assurances, interprètes et conducteurs de navires à Marseille.

reçu sur la production d'une copie de leur nomination, certifiée à Alger par le directeur de l'Intérieur, et, dans les autres villes, par les sous-directeurs de l'Intérieur. Il est affecté par privilége à l'acquittement des condamnations prononcées ou des contraintes décernées contre les titulaires à raison de leurs fonctions. Il donne lieu au privilége de second ordre, en faveur des bailleurs de fonds.

Art. 19. Les courtiers sont tenus de se munir d'une patente dont le montant est fixé à *cent cinquante francs* pour Alger, et à *cent francs* pour toutes les autres résidences (1).

Art. 20. Le ministre de la guerre désigne, parmi les courtiers de chaque résidence et sur une liste de trois candidats présentés par eux, pour les villes d'Alger, Bône et Oran, un syndic, et, s'il y a lieu, un syndic adjoint dont les attributions consistent :

1° A donner leur avis, après information, le cas échéant, sur toutes plaintes portées contre un courtier de leur résidence;

2° A intervenir officieusement et comme conciliateurs, dans les débats qui s'élèveraient, soit entre des courtiers du ressort, soit entre les mêmes courtiers et leurs clients ;

3° A représenter les intérêts collectifs des courtiers, pour toutes demandes ou réclamations, et dans toutes relations ou communications avec l'autorité (2).

Art. 21. Les réglements de discipline intérieure pourront être préparés par les syndics et seront transmis au directeur de l'Intérieur, qui les soumettra, avec les modifications qu'il jugera convenables, à l'approbation du ministre de la guerre.

Art. 22. Tout courtier, convaincu d'avoir exigé des droits plus élevés que ceux du tarif ci-dessus, sera révoqué et poursuivi comme concussionnaire.

Art. 23. Tout individu qui se livrera à l'exercice des fonctions de courtier, sans y être légalement autorisé, sera passible des peines portées par la loi.

Art. 25. Tout traité direct ou indirect pour la cession ou transmission de titre ou clientelle de courtier est interdit, et sera considéré comme nul et de nul effet entre les contractants et leurs ayant-cause, sans préjudice de la peine de destitution. La destitution sera prononcée même contre le successeur régulièrement nommé, à quelque époque que soit constatée l'existence d'accords ou de conventions quelconques avec le précédent titulaire (1).

Art. 25. Le directeur de l'Intérieur et, en ce qui concerne les opérations de douane, le directeur des finances, exerceront la haute surveillance sur les courtiers, et proposeront au ministre de la guerre la suspension ou la révocation de ceux dont la conduite donnera lieu à des plaintes graves, ou qui seront reconnus avoir favorisé des opérations de fraude ou de contrebande.

Art. 26. Sont applicables aux courtiers de l'Algérie, les dispositions des lois, ordon-

(1) En rapprochant cette disposition de celle du § 2 de l'article 13, qui astreint le courtier à prêter serment, l'on ne peut s'empêcher de remarquer qu'elle présente un caractère éminemment exceptionnel. En France, la qualité de Français est indispensable pour être courtier; dans un grand nombre de cas, en effet, les courtiers sont appelés à agir près des tribunaux, et des autorités constituées, en leur qualité d'officiers publics, et l'on a considéré jusqu'ici dans la métropole, que le serment politique de fidélité au roi des Français, ne peut être prêté par un individu qui persisterait à conserver la qualité d'étranger. — Nous pensons donc que la disposition ci-dessus devra être modifiée aussitôt que les considérations, sans doute aussi exceptionnelles qui l'ont déterminée, auront perdu de leur force. Il s'agit ici d'un principe de droit public, de droit constitutionnel qui ne peut être méconnu sans les plus grands dangers.

(2) Cet article est modifié par l'arrêté ministériel du 27 mai 1846 ci-dessous.

(1) Une disposition semblable a été introduite dans les arrêtés qui régissent l'exercice de la profession de *courtiers, notaires*, etc. Elle consacre, selon nous, une très heureuse innovation à la législation de la métropole, en ce qu'elle a pour objet de préserver l'Algérie de la vénalité des offices, cette plaie honteuse et presque incurable de la France. Toutefois, nous devons dire que la destitution ne nous paraît point une pénalité suffisante. Cette peine n'atteint point d'ailleurs le vrai coupable, celui qui vend son office. C'est celui-là surtout qu'il faudrait atteindre, car il vend ce qu'il sait ne point lui appartenir, et il peut le vendre souvent avec les circonstances les plus aggravantes. Aussi, un officier ministériel ou public pourrait, avec de l'imagination, commettre deux infractions au lieu d'une, et vendre, par exemple, le titre nu à l'un, et la clientelle à un autre. Sans doute, un pareil scandale ne pourrait être donné impunément; et le mépris public stigmatiserait le publicain qui aurait commis un si ignoble et si criminel trafic; mais il existe malheureusement, quoique en petit nombre, des hommes pour qui le mépris public n'est point une peine, et qui en vivent. Nous pensons donc qu'une sanction nouvelle et plus forte, doit être donnée à la disposition ci-dessus, comme à toutes celles de même nature qui ont trouvé place dans les arrêtés sus mentionnés. Un officier public ou ministériel, qui vend son office qu'il n'a point acheté, qui est demeuré la propriété de l'Etat, n'est point seulement un mauvais citoyen, un stellionataire impudent, un coupable violateur des réglements auxquels il a dû, pendant longues années, son existence; mais il commet à la fois un vol et une escroquerie : un vol au préjudice de l'Etat, une escroquerie au préjudice de son acquéreur ou de ses acquéreurs. Il devrait donc être puni, non pas seulement d'une peine correctionnelle, mais d'une peine infamante. C'est par de telles pénalités seulement que le législateur algérien parviendra à maintenir et à faire surnager le grand principe de la non-vénalité des offices en Algérie.

nances et réglements qui, en France, régissent les courtiers, sauf ce qui est réglé par le présent arrêté.

Art. 27. Toutes les dispositions antérieures, et notamment celles des articles 1er et 4 de l'arrêté du 1er juin 1841, sur les commissaires-priseurs, sont abrogées, en ce qu'elles ont de contraire au présent arrêté.

Les arrêtés des 2 avril et 2 mai 1833, relatifs, l'un à l'institution des courtiers, et l'autre à la fixation du taux de leur patente, sont rapportés.

Art. 28. Le gouverneur-général est chargé, etc.

8 — 28 Mai. — MATIÈRES D'OR ET D'ARGENT. — *Arrêté du Gouverneur-Général, qui nomme le sieur Krodja essayeur public à la résidence d'Oran.*

Vu l'arrêté du 31 mars 1832, relatif au service des essais des matières d'or et d'argent :

Considérant qu'il importe, en attendant que le contrôle de garantie puisse être institué, d'établir à Oran la charge d'Amin-el-Fodda (essayeur public des matières d'or et d'argent), et fixer régulièrement les rétributions dont cet agent doit jouir, à titre de traitement, pour les essais auxquels il procédera.

Vu l'arrêté du 2 novembre 1843 qui règle ces rétributions.

Sur la proposition, du directeur des finances.

Art. 1er. Le sieur Krodja est nommé essayeur public des matières d'or et d'argent, sous la dénomination d'Amin-el-Fodda.

Art. 2. Il jouira à ce titre et pour tout traitement des rétributions fixées ainsi qu'il suit :

Or et essence par 4 gram. de matières, mitikal. 05 c.

Argent, musc, par 30 grammes (oukia). 05 c.

Diamants par grains 5 grammes. 05 c.

Perles par 30 grammes (oukia). 2 f. »

Art. 3. Les frais d'établissement sont à la charge de l'Amin-el-Fodda.

Art. 4. Toutes les recettes de cet agent seront constatées sur un registre à souche, qui lui sera remis par le directeur des finances.

Art. 5. Le contrôleur percepteur des contributions diverses devra s'assurer, par des vérifications fréquentes, de la régularité des écritures de l'Amin-el-Fodda.

Art. 6. Le directeur des finances est chargé de l'exécution du présent arrêté.

12 — 28 Mai. — AFFAIRES ARABES. — *Ordonnance royale qui nomme Mohammed Mokhtar Agha de Tiaret (division d'Oran).*

Louis-Philippe, etc.

Sur le rapport de notre ministre secrétaire d'Etat de la guerre, président du conseil ;

Art. 1er. Mohammed ben Mokhtar est nommé agha de Tiaret (division d'Oran), en remplacement de Mohammed ben Hadri, révoqué.

Art. 2. Notre ministre secrétaire d'Etat de la guerre, président du conseil, est chargé, etc.

16 Mai. — 22 Juin. — JUSTICE ET TRIBUNAUX. — *Ordonnance royale qui pourvoit à différentes nominations près la cour royale et de tribunaux d'Algérie.*

Louis-Philippe, etc.

Sur le rapport de notre ministre secrétaire d'Etat au département de la guerre, et de notre garde-des-sceaux, ministre secrétaire d'Etat au département de la justice et des cultes ;

Nous avons ordonné, etc.

Art. 1. Sont nommés, juge-adjoint au tribunal de première instance d'Alger, M. Truant, juge-adjoint au tribunal de première instance d'Oran, en remplacement de M. Carcassonne, appelé à d'autres fonctions ;

Juge-adjoint au tribunal de première instance d'Oran (Algérie), M. Chevillosse (Alfred-Simon-Marie), avocat, docteur en droit, en remplacement de M. Truant, appelé à d'autres fonctions.

Art. 2. M. Mouret et Saint-Donat, juge au tribunal de premier instance d'Alger, remplira, au même siége, les fonctions de juge d'instruction, en remplacement de M. Argence, qui, sur sa demande, reprendra celles de simple juge.

Art. 3. Notre ministre secrétaire d'Etat au département de la guerre et notre garde-des-sceaux, ministre secrétaire d'Etat au département de la justice et des cultes, sont chargés, etc.

17 — 28 Mai. — MAIRES ET ADJOINTS. — *Arrêté du Gouverneur-Général, qui nomme M. Mensy adjoint au maire de Douaouda.*

Sur la proposition de M. le directeur de l'Intérieur.

Art. 1er. M. Mensy est nommé adjoint au maire du village de Douaouda (emploi de nouvelle création).

Art. 2. Avant d'entrer en fonctions, il prêtera entre les mains du maire le serment prescrit par l'arrêté du 22 avril 1835.

Art. 3. Le directeur de l'Intérieur est chargé, etc.

19 Mai. — 22 Juin. — CORRESPONDANCE ADMINISTRATIVE.— *Ordonnance royale relative aux franchises et contre-seings.*

Louis-Philippe, etc.

Vu l'ordonnance du 14 décembre 1825 concernant les franchises.

Vu notre ordonnance du 22 juillet 1834 qui a placé les affaires de l'Algérie dans les attributions de notre ministre secrétaire d'Etat de la guerre;

Sur le rapport de notre ministre secrétaire d'Etat au département des finances,

Nous avons ordonné, etc.

Art. 1er. Le contre-seing de notre ministre secrétaire d'Etat au département de la guerre opérera la franchise à l'égard des directeurs de l'Intérieur et des finances en Algérie, aux conditions et suivant les règles déterminées par l'ordonnance précitée du 14 décembre 1825.

Art. 2. Les commandants des provinces sont autorisés à correspondre en franchise avec les préfets des départements de la métropole.

Art. 3. Sont autorisés à correspondre en franchise en Algérie, les officiers et fonctionnaires ci-après désignés, savoir:

1o Le chef de l'état-major général de l'armée d'Afrique, avec les officiers-généraux, supérieurs et autres, commandant les provinces ou divisions, subdivisions, les cercles, les places, les corps et les détachements;

2o Le commandant supérieur de l'artillerie, avec les commandants de l'artillerie des trois divisions, et les commandants des batteries et détachements de cette arme;

3o Le commandant supérieur du Génie, avec les commandants en chef du Génie;

4o L'officier chargé de l'arsenal du Génie à Alger, avec les chefs du Génie.

5o Les commandants de l'artillerie de chaque division, avec les commandants de batteries et de détachements de leur division;

6o Les commandants du Génie de chaque division, avec les chefs du Génie de leur division.

Art. 4. Les correspondances auxquelles sont applicables les dispositions des articles 2 et 3, devront être expédiées sous bande. Toutefois, celles qui seront revêtues du contre-seing du général chef de l'état-major général, des généraux commandant les divisions, des commandants supérieurs de l'artillerie et du Génie en Algérie, et des préfets des départements de la métropole, pourront être expédiées sous pli fermé, à la charge, par le contre-signataire, d'écrire d'une manière apparente sur l'adresse de chaque dépêche, ces mots: *Nécessité de fermer.*

Art. 5. Notre ministre secrétaire d'Etat des finances est chargé, etc.

30 Mai. — 22 Juin. — ADMINISTRATION GÉNÉRALE. — *Arrêté du Gouverneur-Général, qui proroge les pouvoirs dont M. le lieutenant-général de Bar est investi pour la direction supérieure de l'administration.*

Voulant pourvoir à l'expédition des affaires administratives pendant notre présence dans la province d'Oran.

Article unique. Les pouvoirs délégués, par notre arrêté du 26 avril dernier, à M. le lieutenant-général de Bar, commandant la division d'Alger, pour nous suppléer pendant la durée de notre absence dans la direction supérieure des affaires administratives et dans la présidence du conseil d'administration de la colonie, sont prorogés jusqu'à l'époque de notre retour au chef-lieu de notre gouvernement.

5 Juin. — 13 Juillet. — BOULANGERIE.— — *Arrêté du Directeur de l'Intérieur, qui institue une commission chargée de préparer, par des études spéciales, les éléments qui doivent entrer dans la composition de la taxe du pain.*

Considérant qu'il est nécessaire de déterminer, d'après les données exactes, les divers éléments qui doivent entrer dans la composition de la taxe du pain, de manière à protéger à la fois les intérêts légitimes des boulangers et ceux des consommateurs.

Art. 1er. Il est institué une commission chargée de se livrer aux épreuves nécessaires pour constater les frais réels de la boulangerie d'Alger, le bénéfice qu'il convient de leur accorder, ainsi que le rendement des farines en pain de toutes qualités.

Cette commission est composée de:

MM. Mercier-Lacombe, auditeur au Conseil d'Etat, secrétaire-général de la Direction de l'Intérieur, président;

Le comte de Vesins, maire d'Alger, membre;

Bounevialle, négociant, id.

Couput, maire d'Elbiar, membre de

la Chambre de Commerce et de la Société Agricole, id.;
Bédel juge-suppléant au Tribunal de Commerce, id.;
Pougnet, officier d'administration principale des subsistances militaires, id.;
Chaumont, chef de section à la Direction de l'Intérieur;
Husson de Randon, commissaire, chef de la police d'Alger.

Le bureau syndical des boulangers d'Alger sera mis en demeure d'assister aux délibérations et aux épreuves qui devront avoir lieu, pour faire telles observations que de droit, dans l'intérêt de la boulangerie.

Le secrétaire-général de la Direction de l'Intérieur est chargé, etc.

6 — 22 Juin. — COLONISATION. — *Arrêté du Gouverneur-Général, qui étend à la ville de Cherchell les dispositions de l'arrêté du 28 septembre 1842, relatives à la colonisation.*

Vu l'arrêté du 28 septembre 1842, inséré au Bulletin officiel, n. 127, qui autorise le directeur des finances à procéder d'urgence d'après les règles ordinaires, à l'aliénation des terrains domaniaux disponibles dans les villes de Blidah, Coléah, Mostaganem et Philippeville.

Considérant qu'il importe, dans l'intérêt de la reconstruction de Cherchell, de rendre communes à cette dernière ville les dispositions de l'arrêté précité;

Art. 1er. Les dispositions de l'arrêté du 28 septembre 1842, relatif à la colonisation des villes de Blidah, Coléah, Mostaganem et Philippeville sont applicables à la ville de Cherchell.

Art. 2. Le directeur des finances est chargé, etc.

8 — 23 Juin. — MILICE. — *Arrêté du Gouverneur-Général qui crée à Oran trois nouvelles compagnies de milice.*

Vu les arrêtés des 28 octobre et 12 décembre 1836, 17 décembre 1841 et 29 mars dernier, sur l'organisation des milices de l'Algérie;

Attendu que les résultats du dernier recensement fait à Oran et à Mers-el-Kébir, rendent nécessaire l'augmentation des cadres organisés par l'arrêté susdit du 29 mars dernier;

Sur la proposition du directeur de l'Intérieur;

Art. 1er. Il est créé à Oran trois nouvelles compagnies de milice, dont deux d'éclaireurs, qui feront partie du 1er bataillon, et une de chasseurs, qui prendra le no 6 du 2e bataillon.

Art. 2. Le directeur de l'Intérieur est chargé, etc.

8 Juin. — 13 Juillet. — TÉLÉGRAPHIE. — *Arrêté ministériel, qui organise un service télégraphique en Algérie* (1).

Vu l'ordonnance royale du 24 août 1833 et la loi du 2 mai 1837 sur le service de télégraphie;

Après s'être concerté avec M. le ministre de l'Intérieur;

Art. 1er. Un service télégraphique sera organisé en Algérie.

Le personnel de ce service se composera :

D'un directeur chef de service;

De traducteurs et d'inspecteurs;

De stationnaires titulaires et de stationnaires surnuméraires.

Le directeur résidera à Alger.

Les traducteurs seront placés aux principaux points de la ligne que le directeur déterminera, après avoir pris les ordres du gouverneur-général.

La résidence ordinaire des inspecteurs sera déterminée de la même manière.

Le nombre des stationnaires titulaires sera de deux par poste télégraphique.

En dehors des stationnaires titulaires attachés aux postes, il pourra y en avoir quelques uns à la disposition du directeur, chef du service. Leur nombre sera fixé sur la proposition du gouverneur-général.

Il ne sera nommé de stationnaires surnuméraires, que lorsque les besoins du service l'exigeront, et leur nombre ne devra pas excéder le dixième des titulaires.

Les stationnaires en excédant du nombre de deux par poste, remplaceront les stationnaires malades ou en congé. L'un d'eux sera placé près du directeur pour l'aider dans ses écritures et remplir les fonctions de garde-magasin du matériel télégraphique. Les autres, ainsi que les surnuméraires, résideront soit auprès du directeur, soit auprès des inspecteurs, et alterneront pour le service avec les stationnaires attachés au poste télégraphique de leur résidence ordinaire.

Art. 2. Le directeur, les traducteurs et les inspecteurs seront pris parmi les employés de l'administration télégraphique de France;

(1) Voy. ci dessus l'article du 22 septembre 1844.

Le directeur, parmi les directeurs de deuxième ou de troisième classe.

Les traducteurs et les inspecteurs, parmi les inspecteurs de troisième classe.

Ces fonctionnaires et agents, désignés par le ministre de l'Intérieur, recevront du ministre de la guerre des commissions spéciales pour les emplois qu'ils seront appelés à remplir en Algérie.

Les propositions d'avancement, de récompenses, de révocation ou de renvoi en France, concernant les traducteurs et les inspecteurs, seront adressées au ministre de la guerre par le gouverneur-général. Il sera statué sur ces propositions de concert avec le ministre de l'Intérieur et conformément aux dispositions de l'ordonnance royale du 24 août 1833.

Art. 3. Les stationnaires seront nommés par l'administrateur en chef des lignes télégraphiques, conformément aux dispositions de l'article 22 de l'ordonnance du 24 août 1833. Le ministre de la guerre leur fera également délivrer des commissions spéciales.

Les deux tiers des emplois de stationnaires seront réservés à des sous-officiers libérés du service et désignés par le ministre de la guerre.

Les autres seront donnés à des agents choisis par le département de l'Intérieur.

Tous les stationnaires en Algérie feront partie de l'administration de France, comme les agents supérieurs.

Il sera pourvu aux emplois vacants d'après le mode ci-dessus indiqué.

Un tiers des stationnaires en Algérie sera de la première classe, un tiers de deuxième classe et un tiers de troisième classe.

Art. 4. Les fonctionnaires ou agents de l'administration des lignes télégraphiques de France qui seront envoyés en Algérie, resteront soumis à toutes les dispositions de l'ordonnance royale du 24 août 1833. Ils pourront rentrer dans le service continental avec le grade qu'ils auront obtenu en Algérie, dans la limite des dispositions réglementaires, et en attendant les vacances.

Les stationnaires dont la désignation appartient au département de la guerre, en exécution des dispositions de l'article 3, pourront être admis dans le service de France aux mêmes conditions.

Toutefois, à moins que des motifs de santé ne s'y opposent absolument, ils ne pourront obtenir cette faveur qu'après cinq ans au moins de séjour en Algérie.

Art. 5. Avant d'entrer en fonctions, le directeur et les traducteurs prêteront, entre les mains du gouverneur général, le serment prescrit par l'article 23 de l'ordonnance du 24 août 1833.

Art. 6. Le directeur, les traducteurs et les inspecteurs auront droit au traitement annuel fixé par l'ordonnance royale du 24 août 1833, pour la classe à laquelle ils appartiennent, augmenté du tiers en sus.

Savoir :

DIRECTEUR :

De 1re classe.	Traitement de France.	5,500	7,333 fr.
	Tiers en sus.	1,833	
De 2e classe.	Traitement de France.	5,000	6,666 fr.
	Tiers en sus.	1,666	
De 3e classe.	Traitement de France.	4,500	6,000 fr.
	Tiers en sus.	1,500	

TRADUCTEURS ET INSPECTEURS.

De 1re classe.	Traitement de France.	3,600	4,800 fr.
	Tiers en sus.	1,200	
De 2e classe.	Traitement de France.	3,000	4,000 fr.
	Tiers en sus.	1,000	
De 3e classe.	Traitement de France.	2,400	3,200 fr.
	Tiers en sus.	800	

Les traitements des stationnaires titulaires seront :

Pour la 1re classe de	1,300 f.
— 2e —	1,100
— 3e —	900

Le traitement de congé sera toujours calculé sur le pied du traitement de France.

Les stationnaires surnuméraires pourront recevoir temporairement une allocation journalière qui, dans aucun cas, n'excédera le traitement de 3e classe.

Art. 7. Chaque fonctionnaire ou agent

aura droit, selon sa classe, à un logement contigu au poste télégraphique auquel il est attaché.

Art. 8. Il pourra être accordé, dans certains cas, aux inspecteurs, une indemnité de tournée extraordinaire.

Cette indemnité sera déterminée par une décision spéciale du ministre de la guerre, prise sur la proposition du gouverneur-général.

Art. 9. Le directeur, chef du service télégraphique, correspondra directement :

1° Avec le gouverneur-général, pour tout ce qui concerne l'organisation générale du service, le tracé et l'établissement des nouvelles lignes ou des embranchements et le personnel télégraphique ;

2° Avec le directeur de l'intérieur, pour tout ce qui concerne les travaux de construction des postes, les allocations de toute nature, les achats de matériel, l'entretien des bâtiments, et en général, pour toutes les affaires administratives. Aucune dépense ne peut avoir lieu sans son attache ;

3° Avec l'administrateur en chef des lignes métropolitaines, pour les affaires exclusivement télégraphiques, et notamment pour tout ce qui concerne l'emploi et l'usage du vocabulaire; les réglements spéciaux se rapportant au service des inspecteurs, des traducteurs et des stationnaires; les modifications à faire subir au mécanisme.

Il adressera directement à l'administrateur en chef les documents propres à constater la vitesse et la régularité des signaux, les états télégraphiques fournis par l'inspecteur, ainsi que les observations qu'il aurait à faire sur le service.

Il sera chargé de la composition et de la traduction des dépêches à Alger.

Art. 10. Tous les fonctionnaires et employés du service télégraphique seront placés sous l'autorité du directeur.

Il nommera et révoquera les stationnaires surnuméraires, et présentera au gouverneur-général les états de proposition de ceux d'entre eux qui pourront être nommés titulaires.

Le gouverneur-général transmettra au ministre de la guerre les propositions sur lesquelles il y aura lieu de statuer de concert avec le ministre de l'Intérieur. Le directeur pourra suspendre les stationnaires et désigner ceux des surnuméraires, qui devront les remplacer provisoirement.

Il proposera, le cas échéant, la destitution des stationnaires titulaires au gouverneur-général, seul chargé de faire parvenir au ministre de la guerre les propositions de cette nature.

Le directeur soumettra également au gouverneur-général tous les rapports et notes concernant le personnel sous ses ordres.

Art. 11. Les traducteurs seront chargés de la traduction, de la transmission et de l'expédition des dépêches qui leur seront adressées soit par le directeur du télégraphe, soit par les autorités qui auront le droit de correspondre télégraphiquement.

Art. 12. Les inspecteurs assureront le passage prompt et fidèle des signaux. A cet effet, ils seront tenus de faire, sur la portion de ligne soumise à leur surveillance, toutes les tournées qui seront prescrites par le directeur, chef de service.

Ils prendront, à l'égard des stationnaires, toutes les mesures provisoires qu'ils croiront utiles au service, sauf à les soumettre immédiatement au directeur.

Ils seront autorisés à exercer, dans les proportions fixées par les réglements de l'administration télégraphique de France, des retenues sur les appointements des stationnaires qu'ils trouveraient en faute ; ces retenues seront ensuite réparties, à titre de gratifications, entre les agents qui se seront le plus distingués.

A cet effet, les inspecteurs établiront chaque mois l'état motivé des retenues et de leur répartition, et l'adresseront au directeur qui statuera, après avoir examiné les réclamations qui pourront être faites par les intéressés.

Art. 13. Le gouverneur-général désignera par un arrêté celles des autorités qui auront le droit de correspondre par la voie du télégraphe.

Art. 14. Le directeur, les traducteurs et inspecteurs porteront l'uniforme déterminé par l'article 37 de l'ordonnance royale du 24 août 1833.

Les stationnaires porteront la capote-tunique, modèle d'infanterie, bleu de roi, avec collet bleu flore, et le pantalon bleu.

Sur les boutons de l'uniforme sera gravé le coq gaulois avec l'exergue : *Administration des lignes télégraphiques*.

La coiffure des stationnaires sera le képi en drap de même couleur que la tunique et conforme au modèle en usage dans les corps d'Afrique.

Une indemnité de première mise d'habillement, dont le ministre de la guerre déterminera le chiffre, sera accordée aux stationnaires à leur arrivée en Algérie.

Ils devront entretenir et renouveler cet habillement à leurs frais.

Art. 15. Les dispositions du présent arrêté seront applicables aux nouvelles lignes télégraphiques dont l'établissement aurait ultérieurement lieu en Algérie.

Art. 16. — *Dispositions transitoires.*

Le service de la ligne télégraphique, en ce moment établie entre Alger et Milianah, passant par Blidah, sera fait par le directeur, deux traducteurs, un inspecteur et trente stationnaires titulaires, dont vingt-six pour les treize stations de cette ligne, un auprès du directeur et trois en réserve, conformément aux dispositions de l'article 1er.

9 Juin. — 24 Juillet. — ADMINISTRATION DES VILLES DE L'INTÉRIEUR. — *Ordonnance royale qui règle le mode d'administration de la ville de Constantine, et régularise les prohibitions dont sont frappées les transactions immobilières dans cette ville depuis sa conquête.*

Louis-Philippe, etc.

Voulant régler le mode d'administration de la ville de Constantine et régulariser les prohibitions dont sont frappées les transactions immobilières dans cette ville depuis sa conquête;

Vu le plan produit;

Sur le rapport de notre président du conseil, ministre secrétaire d'état au département de la guerre;

Avons ordonné et ordonnons ce qui suit:

Art. 1er. La ville de Constantine sera divisée en deux quartiers, un *quartier indigène* et un *quartier européen*, dont les limites sont déterminées par le plan ci-annexé.

Art. 2. Le *quartier européen* sera administré suivant la législation qui régit les autres points de l'Algérie soumis à l'action de l'autorité civile.

Art. 3. Dans ce quartier, l'admission, le séjour et tous établissements soit d'Européens, soit d'Israélites étrangers, de même que les transactions immobilières entre toutes personnes, européens, musulmans, et israélites indigènes, sont affranchis des prohibitions portées par les réglements antérieurs.

Art. 4. Dans le *quartier indigène*, l'autorité civile française, administrative et judiciaire, conservera tous les pouvoirs et attributions qui lui sont dévolus par la législation spéciale de l'Algérie.

Les fonctionnaires administratifs indigènes, les amins et chefs de corporation y relèveront directement de l'administration civile et exerceront, sous sa surveillance immédiate, les diverses attributions qui leur sont ou leur seront déléguées.

Le commandant supérieur et la commission administrative exerceront les pouvoirs qui leur sont conférés par la législation spéciale de l'Algérie, en ce qui touche les immeubles domaniaux.

Art. 5. Aucun Européen ou israélite étranger ne pourra s'établir, ni devenir locataire, propriétaire ou détenteur d'immeuble, à quelque titre que ce soit, dans le quartier indigène.

Sont et demeurent prohibées dans ce quartier, toutes locations et acquisitions d'immeublés, à quelque titre que ce soit, définitif ou temporaire, si ce n'est de musulmans à musulmans ou d'israélites indigènes à israélites indigènes.

Néanmoins, sont autorisées toutes transactions immobilières à titre définitif ou temporaire, de la part des israélites indigènes en faveur de musulmans, sans réciprocité.

Les israélites indigènes pourront recevoir des musulmans à titre de bail, pour un temps qui n'excédera pas neuf ans, les immeubles nécessaires à leur logement ou à l'exploitation de leur commerce.

Ces dispositions ne sont applicables qu'au quartier indigène, les transactions devenant libres pour toutes personnes dans le quartier européen de la ville.

Art. 6. Toute transaction consentie contrairement aux dispositions de l'article précédent sera réputée nulle et non avenue. Le vendeur et l'acquéreur seront passibles chacun d'une amende de 500 fr. à 5,000 fr.

L'annulation des actes et la condamnation au paiement de l'amende, seront poursuivies par le ministère public. Le jugement prononcera la restitution de l'immeuble et liquidera les sommes dont le remboursement serait dû à l'acquéreur.

Dans le cas de refus ou d'impossibilité par le vendeur de restituer ces sommes ou d'acquitter l'amende, l'immeuble sera vendu par autorité de justice et le prix en sera remis au vendeur, déduction faite: 1° des frais; 2° de l'amende; 3° des sommes dont la restitution aura été ordonnée au profit de l'acquéreur. Les sommes revendiquées par l'acquéreur seront affectées par privilége et préférence au paiement de l'amende par lui due, et l'excédant, s'il y en a, lui sera seul remis.

En cas de bail, les mêmes dispositions seront appliquées, s'il y a lieu.

Art. 7. La *banlieue* de la ville de Constantine sera divisée, comme la ville elle-même, en deux quartiers, un *quartier indigène* et un *quartier européen*, dont la délimitation sera faite par une commission composée d'Européens et d'indigènes, que nommera le gouverneur-général de l'Algérie.

Les règles ci-dessus tracées pour les quartiers européen et indigène de la ville de Constantine, seront applicables aux quartiers européen et indigène de la banlieue.

Art. 8. Des établissements d'utilité publique pourront toujours être formés dans les quartiers indigènes de la ville et de la banlieue, avec l'approbation de notre ministre de la guerre.

Art. 9. Nul ne sera recherché pour les transactions immobilières ayant date certaine antérieurement à la présente ordonnance. Les Européens et Israélites étrangers, qui sont propriétaires ou locataires d'immeubles situés en dehors du quartier européen, sont et demeurent libres de les habiter, d'en disposer, de les reconstruire et de les aliéner ou donner à loyer, mais seulement en faveur des Musulmans ou des Israélites indigènes.

Art. 10. Immédiatement après la promulgation de la présente ordonnance, il sera dressé un état des Européens ou Israélites étrangers établis dans le quartier réservé aux indigènes.

Art. 11. Toutes les dispositions antérieures, contraires à la présente ordonnance, sont abrogées.

Art. 12. Notre ministre secrétaire d'Etat de la guerre et notre ministre secrétaire d'Etat de la justice sont chargés, etc.

11 Juin. — 13 Juillet. — Affaires arabes. — *Ordonnance royale qui nomme divers fonctionnaires arabes aux trois aghaliks institués dans l'est de la province d'Alger.*

Louis-Philippe, etc.

Sur le rapport de notre ministre secrétaire d'Etat de la guerre, président du Conseil;

Avons ordonné, etc.

Art. 1er. Sid Ali ben Hoseïn ben Zamoun est nommé Agha des Flissah;

Sid el-Meïdani Ould Mahi Eddin est nommé Agha des Taourgha:

Sid Allah ben Ahmed el-Sogheïr est nommé Agha des Amraoua.

Art. 2. Les aghaliks des Flissah, des Taourgha et des Amraoua, sont composés et seront commandés conformément au tableau ci-annexé.

TABLEAU PRÉSENTANT L'ORGANISATION DES AGHALIKS

AGHALIK DES FLISSAH Sid Ali ben el Hosein ben Zamoun, Agha. Sid Mohammed ben Zeitour, son Khalifah		AGHALIK DES TAOURGHA Sid el Meidani Ould Mahi Eddin, Agha. Mohammed bel Hadj, son Khalifah.		AGHALIK DES AMRAOUA Allal ben Ahmed el Sogheir, Agha. Hammoun ben Amer, son Khalifah.	
NOMS DES TRIBUS.	NOMS DES FRACTIONS DE TRIBUS.	NOMS DES TRIBUS.	NOMS DES FRACTIONS DES TRIBUS.	NOMS DES TRIBUS.	NOMS DES FRACTIONS DE TRIBUS.
	El Mezala.	Beni Thour.			Ain el Fasi.
	Mekira.		Zemam oulid el Koufi.		Kaf el Akab.
	El Azazna.	Beni Sliem.	Zemam oulid Saïd Hamada.		El Hama.
	Beni Mekla.				Ouled Boukhalfa.
	El Ronafa.		Tahatu,		Sid Namain.
	Ouled Bourouba.	Beni Ouagenoun.	Fouagaa.		Thiziouzou.
Flissah.	Hal Semat.		El Haouara.	Amraoua.	Chemellal.
	El Thaïa.	Bordj Sebaou.	El Zemala.		Sy Akhren ou Medour
	El Oustani ou Bouheran.	Flissah mtà el Bahr.			Beni Haseé Allah.
	Ouled Yahia ou Mousa.	Beni Djenad.			Taâla Atman.
	Beni Arif.				Tazazezeit.
	Beni Ismaël.				Tamda.
	El Frikat.				El Mekcula.
	Beni Mendas.				Ouled Salah.
	Beni Koufi.				Ouled Yousef.
Guechtoula.	Beni Boerghardam.			Matka.	Betrouna.
	Beni Bou Adou.				Guemouda.
	Ghzeïli Moula.				Arour.
	Mechet el Ras.				Chaudousa.
Nezlioua.					Ouled Ali ou Zian.
El Abid mtà Aïn el Zaouia.				Beni Aisi.	Bou Hinoun.
El Abid mtà Akbou.					El Hasnaoua.
Hal Oum Naïl.					Ighil be Zerou.
Ouled Mansa.				Beni Raten.	Beni Ouanech.
Chabet el Ahmar.				Beni Feraousen.	
				Djemâat Saridj.	

Art. 3. Notre ministre secrétaire-d'Etat de la guerre, président du conseil, est chargé, etc.

11 Juin. — 24 Juillet. — SUCCESSIONS VACANTES. — *Ordonnance royale, portant que les biens immobiliers provenant de successions vacantes laissées par des militaires décédés en Algérie, seront administrés conformément aux dispositions de l'ordonnance royale du 26 décembre 1842.*

Louis-Philippe, etc.

Vu l'article 7 de l'ordonnance royale du 26 décembre 1842 ;

Vu les articles 935 et suivants du réglement général sur le service des hôpitaux, du 1er avril 1831 ;

Considérant qu'il y a lieu de mettre en harmonie les dispositions de l'ordonnance royale du 26 décembre 1842 avec celles du réglement sur le service des hôpitaux, du 1er avril 1831 ;

Avons ordonné et ordonnons ce qui suit :

Art. 1er. Les effets mobiliers dépendant des successions laissées par des officiers ou soldats décédés en Algérie dans les hôpitaux militaires, continueront d'être soumis aux règles établies par les articles 935 et suivant du réglement général sur le service des hôpitaux, du 1er avril 1831.

Art. 2. Les biens immobiliers provenant des successions vacantes laissées par des officiers ou soldats décédés en Algérie, soit dans les hôpitaux militaires, soit ailleurs, seront administrés conformément aux dispositions de l'ordonnance royale du 26 décembre 1842, sur la curatelle des successions vacantes en Algérie.

Art. 3. Notre président du conseil, ministre secrétaire-d'Etat de la guerre, est chargé, etc.

11 Juin. — 24. Juillet. — JUSTICE ET TRIBUNAUX. — *Arrêté ministériel qui crée un deuxième office d'huissier près le tribunal de paix de Blidah.*

Vu l'article 3 de l'ordonnance royale du 26 septembre 1842, portant institution d'une justice de paix à Blidah ;

Vu l'article 2 de l'arrêté ministériel du 26 novembre 1842, et l'article 1er de l'arrêté ministériel du 30 novembre de la même année ;

Art. 1er. Il est créé un deuxième office d'huissier près le tribunal de paix de Blidah à la résidence de cette ville.

Art. 2. Les deux huissiers attachés au tribunal de paix de Blidah auront seuls le droit d'exploiter dans le ressort de ce tribunal.

Le procureur-général pourra pourvoir au remplacement provisoire de l'un ou de l'autre de ces officiers ministériels absents ou empêchés par la désignation d'huissiers appartenant à l'arrondissement judiciaire d'Alger.

Art. 3. Sont, au surplus, applicables aux huissiers établis à Blidah, les dispositions de l'arrêté du 26 novembre 1832 portant réglement de l'exercice et de la discipline de la profession d'huissier en Algérie.

Art. 4. Le gouverneur-général de l'Algérie est chargé etc.

16 — 22 Juin. — MATIÈRES D'OR ET D'ARGENT. — *Arrêté du Gouverneur-Général, qui nomme le sieur El-Hadji Hamedi ben Kalfa, essayeur public à la résidence de Tlemcen.*

Vu l'arrêté du 32 mars 1832 relatif au service des essais des matières d'or et d'argent;

Considérant qu'il importe, en attendant que le contrôle de garantie puisse être institué, d'établir à Tlemcen la charge d'Amin-el-Fodda (essayeur public des matières d'or et d'argent) et de fixer régulièrement les rétributions dont cet agent doit jouir, à titre de traitement pour les essais auxquels il procédera ;

Vu l'arrêté du 2 (1) novembre 1843 qui règle ces rétributions ;

Sur la proposition du directeur des finances;

Art. 1er. Le sieur El-Hadji Hamedi ben Kalfa est nommé essayeur public des matières d'or et d'argent, sous la dénomination d'Amin-el-Fodda.

Art. 2. Il jouira à ce titre et pour tout traitement des rétributions fixées ainsi qu'il suit; savoir :

Or et essences de rose par 4 grammes de matières. *Mitkals.* 05 c.
Argent, musc par 30 gram. *Oukia.* 05 c.
Diamants par grammes 5 centigr. 05 c.
Perles par 30 grammes. *Oukia.* 2 fr. »

Art. 3. Les frais d'établissement sont à la charge de l'Amin-el-Fodda.

Art. 4. Toutes les recettes de cet agent seront constatées sur un registre à souche qui lui sera remis par le directeur des finances.

Art. 5. Le contrôleur percepteur des con-

(1) Voy. ci dessus cet arrêté et note.

tributions diverses devra s'assurer, par des vérifications fréquentes, de la régularité des écritures de l'Amin-el-Fodda.

Art. 6. Le directeur des finances est chargé, etc.

19 Juin. — 13 Juillet. — DÉFENSEURS. — *Arrêté ministériel, qui élève à quatre le nombre des défenseurs agréés près le tribunal de Philippeville.*

Vu l'article 73 de l'ordonnance royale du 26 septembre 1842;

Vu l'article 2 de l'arrêté du 23 novembre 1842,

Art. 1er. Le nombre des défenseurs près le tribunal de première instance de Philippeville est porté de trois à quatre.

Art. 2. Le gouverneur-général de l'Algérie est chargé, etc.

22 Juin. — 13 Juillet. — BAIGNEURS. — *Arrêté du Directeur de l'Intérieur, qui soumet l'exercice du bain à certaines mesures de police.*

Vu l'article 3, titre XI de la loi du 16-24 août 1790, et l'article 46, titre 1er de celle du 19-22 juillet 1791 ;

Considérant, qu'il appartient à l'autorité municipale de soumettre l'exercice du bain à toutes les mesures réclamées par la décence publique;

Art. 1er. Il est défendu de se baigner dans le port d'Alger, c'est à dire, depuis le môle et la darse jusqu'à la porte Bab-Azoun.

Art. 2. Il est, en outre, défendu de se baigner, sans caleçon, dans l'espace compris entre l'hôpital du Dey et le champ de manœuvre de Mustapha.

Art. 3. Les contrevenants aux dispositions qui précèdent seront punis des peines portées en l'art. 471 du Code pénal.

Art. 4. Les commissaires de police de la ville d'Alger et la gendarmerie sont chargés, etc.

26 Juin. — 13 Juillet. — MILICE. — *Arrêté du Gouverneur-Général portant qu'il sera créé à La Calle une compagnie de chasseurs.*

Vu les arrêtés des 28 octobre et 12 décembre 1836, 17 décembre 1841 et 29 mars dernier ;

Attendu que le nombre actuel des colons de la Calle nécessite l'augmentation du cadre organisé pour cette localité, par l'arrêté du 29 mars dernier, concernant la milice ;

Sur la proposition du directeur de l'intérieur ;

Art. 1er. Il est créé à la Calle une compagnie de chasseurs, dont le cadre sera composé conformément aux arrêtés sus visés.

Art. 2. Le directeur de l'intérieur est chargé, etc.

26 Juin. — 13 Juillet. — MAIRES ET ADJOINTS. — ID., *qui nomme M. Quirin adjoint au maire de Beni-Mé-*

Vu les besoins du service ;

Sur la proposition de M. le directeur de l'intérieur;

Art. 1er. M. Quirin (Jean-Baptiste), colon concessionnaire, est nommé adjoint au maire de Beni-Mered.

Il prêtera le serment exigé par la loi.

Art. 2. Le directeur de l'intérieur est chargé, etc.

30 Juin. — 13 Juillet. — MARCHÉS. — *Arrêté du Directeur de l'Intérieur portant que le marché arabe de la porte Bad-Azoun sera transféré, à dater du 15 juillet suivant, au faubourg du même nom.*

Vu l'arrêté de M. le gouverneur-général en date du 31 juillet 1842, sur la police des marchés spécialement affectés aux Arabes;

Considérant que le faubourg Bab-Azoun acquiert de jour en jour une plus grande importance et forme, dès à présent, un nouveau quartier ;

Considérant que le mouvement toujours croissant autour de l'ancienne porte Bab-Azoun exige que ses abords soient dégagés de toute cause d'embarras;

Considérant, d'un autre côté, que les denrées apportées sur le marché établi en dehors de la porte Bab-Azoun et qui consistent en oranges, œufs, charbon, huile, etc., sont de celles dont on a coutume de s'approvisionner en gros et d'avance; qu'il n'y a dès lors aucun inconvénient à les éloigner du centre de la ville;

Art. 1er. A partir du 15 juillet prochain, le marché arabe qui se tient aujourd'hui en dehors de la porte Bab-Azoun, sera transféré au faubourg du même nom, sur la place dite du Marché.

Il sera soumis à toutes les règles et mesures de police établies par l'arrêté sus-visé du 31 juillet 1842.

Art. 2. Les tentes et autres abris établis par les indigènes auprès du fossé de la ville, seront transportés et provisoirement tolérés dans les terrains environnant ladite place du Marché.

Art. 3. La police et la gendarmerie sont chargés, etc.

6 Juillet. — 22 Août. — NOTAIRES. — *Arrêté ministériel qui institue un neuvième office de notaire à la résidence d'Alger, et un troisième à la résidence de Mostaganem.*

Vu l'article 73 de l'ordonnance royale du 26 septembre 1842 ;

Vu l'article 3 de l'arrêté du 30 décembre 1842 ;

Art. 1er. Un neuvième office de notaire, pour l'arrondissement du tribunal de première instance d'Alger, est institué à la résidence d'Alger.

Un troisième office de notaire, pour l'arrondissement du tribunal de première instance d'Oran, est institué à la résidence de Mostaganem.

Art. 2. Le gouverneur-général de l'Algérie est chargé, etc.

10 Juillet. — 22 Août. — COURTIERS. — ID. *qui modifie l'art. 17 de l'arrêté ministériel du 6 mai précédent, relatif à l'exercice de la profession de courtier en Algérie.*

Vu l'arrêté ministériel du 6 mai 1844, réglant l'exercice de la profession de courtier en Algérie :

Art. 1er. L'article 17 de l'arrêté ministériel du 6 mai 1844 est modifié ainsi qu'il suit :

« La capacité du candidat sera vérifiée » par la chambre du commerce d'Alger.

» Pour les premières nominations à faire » conformément à l'article 13, le candidat » qui ne résiderait pas en Algérie, sera admis à faire vérifier sa capacité par la » chambre de commerce de l'arrondissement de son domicile, ou à défaut, par » la chambre de commerce la plus voisine. »

Art. 2. Le gouverneur-général est chargé, etc.

10 Juillet. — 22 Août. — COLONISATION. — *Arrêté du Gouverneur-Général portant qu'il sera formé au lieu dit La Sénia, dans la province d'Oran, un village composé de 48 familles.*

Vu l'arrêté du 1er décembre 1840, sur le séquestre ;

Vu l'arrêté du 18 avril 1841, relatif à l'établissement des centres de population ;

Vu l'arrêté du 9 décembre suivant, sur les expropriations pour cause d'utilité publique ;

Considérant que le lieu dit *La Sénia*, dans la banlieue d'Oran, est propre à recevoir un village ;

Vu les plans produits ;

Sur la proposition du directeur de l'intérieur, en exécution des instructions de M. le ministre de la guerre,

Art. 1er. Il sera formé au lieu dit La Sénia, dans la province d'Oran, un village de 48 familles.

Art. 2. La circonscription territoriale de ce village comprend 635 hectares de terre, conformément au plan ci-annexé.

Art. 3. Il sera fait remise par la direction des finances à la direction de l'intérieur, des terres qui se trouveraient appartenir au domaine dans les limites de la circonscription déterminée par les plans annexés.

Quant aux parcelles comprises dans le même territoire et reconnues comme appartenant à des particuliers, elles seront expropriées pour cause d'utilité publique et les indemnités dues aux propriétaires seront réglées conformément à l'arrêté du 9 décembre 1841.

Art. 4. Le directeur de l'intérieur et le directeur des finances sont chargés, etc.

Par décision du 3 août, M. le président du conseil, ministre de la guerre, a sanctionné de son approbation l'arrêté ci-dessus.

13 Juillet. — 22 août. — NOTAIRES. — *Arrêté ministériel qui nomme le sieur Floret notaire à Alger, et le sieur Claudin notaire à Mostaganem.*

Vu l'arrêté du 6 de ce mois, portant création de deux offices de notaire aux résidences d'Alger et de Mostaganem.

Art. 1er. Le sieur *Floret* (Antoine-Pierre), avocat, est nommé au neuvième office de notaire institué pour l'arrondissement du tribunal de première instance d'Alger, à la résidence d'Alger.

Le sieur *Claudin* (Achille-François-Léonard), principal clerc de notaire à Philippeville, est nommé au troisième office de notaire institué pour l'arrondissement du tribunal de première instance d'Oran, à la résidence de Mostaganem.

Art. 2. Ils seront admis à prêter serment et à exercer en ladite qualité, après avoir justifié, le sieur Floret, du versement du cautionnement de six mille francs, et le sieur Claudin, du versement de quatre mille francs, auxquels ils sont assujettis en vertu de l'article 7 de l'arrêté du 30 décembre 1842.

Art. 3. Le procureur-général du roi en Algérie est chargé, etc.

14 Juillet. — 12 Août. — INSTRUCTION PUBLIQUE. — *Ordonnance royale qui détermine la position des fonctionnaires attachés à l'instruction publique en Algérie.*

Sur le rapport de notre ministre secrétaire-d'Etat au département de la guerre, président du conseil des ministres, et de notre ministre secrétaire-d'Etat au département de l'instruction publique ;

Vu notre ordonnance en date du 13 avril 1839, concernant les fonctionnaires de l'université qui sont attachés aux établissements d'instruction publique en Algérie ;

Vu les ordonnances du 26 septembre 1842, sur l'organisation de la justice en Algérie, et du 16 décembre 1843 concernant les inspecteurs des finances employés en Algérie ;

Vu l'avis du Conseil royal de l'instruction publique ;

Art. 1er. A l'avenir, il sera pourvu aux fonctions vacantes d'inspecteur chargé de surveiller tous les établissements d'instruction publics ou privés en Algérie, d'inspecteur des écoles primaires, de principal, régents et maîtres d'études du collége d'Alger, par notre ministre secrétaire-d'Etat de l'instruction publique qui se concertera, à cet effet, avec notre ministre secrétaire-d'Etat de la guerre.

Art. 2. Nul ne pourra être nommé inspecteur chef du service de l'instruction publique en Algérie, s'il ne remplit les conditions prescrites par l'ordonnance du 29 septembre 1832.

L'inspecteur chef du service de l'instruction publique en Algérie jouira du rang et des prérogatives d'inspecteur d'académie ; il pourra être attaché, au même titre, à une des académies du royaume.

Art. 3. Les candidats aux fonctions d'inspecteur des écoles primaires en Algérie seront tenus de justifier des conditions exigées par l'article 5 de l'ordonnance du 13 novembre 1837.

Art. 4. Les gradués qui, sans avoir appartenu au corps enseignant, seraient appelés, à l'avenir, au collége d'Alger pour y remplir une chaire de sciences, de lettres ou de grammaire, seront reconnus comme membres de l'université et assimilés aux régents des colléges communaux du premier ordre.

Art. 5. Les fonctionnaires actuellement employés au collége d'Alger, qui n'auraient pas, antérieurement à leur nomination, exercé des fonctions dans un des colléges royaux ou communaux de la métropole, seront néanmoins, après trois ans de service dans ledit collége, reconnus comme membres de l'université, s'ils satisfont d'ailleurs aux conditions de grades prescrites par notre ordonnance du 29 janvier 1839.

Art. 6. Les fonctionnaires nommés conformément aux dispositions de l'ordonnance du 13 avril 1839, ou de la présente ordonnance, pourront, après trois années de service, être placés dans une des académies du royaume, et y recevoir une destination équivalente à celle qu'ils occupaient en Algérie.

Art. 7. Le fonctionnaire actuellement délégué en Algérie pour la surveillance des établissements d'instruction publics ou privés, jouira dès à présent, dans ladite résidence, du rang d'inspecteur d'académie.

Art. 8. Notre ministre secrétaire-d'Etat de la guerre, président du conseil des ministres, et notre ministre secrétaire-d'Etat de l'instruction publique, sont chargés, etc.

15 — 24 Juillet. — MILICE AFRICAINE. — *Arrêté du Gouverneur-Général, qui crée une nouvelle compagnie quatrième de réserve dans la milice d'Alger.*

Vu les arrêtés des 28 octobre et 12 décembre 1836, 17 décembre 1837, et 16 mai 1843, concernant la milice ;

Considérant que les trois compagnies de réserve créées par notre arrêté du 16 mai 1843, sont actuellement au complet, et qu'il existe de nouvelles inscriptions à ce titre, comportant la création d'une quatrième compagnie et par suite celle d'un bataillon ;

Sur la proposition du directeur de l'intérieur :

Art. 1er. Il est créé une quatrième compagnie de réserve dans la milice d'Alger.

Art. 2. Cette compagnie réunie aux trois compagnies déjà existantes, formera un bataillon.

Art. 3. Le directeur de l'intérieur est chargé, etc.

16 — 24 Juillet. — POLICE DES QUAIS. — *Arrêté du Directeur de l'Intérieur relatif au débarquement des vins spiritueux et produits admis en franchise de droits.*

Vu l'arrêté du 12 septembre 1832, sur la police des quais ;

Vu l'arrêté du 23 février 1838, sur la répression des contraventions en matière de voierie en général ;

Vu l'ordonnance royale du 16 décembre 1843, sur les douanes en Algérie ;

Considérant que les quais sont continuellement encombrés de marchandises de toute nature que certains négociants y laissent en dépôt, pour éviter les frais de magasinage en ville ; que, principalement en ce qui concerne les vins et spiritueux, le quai s'est transformé en marché public, et que cet état de choses compromet les intérêts généraux du commerce ;

Attendu qu'il est de principe que les quais doivent être évacués à la fin de chaque journée, et que, s'il est juste de déroger à ce principe en faveur de certaines marchandises dont la vérification exige du temps, il convient de l'appliquer rigoureusement aux vins et spiritueux, et en général aux produits admis en franchise par les articles 7 et 8 de l'ordonnance précitée, et qui ne donnent lieu qu'à des vérifications sommaires de la part de la douane,

Avons arrêté et arrêtons ce qui suit :

Art. 1er. Le débarquement des vins et spiritueux n'aura lieu que de sept à dix heures du matin, et ils devront toujours être enlevés du quai à six heures du soir.

Seront également enlevés à la même heure les produits admis en franchise de droits et désignés dans les articles 7 et 8 de l'ordonnance royale du 16 décembre 1843, sans qu'il soit fixé d'heure de débarquement à leur égard.

La vente sur le quai, des denrées indiquées au présent article, est formellement interdite.

Art. 2. Toute contravention à l'article ci-dessus donnera lieu à la mise en fourrière des objets qui la constitueront, sans préjudice de l'application de l'article 471, § 15 du Code pénal.

Art. 3. Le directeur du port est chargé, etc.

2 — 22 Août. — DROITS D'ABATTAGE. — *Arrêté du Gouverneur-Général, portant que les droits d'abattage et de marque seront perçus à Bône d'après le tarif annexé à l'arrêté du 28 juillet 1842.*

Vu l'ordonnance du 21 août 1839, article 12 ;

Considérant que les droits d'abattage perçus à Bône, en vertu de l'arrêté du 16 juillet 1842, sont beaucoup plus élevés que dans les autres villes de l'Algérie, il convient dans l'intérêt de la population de cette localité, de réduire la fixation de ces droits ;

Sur la proposition de M. le Directeur des finances ;

Art. 1er. Les droits d'abattage et de marque seront perçus à Bône d'après le tarif annexé à l'arrêté du 28 juillet 1842.

Cette perception s'effectuera en régie.

Art. 2. Toutes dispositions contraires à l'arrêté précité du 28 juillet sont et demeurent abrogées.

Art. 3. Les directeurs de l'intérieur et des finances sont chargés, etc.

3 Août. — 7 Octobre. — NOTAIRES. — *Arrêté ministériel qui nomme le sieur Triboullet notaire à Alger, et le sieur Faudot notaire à la résidence de Douéra.*

Vu l'arrêté de ce jour portant création de deux offices de notaire aux résidences d'Alger et de Douéra.

Art. 1er. Le sieur Triboullet (Charles-Henri-Alfred), principal clerc de notaire à Alger, est nommé au dixième office de notaire institué pour l'arrondissement du tribunal d'Alger, à la résidence d'Alger.

Le sieur Faudot (Edouard), principal clerc de notaire à Alger, est nommé au onzième office de notaire institué pour l'arrondissement du tribunal d'Alger, à la résidence de Douéra.

Art. 2. Ils seront admis à prêter serment et à exercer en ladite qualité après avoir justifié, le sieur Triboullet, du versement du cautionnement de six mille francs, et le sieur Faudot, du versement de quatre mille francs, auxquels ils sont assujettis par l'article 7 de l'arrêté du 30 décembre 1842.

Art. 3. Le procureur-général du roi en Algérie est chargé, etc.

6 — Août. — 9 Septembre. — COMMUNES RURALES. — *Arrêté ministériel qui crée trois nouvelles communes dans le district de Koléah, et en détermine la circonscription.*

Vu l'arrêté du 17 décembre 1843, portant délimitation des communes du district d'Alger.

Considérant que les besoins du service exigent la division administrative de la partie du district de Koléah, aujourd'hui peuplée par des Européens;

Art. 1er. Il est créé, dans le district de Koléah, trois communes dont la circonscription est déterminée par les limites ci-après (1):

Cette commune a pour limites :

Au nord, les territoires de Fouka et de Douaouda, tels qu'ils sont délimités par des bornes plantées sur le terrain ;

A l'est et au sud, le Mazafran ;

A l'ouest, l'arrière-fossé d'enceinte.

Cette commune est bornée:

Au nord, par la mer;

A l'est, par le territoire de Douaouda;

Au sud, par le territoire de Koléah;

A l'ouest, par l'ancien fossé d'enceinte.

Cette commune est limitée:

Au nord, par la mer;

A l'est, par le Mazafran:

Au sud, par le territoire de Koléah;

A l'ouest, par le territoire de Fouka.

Art. 2. Il y aura à Fouka et à Douaouda un maire et un adjoint.

Les autorités indigènes établies dans la circonscription territoriale de Koléah, Fouka et Douaouda, sont et demeurent supprimées.

Il y aura, dans chaque commune, un indigène adjoint au maire.

Art. 3. Le gouverneur-général de l'Algérie est chargé, etc.

7 — 22 Août. — NOTAIRES. — *Arrêté ministériel portant institution d'un dixième office de notaire à la résidence d'Alger, et d'un onzième à la résidence de Douéra.*

Vu l'article 73 de l'ordonnance royale du 26 septembre 1842 ;

Vu l'arrêté du 30 décembre 1842, sur le notariat en Algérie ;

Art. 1er. Un dixième office de notaire pour l'arrondissement du tribunal de première instance d'Alger, est institué *à la résidence d'Alger.*

Un onzième office de notaire pour l'arrondissement du tribunal de première instance d'Alger, est institué *à la résidence de Douéra.*

Art. 2. Le paragraphe 5 de l'article 10 de l'arrêté du 30 décembre 1842, est modifié de la manière suivante :

« Les notaires établis à *Blidah* et à *Douéra* instrumenteront exclusivement dans leurs ressorts respectifs, sauf le droit attribué aux notaires d'Alger, conformément au paragraphe 3 de l'article précité, et concurremment avec ces derniers, dans le ressort des commissariats civils de Koléah et de Bouffarick. »

Art. 3. Le gouverneur-général de l'Algérie est chargé, etc.

7 — 22 Août. — TAXE DU PAIN. — *Arrêté du Directeur de l'Intérieur, qui nomme M. Laperlier membre de la Commission chargée de préparer les éléments qui doivent entrer dans la composition de la taxe du pain.*

Vu notre arrêté en date du 5 juillet dernier, portant institution d'une commission ayant pour but de préparer les éléments qui doivent entrer dans la composition de la taxe du pain dans la ville d'Alger ;

Vu la lettre de M. Pougnet, officier d'administration principale des subsistances militaires, par laquelle il a envoyé sa démission de membre de cette commission, motivée par son prochain départ pour France.

Art. 1er. M. Laperlier, officier d'administration principale des subsistances militaires à Alger, est nommé membre de ladite commission, en remplacement de M. Pougnet, démissionnaire.

Art. 2. Le secrétaire-général de la direction de l'intérieur est chargé, etc.

9 Août. — 3 Octobre. — TRIBUNAUX INDIGÈNES. — *Arrêté du Gouverneur-Général, qui nomme sid Hassan Bach Kala-*

(1) La division de la province d'Alger en cinq districts avait été consacrée par l'article 1er de l'arrêté ministériel du 17 février 1840, portant institution de commissariats civils. Mais aux termes de l'article 12 de l'ordonnance royale du 15 avril 1843, une autre division a été adoptée. Chacune des trois provinces se subdivise, soit en arrondissements, cercles et communes, soit en khalifaths, aghaliks, kaïdats et cheikhats.

fat cadi hanéfi à Alger, en remplacement de Sid Hassan ben Rassil, révoqué.

Vu l'article 31 de l'ordonnance royale du 26 septembre 1842.

Sur le rapport et la proposition du procureur-général.

Art. 1er. *Sid Hassan Bach Kalafat* est nommé cadi hanéfi à la résidence d'Alger, en remplacement de *Sid Hassan ben Rassil*, révoqué (1).

Art 2. *Sid Hassan Kalafat* prêtera serment, en cette qualité, devant la cour royale.

Art. 3. Le procureur-général est chargé, etc.

Par dépêche du 28 août, M. le président du conseil, ministre de la guerre, a sanctionné de son approbation la nomination ci-dessus.

13 Août. — 9 Septembre. — DÉLIMITATION. — *Arrêté ministériel, qui rectifie la délimitation des communes de Birkadem et de Drariah.*

Vu l'arrêté du 17 décembre 1843, portant délimitation des communes du district d'Alger;

Considérant que la réunion à la commune de Birkadem du village de Saoula, compris dans la commune de Drariah, est plus conforme aux besoins de ses habitants, en raison de sa position et de sa proximité de Birkadem, et qu'il y a lieu, dès lors, de rectifier la délimitation de ces deux communes,

La commune de Birkadem a pour limite,

Au nord :

1° A partir de l'Oued-el-Kerma, la haie qui sépare le jardin de Braham ben Dhaman de celui de Hadji Mustapha ben Zemouri, jusqu'au sentier de Tixeraïn à Kaddous;

2° La continuation de ce petit sentier jusqu'au chemin de Birmandreïs;

3° De là, en suivant ce chemin jusqu'à la rencontre, à droite, d'une haie limitant au sud la proximité de Smaïn Kahouadji;

4° Une série de haies laissant à gauche les propriétés de Smaïn Kahouadji, Bourguet, Khadoutja ben sidi Mohammed et Lapalisse; laissant à droite celles de Mohammed Debbagh Hofer et Moulet, et venant aboutir à la grande route d'Alger à Birkadem;

A l'est :

1° La grande route d'Alger à Birkadem jusqu'au chemin de Kouba;

2° La continuation de ce chemin jusqu'à l'ancienne route d'Alger au gué de la Ferme-Modèle, et se prolongeant par ce chemin jusqu'au pied des collines du Sahel.

3° De ce point, la limite suit une ligne touchant à l'est une redoute placée sur l'obstacle continu et se prolongeant jusqu'à Harach;

Au sud :

1° L'Harach, en remontant cette rivière jusqu'à son confluent avec l'Oued-el-Kerma;

2° Le ravin de l'Oued-el-Kerma jusqu'à la rencontre, à gauche, d'une ligne droite formant le prolongement des nos 75, 74 et 72 des concessions de Saoula;

3° Cette ligne droite et le territoire des concessions de Saoula, jusqu'à l'angle sud du n° 111 de ces concessions;

A l'ouest :

1° La limite contourne le territoire des concessions jusqu'au ravin de sidi Mokhtar;

2° Elle descend ce ravin jusqu'à la rencontre, à gauche, d'une haie bornant au sud la propriété de sidi Mokhtar;

3° De là, elle suit une série de haies, laissant à gauche les propriétés de sidi Mokhtar, de Mohammed Raïs et du baron Vialar; à droite celles de Bradhmont, Chaloum Kheha ba, hadj Dahman, ben Lakhdar et Salem, et venant aboutir à l'Oued-el-Kerma;

4° L'Oued-el-Kerma, en remontant son cours jusqu'à la rencontre, à droite de la haie qui sépare la propriété de Brahamen Dahman de celle de Hadj Mustapha ben Zenouri.

La commune de Birkadem est limitrophe : au nord, à la commune de Birmadreïs, à l'est à celle de Kouba, au sud, à la plaine de la Métidjah, et à l'ouest, à la commune de Drariah.

La commune de Drariah est bornée :

Au nord, par l'Oued el-Kerma, à partir du pont d'El-Achach, sur la route d'Alger à Delhi-Ibrahim;

A l'est :

1° Par le susdit ruisseau jusqu'à la rencontre à gauche, d'une haie qui sépare la propriété de M. le baron Vialar de celle de Salem :

(1) Voyez ci-dessus sur les deux sectes religieuses de Hanephys et des Malekis, la note de l'arrêté du 15 novembre 1830, page 14. Le cadi Hanafi reçoit un traitement de 900 fr. Indépendamment des deux cadis d'Alger, des cadis sont institués à Milianah, à Blidah, à Médéah, à Cherchell, à Oran, à Bone, à Philippeville et à Constantine.

2° Par une série de haies laissant, à gauche, les propriétés de Salem Hadj Dahman ben Lakhdar, Khchaba, Chaloum et Brahmont; à droite, celles de M. le baron Vialar, Mohammed Raïs et sidi Mokhtar, et qui vient aboutir au ravin de sidi Mokhtar;

3° Par ce ravin, en remontant son cours jusqu'à la rencontre, à gauche, des concessions de Drariah;

4° Par la limite de ces concessions;

Au sud, par la limite des concessions de Drariah;

A l'ouest:

1° Par ces mêmes limites, jusqu'à la route d'Alger à Drariah;

2° Par ce chemin jusqu'à la grande route de Delhi-Ibrahim, et par cette dernière, jusqu'au pont d'El-Achach.

Cette commune est limitée : au *nord*, par à la commune d'El-Biar; à l'*est*, par celles de Birmadreïs et de Birkadem; au *sud*, par le district de Doucra; à l'*ouest*, par la commune de Delhi-Ibrahim.

3. Le gouverneur-général de l'Algérie est chargé, etc.

16 Août. — 9 Septembre. — AFFAIRES ARABES. — *Ordonnance royale qui nomme Sid Ahmed ben Salem khalifah de Laghouat; Sid Iahia ben Salem agha de Laghouat; et Sid Djedid agha des Larba.*

Louis-Philippe, etc.

Sur le rapport de notre ministre secrétaire-d'État au département de la guerre, président du conseil,

Avons ordonné, etc.

Art. 1er. Sid Ahmed ben Salem est nommé khalifah de Laghouat.

Art. 2. Sont nommés, sous les ordres de Sid Ahmed ben Salem :

Agha de Laghouat, Sid Iahia ben Salem;

Agha des Larba, Sid Djedid.

Art. 3. Le khalifah et ses deux Aghas relèveront, sous le rapport administratif, de la subdivision de Médéah.

Art. 4. Notre ministre secrétaire-d'État de la guerre, président du conseil, est chargé, etc.

(1) Cette organisation fut le résultat de l'expédition conduite avec habileté par le général Marey, en mai et juin, jusque dans le petit désert. Pendant le cours de cette expédition, le marabout Tedjini envoyait, d'Aïn-Madi, sa soumission. Le 25 mai, notre colonne occupait Laghouat, située à plus de cent lieues au sud d'Alger.

17 — 22 Août. — MAIRES ET ADJOINTS. — *Arrêté du Gouverneur-Général, qui nomme M. Dedouin maire de la commune de Sainte-Amélie, en remplacement de M. Deprade, non acceptant.*

Sur la proposition de M. le directeur de l'intérieur,

1° M. Dedouin Jean Marie, est nommé maire de la commune de Sainte-Amélie en remplacement de M. Deprade, non acceptant.

Il prêtera, en cette qualité, le serment exigé par la loi.

2° Le directeur de l'intérieur est chargé de l'exécution du présent arrêté.

17 — 22 Août. — MARCHÉS PUBLICS. — *Arrêté du Gouverneur-Général portant qu'il sera institué à Douéra un marché qui se tiendra le mardi de chaque semaine.*

Vu notre arrêté du 28 juillet 1842;

Sur la proposition du directeur de l'intérieur;

Le conseil d'administration entendu;

Art. 1er. Il est institué à Douéra un marché qui se tiendra le mardi de chaque semaine.

Art. 2. Pendant la première année il n'y sera perçu ni droit de place ni aucun autre droit de marché.

Art. 3. Les directeurs de l'intérieur et des finances sont, chacun en ce qui le concerne, chargés, etc.

21 — Août. — 9 Septembre. — ABATTAGE DES BESTIAUX. — *Arrêté du Gouverneur-Général qui défend d'introduire en ville les animaux sur pied destinés à être abattus.*

Vu les articles 18 et 21 de l'arrêté du 28 juillet 1842, relatifs à l'abattage des bestiaux dans les différentes villes de l'Algérie;

Considérant que les dispositions contenues dans les articles sus-visés sont éludées chaque jour, par suite de la facilité qu'a chacun de faire entrer en ville des animaux sur pied, lesquels sont ensuite abattus clandestinement dans l'intérieur des maisons particulières;

Considérant que cet abus a pour double effet de frustrer le Trésor des droits d'abattage, et de compromettre la salubrité publique;

Sur la proposition des directeurs de l'intérieur et des finances,

Le conseil d'administration entendu,
Avons arrêté, etc.

Art. 1er. Défense est faite d'introduire en ville des animaux sur pied, tels que bœufs, vaches, veaux, porcs ou moutons.

Art. 2. Toute contravention à cette disposition donnera lieu à l'application d'une amende de trente francs par tête d'animal, sans préjudice de la saisie qui en sera faite au profit de la caisse coloniale.

Art. 3. Il n'est fait d'exception à cette défense que pour les bestiaux destinés à l'exportation, et à l'occasion des fêtes musulmanes, dites Aïd-el-Kébir et Mouloud. La veille de ces fêtes, l'entrée des moutons continuera d'être tolérée, mais seulement par les portes Bab-Azoun et Bab-el-Oued, sous la réserve du paiement préalable des droits d'abattage, qui sera constaté par une empreinte à l'oreille droite de l'animal.

En cas d'exportation, l'entrée en ville n'aura lieu que par les portes Bab-Azoun et Bab-el-Oued; elle sera franche de droits, et sera accordée sur le vu d'une autorisation spéciale du chef de la police, qui fera escorter les bestiaux, par un de ses agents, jusqu'au lieu d'embarquement.

Art. 4. Le directeur de l'intérieur et des finances et le procureur-général, sont chargés, etc.

26 Août. — 9 Septembre. — COLONISATION. — *Arrêté du Gouverneur-Général, qui crée trois nouveaux villages dans la banlieue de Philippeville.*

Vu l'arrêté du 18 avril 1841 relatif à l'établissement des centres de population;
Vu l'arrêté du 9 décembre 1841 sur les expropriations pour cause d'utilité publique;
Considérant qu'il importe de peupler d'Européens et de mettre en culture le territoire affecté à la banlieue de Philippeville;
Vu les plans produits;
Sur le rapport du directeur de l'intérieur, en exécution des instructions de M. le ministre de la guerre,
Le conseil d'administration entendu;

Art. 1er. Il sera créé dans la banlieue de Philippeville trois villages dénommés l'un *Damrémont*, sur la rive gauche du Safsaf; l'autre *Vallée*, sur la rive droite de cette rivière; le troisième dans la vallée du Zéramma portant le nom de *Saint-Antoine*, qu'il a reçu déjà.

Art. 2. Les circonscriptions territoriales de ces villages sont :

Pour le village..... Vallée, de 550 hectares.
Damrémont, de 450 »
Saint-Antoine, de 600. »

y compris les terres de la ferme Brincard et celle du hameau qui sera créé ultérieurement près du blockaus.

Le tout conformément au plan ci-annexé.

Art. 3. Toutes les parcelles comprises dans ces territoires et reconnues comme appartenant à des particuliers, sont et demeurent, dès à présent, expropriées pour cause d'utilité publique et à titre d'occupation définitive. La prise de posssesion en aura lieu immédiatement et les indemnités dues aux propriétaires dépossédés seront liquidées conformément à l'arrêté du 9 décembre 1841.

Art. 4. Les terrains et terres compris dans les circonsriptions des villages Vallée et Saint-Antoine seront concédés conformément à l'arrêté du 18 avril 1841.

Ceux du village Damrémont seront alloués ou concédés à titre onéreux par les soins de M. le directeur des finances.

En conséquence, il sera respectivement fait remise par la direction des finances à la direction de l'intérieur et par celle-ci à la direction des finances de terres domaniales ou expropriées, nécessaires à la constitution des territoires dont il s'agit, et l'exécution des dispositions prévues par les deux § qui précèdent.

Art. 5. Le directeur de l'intérieur et le directeur des finances sont chargés, etc.

31 Juillet. — 22 Août. — MAIRES ET ADJOINTS. — *Arrêté du Gouverneur-Général, qui nomme M. Jourdain aux fonctions de maire de Saint-Ferdinand, M. Gaudiot à celle d'adjoint; et M. Deprade à celle de maire de Sainte-Amélie.*

Sur la proposition de M. le directeur de l'intérieur,

1° Sont nommés : Maire de la commune de Saint-Ferdinand, M. Jourdain, et adjoint M. Gaudiot, tous deux propriétaires colons;
Et maire de Sainte-Amélie, M. Deprade, aussi propriétaire colon.
Avant d'entrer en fonctions, ils prêteront le serment exigé par la loi;
2° Le directeur de l'intérieur est chargé, etc.

31 Juillet. — 22 Août. — CHASSE. — *Arrêté du Directeur de l'Intérieur, concernant l'ouverture de la chasse.*

Vu les arrêtés de M. le gouverneur-général en date des 5 décembre 1834, 23 mars 1841 et 1er avril 1842 :

Art. 1er. A dater du 11 août prochain, la chasse sera ouverte dans la province d'Alger, sous les conditions et restrictions posées par l'arrêté précité du 5 décembre 1834.

Art. 2. Le délit de chasse sans port d'armes sera poursuivi et réprimé conformément aux dispositions de l'arrêté sus-visé du 23 mars 1841, sans préjudice de la confiscation de l'arme.

Art. 3. Les commissaires civils, les maires, la gendarmerie et la police sont chargés, etc.

3 Septembre.—3 Octobre. —Maires et adjoints. — Id. *qui nomme le sieur Guenet adjoint au maire de la commune d'Hussein-Dey.*

Sur la proposition de M. le directeur de l'intérieur;

1o M. Guenet (Philibert) est nommé adjoint au maire de la commune d'Hussein-Dey, pour être chargé des intérêts du hameau de la Maison-Carrée.

Il prêtera en cette qualité le serment exigé par la loi.

2o Le directeur de l'intérieur est chargé, etc.

6 Septembre. — 7 Octobre. — Timbres. — Id. *portant création de bureaux auxiliaires pour le débit du papier timbré.*

Vu l'ordonnance royale du 30 janvier, qui rend applicables en Algérie les lois, décrets et ordonnances qui régissent en France l'impôt et les lois de timbre;

Considérant que les besoins du commerce et de la population ont rendu nécessaire l'établissement de bureaux auxiliaires de débits de papiers timbrés.

Art. 1er. Il pourra être créé en Algérie des bureaux auxiliaires pour le débit du papier timbré.

Ces bureaux seront établis, sur la proposition du directeur des finances, par le ministre de la guerre, qui nommera les débitants.

Art. 2. Il sera alloué aux débitants, pour tout traitement et émoluments, trois pour cent de la valeur du papier timbré débité.

Art. 3. Le directeur des finances assignera les quartiers où les débits devront être placés.

Art. 4. Les bureaux de distribution seront ouverts au public, de huit heures du matin à six heures du soir.

Art. 5. Il sera affiché dans un endroit apparent de chaque bureau de débit, le prix, d'après le tarif, des papiers timbrés, avec mention que ce prix ne pourra être augmenté ni diminué sous les peines de droit.

Art. 6. Le prix des papiers timbrés qui devront être pris par les distributeurs aux bureaux des receveurs des domaines désignés dans leur commission, sera payé comptant, sous la déduction de trois pour cent, allouée aux débitants en vertu de l'article 2.

Art. 7. Il est créé dès à présent des débits auxiliaires de papier timbré, savoir :

à Alger,	4
à Bône,	1
à Oran,	2
à Douéra,	1
à Bouffarick,	1

Art. 8. Le gouverneur-général de l'Algérie est chargé, etc.

11 Septembre. —21 Octobre.—Rues.— *Arrêté du Directeur de l'Intérieur portant que l'Aqueduc et la place qu'elle traverse changeront leur dénomination actuelle en celle de rue et place d'Isly.*

Considérant que la grande rue du faubourg Bab-Azoun est appelée à devenir l'une des principales d'Alger, et qu'il convient de lui donner un nom en rapport avec son importance;

Considérant qu'on ne saurait lui en donner un plus heureux que celui d'un fait d'armes récent destiné à prendre place au rang des plus glorieux souvenirs de la France et de l'Algérie :

Art. 1er. La rue de l'Aqueduc, au faubourg Bab-Azoun, et la place qu'elle traverse porteront à l'avenir les noms de rue et place d'*Isly*.

Art. 2. L'architecte chef du service des bâtiments civils et de la voirie est chargé, etc.

12 Septembre. — 3 Octobre. — *Arrêté du Gouverneur-Général, qui nomme M. Quinquin adjoint à la mairie de la Pointe-Pescade, et le sieur Ouled Sahagi adjoint indigène près la mairie de la même commune.*

Sur la proposition de M. le directeur de l'intérieur,

1o M. Quinquin est nommé adjoint français à la mairie de la Pointe-Pescade, en remplacement du sieur Bouvret, dont la démission est acceptée;

2o Le sieur Sis Abdrahaman Ouled Sahagi est nommé adjoint indigène, même commune, en remplacement du sieur Mustapha ben Marabet, qui n'habite plus la commune : avant d'entrer en fonctions, ils prêteront le serment exigé par la loi ;

3° Le directeur de l'intérieur est chargé, etc.

13 Septembre.—3 Octobre —COLONISATION. — Id. *portant qu'il sera formé à Zéradla un centre de population composé de 30 familles.*

Vu l'article 2 de l'arrêté du 1er décembre 1840 sur le séquestre ;

Vu l'arrêté du 18 avril 1841, relatif à l'établissement des centres de population ;

Vu l'arrêté du 9 décembre 1841 sur les expropriations pour cause d'utilité publique ;

Considérant que les terres qui avoisinent, précédemment abandonnées par les indigènes, sont en grande partie entre les mains du domaine ;

Vu les plans produits ;

Sur la proposition du directeur de l'intérieur,

Le conseil d'administration entendu ;

Art. 1er Il sera formé à *Zéradla*, district de Coléah, un nouveau centre de population, composé de trente familles. La circonscription territoriale de ce village renfermera 300 hectares, conformément au plan ci-annexé.

Art. 2. Il sera fait remise à la direction de l'intérieur par la direction des finances, des terres qui appartiennent au domaine dans les limites de ce territoire. Quant aux parcelles comprises dans ce même territoire et reconnues comme appartenant à des particuliers, elles sont et demeurent, dès à présent, expropriées pour cause d'utilité publique et à titre d'occupation définitive. La prise de possession aura lieu immédiatement et les indemnités dues aux propriétaires dépossédés, seront liquidées conformément à l'arrêté du 9 décembre 1841.

Art. 3. Les directeurs de l'intérieur et des finances sont chargés, etc.

13 Septembre.—3 Octobre.— Id. — Id. *portant qu'à Ouled-Yaich il sera formé sous le nom de Dalmatie un centre de population composé de 50 familles.*

Vu l'article 2 de l'arrêté du 1er décembre 1840 sur le séquestre ;

Vu l'arrêté du 18 avril 1841, relatif à l'établissement des centres de population ;

Vu l'arrêté du 9 décembre 1841 sur les expropriations pour cause d'utilité publique ;

Considérant qu'il convient d'établir un nouveau village à Ouled-Yaïch, que les terres qui avoisinent, précédemment abandonnées par les indigènes, sont en grande partie entre les mains du domaine ;

Vu les plans produits ;

Sur la proposition du directeur de l'intérieur ;

Le conseil d'administration entendu ;

Avons arrêté et arrêtons :

Art. 1er. Il sera formé à Ouled-Yaïch, district de Blidah, un nouveau centre de population composé de 50 familles. La circonscription territoriale de ce village, qui portera la dénomination de *Dalmatie*, renfermera 708 hectares, conformément au plan ci-annexé.

Art. 2. Il sera fait remise à la direction de l'intérieur par la direction des finances des terres qui appartiennent au domaine dans les limites de ce territoire. Quant aux parcelles comprises dans ce même territoire et appartenant à des particuliers, elles sont et demeurent dès à présent expropriées pour cause d'utilité publique, et à titre d'occupation définitive. La prise de possession aura lieu immédiatement et les indemnités dues aux propriétaires dépossédés seront liquidées conformément à l'arrêté du 9 décembre 1841.

Art. 3. Le directeur de l'intérieur et le directeur des finances sont chargés, etc.

Par dépêches datées de Soult-Berg, les 3 et 4 septembre, M. le président du conseil, ministre de la guerre, a sanctionné de son approbation l'un et l'autre arrêté.

En exécution de ses instructions, les travaux pour l'établissement de ces deux nouveaux centres de population seront commencés dans le cours de la présente année et poursuivis jusqu'à concurrence des sommes disponibles qui pourront être attribuées à cette dépense sur les fonds de la *Colonisation.*

13 Septembre. — 7 Octobre. — COMMUNES RURALES. — Id. *qui crée sept nouvelles communes sur une portion du territoire du district de Douéra, et en détermine la circonscription.*

Vu l'ordonnance royale du 22 juillet et l'arrêté ministériel du 1er septembre 1834 ;

Vu l'arrêté du 17 décembre 1843 sur la délimitation des communes du district d'Alger (1) ;

(1) Voyez ci-dessous l'arrêté du 18 septembre 1844, et note.

Considérant que la création de nouveaux centres de population dans le district de Douéra rend nécessaire la délimitation de leur territoire.

Art. 1er. Il est créé sur une portion du territoire du district de Douéra sept communes dont la circonscription est déterminée par les limites ci-après :

Commune de Baba-Hassan.

La commune de Baba-Hassan a pour limites, au nord : 1o en partant du point trigonométrique Z placé à l'angle nord-ouest, no 4 des concessions de Baba-Hassan, les limites de ces concessions jusqu'à l'angle nord-ouest du no 3 ;

2o De ce point une ligne droite venant aboutir à l'angle sud-ouest du no 4 des concessions de Draria ;

A l'est, les concessions de Draria et celles de Saoula jusqu'à l'Oued-el-Kerma ;

Au sud, l'Oued-el-Kerma ;

A l'ouest, les limites des concessions de Baba-Hassan jusqu'au point trigonométrique Z, placé au nord-ouest du no 4.

Cette commune est bornée, au nord, par les communes d'Ouled-Fayet et Deli-Ibrahim ; à l'est, par celle de Draria ; au sud, par celles de Crescia et Douéra, et à l'ouést par Douéra.

Commune de Crescia.

La commune de Crescia a pour limites :

Au nord, à partir du confluent de l'Oued-Kadri avec l'Oued-el-Kerma, ce dernier ruisseau, en suivant son cours jusqu'à la rencontre des concessions de Saoula ;

A l'est, 1o Les limites des concessions de Saoula jusqu'au chemin de Birkadem à Douéra ;

2o De là, une ligne droite venant aboutir à la naissance d'un ravin entre Ouled-Sy-Soliman et Ouled-ben-Hadj ;

3o Ce ravin jusqu'à la route de Birkadem à Blidah ;

Au sud, cette route jusqu'à la rencontre à droite du ravin des Ouled-ben-Chaoua ;

A l'ouest, 1o Le ravin des Ouled-ben-Chaoua jusqu'à l'ancienne route de Birkademà Douéra ;

2o Cette route, en se dirigeant vers Birkadem jusqu'à la rencontre à gauche de l'Oued-Kadri ;

3o L'Oued-Kadri jusqu'à l'Oued-el-Kerma.

Cette commune est limitée, au nord, par la commune de Baba-Hassan ; à l'est, par la commune de Birkadem ; au sud, par la plaine de la Métidjah, et à l'ouest par la commune de l'Oued-Mendil.

Commune de Douéra.

La commune de Douéra est bornée :

Au nord, par la commune d'Ouled-Fayet ;

A l'est : 1o Par la limite des concessions de Baba-Hassan jusqu'à l'oued el-Kerma ;

2o Par ce ruisseau en suivant son cours jusqu'à son embranchement avec le ravin d'Aïn-Kadri ;

3o Par ce dernier ravin jusqu'à l'ancien chemin de Birkadem à Douéra ;

Au sud, 1o Par ce chemin, en se dirigeant vers Douéra, sur une longueur de 900 mètres environ, jusqu'à la rencontre, à gauche, de la naissance du ravin d'Ouled-ben-Chaoua ;

2o De là, par une ligne droite, passant par le mont Ouled-Mendil et venant aboutir à l'angle sud-est des concessions de Douéra ;

3o Par la limite des concessions de Douéra, jusqu'à l'Oued-el-Dekaknas ;

A l'ouest : 1o Par ce ravin, en remontant son cours, jusqu'à la route de Douéra à Maelma ;

2o De là, par les limites des concessions de Sainte-Amélie, jusqu'au point du départ ;

La commune de Douéra est limitrophe, au nord, à la commune d'Ouled-Fayet ; à l'est, aux communes de Baba-Hassan et Crescia ; au sud, à Ouled-Mendil ; et l'ouest à Sainte-Amélie.

La commune de Maelma est bornée :

Au nord, à l'est, au sud et à l'ouest, par les limites des concessions du village de Maelma.

Cette commune est limitrophe, au nord, au district de Koléah ; à l'est, aux communes de Saint-Ferdinand et Sainte-Amélie ; au sud, à la tribu de Ben-Chaban ; et à l'ouest, au district de Koléah.

Commune d'Ouled Mendil.

La commune d'Ouled Mendil est bornée :

Au nord, en partant du deuxième ravin, à l'ouest d'Ouled Mendil, par la limite des concessions de Douéra, jusqu'à la rencontre, à droite, du ravin d'Ouled ben Chaoua ;

A l'est, 1o Par ce ravin jusqu'à la route de Birkadem à Blidah ;

2o De ce point, par une ligne droite formant, avec cette route, un angle ouvert, au sud-ouest, de 5o 30". Cette ligne vient aboutir à l'ancien chemin de Birkadem à Blidah.

Au sud, par une autre ligne droite allant, de ce dernier point, à l'angle sud de la redoute du pont des chevalets.

A l'ouest : 1o Par une ligne droite partant de l'angle ouest de la redoute, et venant aboutir à la route d'Alger à Koléah, à l'entrée du deuxième ravin, à l'ouest d'Ouled Mendil;

2° Par ce ravin jusqu'à la rencontre des limites de Douéra.

Cette commune est limitée, au nord, par la commune de Douéra; à l'Est, par celle de Crescia et la plaine de la Métidjah; au Sud, par la plaine de la Métidjah, et à l'ouest, par la tribu de Zaïria.

Commune de Sainte-Amélie.

La commune de Sainte-Amélie est délimitée:

Au nord, par les concessions du village de Saint-Ferdinand;

A l'est et au sud, par la limite des concessions du village de Sainte-Amélie;

A l'ouest, par le ravin à l'ouest de Sidi-Azrak, jusqu'à la rencontre, à droite, des concessions de Saint-Ferdinand.

Cette commune est bornée, au nord, par la commune de Saint-Ferdinand; à l'est, par celle de Douéra; au sud, par la tribu d'Ech-Chabenia; et à l'ouest, par la commune de Maelma.

Commune de Saint-Ferdinand.

La commune de Saint-Ferdinand est bornée:

Au nord: 1° Par l'Oued-Bridja, en remontant son cours depuis l'angle nord-est des concessions de Saint-Ferdinand, sur une longueur en ligne droite, de 720 mètres;

2° De là, par une ligne droite, limitant à l'ouest les nos 14 et 46 des concessions de Saint-Ferdinand, et qui vient aboutir à l'Oued-Staoueli;

3° De ce point, la limite remonte le cours de l'Oued-Staoueli, sur une longueur, en ligne droite, de 740 mètres;

A l'est: 1° Elle suit un petit chemin d'exploitation et le prolongement de ce chemin jusqu'à l'Oued Bridja;

2° Elle suit le cours de ce ravin jusqu'à la rencontre du petit chemin d'exploitation désigné ci-dessus.

3° Elle se continue, par ce petit chemin, jusqu'à la rencontre de la route de Saint-Ferdinand à Alger;

4° De là, elle se prolonge par une ligne droite, limitant à l'est le n° 24 des concessions de Saint-Ferdinand jusqu'au ravin nord d'Aïn Kala;

5° La limite suit le cours de ce ravin jusqu'à son embranchement avec le ravin sud:

6 De là, elle se forme par une ligne droite venant aboutir au ravin de saint-Ferdinand au coude qu'il fait audessous de la parcelle 128 des concessions de Saint-Ferdinand;

7° La limite remonte le cours de ce ravin jusqu'à sa rencontre avec le chemin de Saint-Ferdinand à Sainte-Amélie.

Au sud, la commune est bornée par les limites des concessions de Sainte-Amélie;

A l'ouest: 1° La limite suit le cours du ravin du marabout sidi Ben-el-Azrak jusqu'à son troisième embranchement;

2° De là, elle se forme par une ligne droite qui vient aboutir au point de départ.

Cette commune est limitrophe au nord, à la commune de Sidi-Ferruch; à l'est, à celle d'Ouled-Fayet; au sud, à celle de Sainte-Amélie; et à l'ouest à celle de Maelma et au district de Koléah.

Art. 2. Il y aura dans chaque commune autre que celle de Douéra un maire et un adjoint.

Les autorités indigènes établies dans les communes du district de Douéra, avant la délimitation prescrite par le présent arrêté, sont et demeurent supprimées.

Il y aura, dans chaque commune, un indigène adjoint au maire.

Art. 3. Le gouverneur-général de l'Algérie est chargé, etc.

14 Septembre.—12 Octobre.—Poudres. — *Ordonnance royale, qui règle les dispositions relatives à la fabrication, l'importation et la vente des poudres à feu en Algérie.*

Louis-Philippe, etc.

Considérant qu'il importe de régler les dispositions relatives à la fabrication, l'importation et la vente des poudres à feu en Algérie;

Vu les lois des 13 fructidor an V, 28 avril 1816, 24 mai 1834 et 25 juin 1841, qui régissent la matière dans la métropole;

Vu notre ordonnance du 22 juin 1841, fixant en Algérie le prix des poudres des manufactures royales;

Sur le rapport de nos ministres secrétaires-d'État aux départements de la guerre et des finances;

TITRE Ier.

Fabrication, importation et circulation des poudres à feu.

Art. 1er. La fabrication des poudres est et demeure formellement interdite en Al-

(1) Voyez ci-dessous l'arrêté du gouverneur-général du 8 mai 1845, aux termes duquel les indigènes munis d'une autorisation spéciale sont admis à acheter des poudres.

L'ordonnance royale ci-dessus forme le dernier état de la législation sur la matière.

gérie à tous particuliers, européen ou indigène.

Art. 2. Est et demeure également prohibée l'importation des poudres étrangères, quelles qu'en soient la quantité et la qualité.

Sont considérées comme poudres étrangères toutes celles qui ne seront pas renfermées dans des boîtes, caisses, rouleaux ou barils, revêtus des plombs ou vignettes des poudreries de France, et qui seront trouvées soit à domicile, soit en circulation.

Art. 3. Les poudres françaises ne pourront être introduites que pour les approvisionnements de l'armée, de la marine ou des entrepôts, en vertu des expéditions régulières délivrées par l'autorité compétente.

Néanmoins, tout voyageur est autorisé à importer, pour sa consommation, des poudres françaises revêtues des plombs, ou vignettes de la régie, en quantité de deux kilogrammes et audessous.

Art. 4. Les capitaines de navire, de quelque lieu qu'ils viennent, sont obligés, dans les 24 heures de leur entrée dans le port, de faire, au bureau des douanes, déclaration des poudres qu'ils ont à bord, et de les représenter au départ, à peine d'une amende de cent francs par kilogramme manquant.

Art. 5. Aucune poudre française ne peut circuler en Algérie en quantité supérieure à deux kilog. que sous les plombs ou vignettes de l'administration, et en vertu d'un laisser-passer visé par le maire ou le commissaire-civil, ou à défaut par le commandant de place.

Il est également interdit à toute personne qui n'y serait pas autorisée par le Maire, le commissaire civil ou le commandant de place, de conserver chez elle de la poudre française en quantité supérieure à cinq kilogrammes.

La possession d'une quantité quelconque de poudre de guerre est interdite.

TITRE II.

De la vente des poudres.

Art. 6. Il ne sera vendu en Algérie que des poudres provenant des manufactures royales de France.

Art. 7. La vente des poudres françaises est interdite, en Algérie, à toutes personnes autres que celles qui y sont spécialement autorisées.

Art. 8. La vente des poudres se fera exclusivement pour le compte de l'État et par ses agents ; savoir :

Par des entreposeurs nommés par le ministre de la guerre, sur la désignation du ministre des finances;

Par des débitants nommés par le Directeur des finances en Algérie.

Il pourra être nommé un entreposeur par province.

Des débits seront établis dans toutes les villes où le gouverneur-général aura jugé convenable d'autoriser cette création.

Art. 9. L'entrepôt ou le lieu de débit seront désignés par un tableau indicatif portant en caractères distinctifs :

Entrepôt ou *débit* de poudres des manufactures royales de France.

Art. 10. Les entreposeurs ne pourront faire de vente qu'au comptant, soit aux débitants, soit aux consommateurs.

Les entreposeurs ni les débitants ne jouiront d'aucun traitement fixe.

Les entreposeurs jouiront, sur le produit des poudres vendues par eux aux débitants, d'une remise fixée à 50 c. par kilog. de poudre de chasse, et à 25 c. par kilog. de poudre de mine; et, pour celles qu'ils vendront directement aux consommateurs, des remises accordées aux débitants.

Ces remises seront liquidées, en fin de mois, par le directeur des finances, sur décomptes vérifiés et arrêtés par les agents des contributions diverses.

Dans le cas où ces remises ne s'élèveraient pas annuellement à dix-huit cents francs, il leur sera alloué en fin d'année la somme nécessaire pour leur compléter le minimum de dix-huit cents francs.

La remise accordée aux débitants se composera de la différence entre les prix d'achat à l'entrepôt, et les prix réglés pour la vente aux consommateurs, par le tarif ci-après :

Prix de vente en Algérie des poudres provenant des manufactures royales de France ;

	Aux débitants.	Aux consommateurs.
	F. C.	F. C.
Poudre royale en boîte, le kilog.	11 50	12 50
Poudre de chasse surfine, id.	9 50	10 50
Poudre de chasse fine, id.	7 50	8 50
Poudre de mine, id.	2 50	3 »
Poudre de commerce, id.	2 50	3 »

Ce tarif devra rester constamment affiché dans le lieu le plus apparent du débit.

Art. 11. Les entreposeurs et débitants ne pourront être installés et commencer leur débit qu'après avoir prêté serment, les entreposeurs devant le tribunal 1er instance l'Alger, et les débitants devant le maire ou le commissaire civil ou, à défaut, devant le commandant supérieur de leur résidence.

L'acte de serment devra être enregistré dans les dix jours.

Les entreposeurs devront justifier avant d'entrer en fonction, du versement d'un cautionnement en numéraire de trois mille francs.

Art. 12. Les débitants ne pourront s'approvisionner en quantités inférieures à dix kilog. de poudres de toute espèce. L'entreposeur leur délivrera une facture détachée d'un registre à souche, qui sera remise, après vérification des poudres, aux agents des contributions diverses.

Art. 13. Les entreposeurs et les débitants sont autorisés, sous les précautions prescrites par l'article suivant et sous leur responsabilité, à vendre des poudres en quantité d'un demi kilog, et audessous, sans autorisation préalable, à tout officier qui se présentera en uniforme, ainsi qu'à toute personne connue et munie d'un port d'armes.

La vente de toute quantité de poudre supérieure à un demi kilog. ne pourra se faire sans une autorisation spéciale délivrée par le maire ou le commissaire civil, ou à défaut par le commandant de place.

Art. 14. Les entreposeurs et les débitants seront obligés, sous peine de révocation, à tenir un registre, coté et paraphé par le chef du service des contributions diverses à la direction centrale des finances, sur lequel ils inscriront jour par jour, au fur et à mesure des ventes, sans aucune rature ni surcharge :

1o La date des ventes ;

2o La qualité et la quantité des poudres vendues ;

3o Les noms et prénoms des acheteurs ;

4o Leur qualité ou profession ;

5o Leur domicile ;

6o L'autorité qui aura donné l'autorisation dans les cas où elle est prescrite.

Art. 15. Ce registre sera présenté aux employés des contributions diverses, à toute réquisition, et visé par eux, après comparaison des quantités reçues, vendues et restant en magasin.

Tous les quinze jours, une copie certifiée dudit registre sera transmise au maire ou au commandant de place par l'employé supérieur des contributions diverses dans chaque localité.

TITRE III.

Surveillance.

Art. 16. Les employés des douanes et ceux des contributions diverses, la milice, la troupe de ligne, la gendarmeris et les agents de police, sont chargés de la recherche des poudres étrangères et de celles fabriquées en fraude, ainsi que des poudres françaises qui pourraient circuler, sans que les formalités prescrites par l'article 5 eussent été remplies.

Ces mêmes agents et la force armée pourront aussi faire des recherches chez les particuliers soupçonnés de fraude, mais en se faisant assister par un officier de police.

TITRE IV.

Dispositions pénales.

Art. 17. Tout individu qui fabriquera ou fera fabriquer de la poudre sera condamné à 3,000 francs d'amende. La poudre, les matières et ustensiles servant à sa confection, seront en outre confisqués. Les fabricants et les ouvriers employés à cette fabrication seront condamnés, pour la première fois, à trois mois, et, en cas de récidive, à un an de détention.

Art. 18. Toute introduction de poudre en contravention à l'art. 2, et toute circulation en contravention à l'art. 5, seront punies de la confiscation de la poudre et des moyens de transport, et d'une amende de 20 francs par chaque kilog. de poudre saisie. Les contrevenants encourront en outre la détention déterminée par l'art. 17 ci-dessus.

Art. 19. Seront considérés comme fabricants et punis comme tels, de l'amende de 3,000 francs et de la détention déterminée par ledit article 17, ceux qui seront trouvés nantis d'une quantité quelconque de poudre prohibée par les articles 2 et 5, à moins qu'ils ne mettent le vendeur sous la main de la justice, auquel cas ils ne seront personnellement passibles que d'une amende de 100 francs.

Art. 20. Tout individu qui vendra de la poudre française, sans y être autorisé conformément à l'art. 17, sera condamné, pour la première fois, à une amende de cinq cents francs, laquelle sera portée au double, en cas de récidive.

Art. 21. Seront punis d'une amende qui ne pourra être moindre de cent francs ni excéder deux cents francs, ceux qui seront reconnus avoir conservé chez eux une quantité de poudre française excédant 5 kilogrammes. Les contrevenants encourront en outre la détention déterminée par l'article 17.

Art. 22. Toute contravention de la part des entreposeurs ou des débitants, aux règles qui leur sont imposées, pourra être suivie de la privation momentanée ou définitive de leur commission.

Si un débitant ou un entreposeur étaient convaincus de tenir en dépôt ou de vendre de la poudre de contrebande ils encourraient, outre la révocation, la confiscation des matières prohibées et une amende de mille francs.

Art. 23. Toute vente de poudre faite par les entreposeurs ou les débitants, à des prix plus élevés que ceux fixés par l'article 8, entraînera la révocation du contrevenant, qui sera en outre poursuivi comme concussionnaire.

Art. 24. Seront également révocables et passibles d'une amende de cent francs au moins et de mille francs au plus, les entreposeurs ou les débitants qui opéreront des ventes de poudres sans l'accomplissement des formalités prescrites par l'art. 13.

La révocation, dans tous les cas où elle aura été encourue, sera prononcée, quant aux débitants, par le directeur des finances, quant aux entreposeurs, par le ministre de la guerre.

Art. 25. Il est défendu à tous militaires, à tous gardes des arsenaux de la marine ou de la guerre, à tous ouvriers employés dans les magasins de l'État, de vendre, donner ou échanger aucune poudre, sous peine de détention de trois mois à un an.

Art. 26. En ce qui concerne l'arrestation et la détention pour les faits prévus par les articles 17, 18, 19, 21 et 25 de la présente ordonnance, on se conformera aux dispositions des articles 222, 223, 224 et 225 de la loi du 28 avril 1816, rendus applicables, par celle du 25 juin 1841, à la fabrication illicite, au colportage et à la vente des poudres à feu sans permission.

Art. 27. Dans tous les cas de contravention aux dispositions de la présente ordonnance; en outre des condamnations pécuniaires qu'elles prononcent, les poudres qui auront été l'objet de la contravention, seront confisquées et versées à l'artillerie.

TITRE V.

Des contraventions et de la rédaction des procès-verbaux.

Art. 28. Toutes contraventions à la présente ordonnance seront constatées par procès-verbaux rédigés à la requête du directeur des finances, et poursuivies devant les tribunaux de police correctionnelle.

Art. 29. Les contraventions provenant du fait des entreposeurs ou des débitants seront jugées administrativement, en premier ressort par le directeur des finances; et en dernier ressort, par le conseil d'administration de l'Algérie, quant aux débitants; à l'égard des entreposeurs, ils pourront être suspendus seulement, sauf au ministre de la guerre à statuer définitivement.

Art. 30. Le chef du service des contributions diverses à la direction centrale est autorisé à consentir, avant et même après jugement, des transactions sur les amendes encourues.

Toutefois, ces transactions ne seront définitives qu'avec l'approbation du directeur des finances, si l'amende encourue et le prix des objets confisqués s'élèvent à une valeur de mille francs, et avec celle du ministre, s'ils excèdent cette somme.

TITRE VI.

Primes aux saisissants.

Art. 31. Les employés, préposés, gendarmes et militaires qui, dans les cas prévus par les articles 17, 18, 19, 21 et 25, arrêteront ou auront concouru à arrêter des contrevenants en matières de poudres à feu, recevront, quel que soit le nombre des saisissants, une prime de quinze francs par chaque individu arrêté.

Art. 32. Les poudres saisies seront, dans

les vingt-quatre heures de la saisie, déposées dans les magasins de l'artillerie, et payées aux saisissants, à raison de 1 fr. 50 cent. par kilogramme, sans distinction de qualité, ni prélèvement d'aucun frais.

Art. 33. Le montant des amendes, du prix des poudres, suivant le taux fixé par l'article ci-dessus, et le produit net de la vente des objets confisqués, seront, après la transaction, approuvés par qui de droit, ou après l'exécution du jugement, répartis par portions égales entre tous les employés saisissants, sauf les employés supérieurs, officiers et receveurs poursuivants qui toucheront deux parts de saisissants. Les agents qui n'auront pas personnellement concouru à la saisie n'auront droit à aucune part.

Lorsque les saisissants appartiendront à l'administration financière, il sera fait d'abord prélèvement, en faveur de la caisse des retraites, du quart du produit net qui leur reviendra sur les amendes et confiscations, en conformité de la décision du ministre des finances du 26 mars 1829.

Art. 34. Il sera accordé à l'indicateur de la fraude ou de la contravention un tiers du produit net des amendes ou confiscations, pourvu toutefois qu'il se soit fait connaître, avant la saisie, au directeur des finances ou à l'agent supérieur des douanes ou des contributions diverses de la localité la plus voisine du lieu de la saisie.

Art. 35. Tous les frais relatifs aux saisies de poudres seront imputés sur le produit des amendes et confiscations : en cas d'insuffisance, les frais demeureront à la charge du Trésor.

Art. 36. Toutes dispositions contraires à la présente ordonnance sont et demeurent abrogées.

Art. 37. Nos ministres secrétaires-d'État aux départements de la guerre et des finances sont chargés, etc.

15 Septembre. — 3 Octobre. — JUSTICE ET TRIBUNAUX. — *Ordonnance royale qui nomme le sieur Blandin second suppléant au juge de paix de Mostaganem.*

Louis-Philippe, etc.

A tous présents et à venir, salut.

Vu les articles 11 et 28 de notre ordonnance du 26 septembre 1842, sur l'organisation de la justice en Algérie ;

Vu notre ordonnance du 16 novembre 1843 portant création d'une justice de paix à Mostaganem ;

Sur le rapport de notre président du conseil, ministre secrétaire-d'État de la guerre,

Art. 1er. Le sieur Blandin (Achille), notaire à Mostaganem, est nommé second suppléant au juge de paix de cette résidence.

Art. 2. Notre président du conseil, ministre secrétaire-d'État de la guerre, est chargé, etc.

17 Septembre. — 3 Octobre. — POPULATIONS. — *Circulaire n° 18 de M. le Gouverneur-Général à MM. les officiers-généraux, colonels et commandants des divisions, subdivisions et cercles, à MM. les officiers chargés des affaires arabes, renfermant des instructions générales sur les règles à suivre pour les gouverner et les administrer* (1).

Après la conquête, le premier devoir comme le premier intérêt du conquérant, est de bien gouverner le peuple vaincu, la politique et l'humanité le lui commandent également.

A cet égard la conquête de l'Algérie se

---

(1) Cette circulaire est très remarquable et atteste la haute sollicitude de M. le gouverneur-général pour les intérêts des populations indigènes. Elle forme en quelque sorte un système d'administration complet. Elle renferme d'excellentes maximes qui ne peuvent être que très utilement pratiquées.

Beaucoup d'autres circulaires portent sur des points particuliers du gouvernement des Arabes. Elles méritent d'être soigneusement étudiées.

Voyez les circulaires suivantes :

12 janvier 1844. — Responsabilité des tribus à l'égard des vols et crimes commis sur leur territoire.

21 janvier 1844. — Mode de nomination et révocation des kaïds, hakems et cadis.

28 janvier 1844. — Renouvellement annuel des cadis et des cheikhs investis.

12 février 1844. — Amendes imposées en pays arabes.

30 septembre 1844. — Surveillance des familles émigrées.

19 octobre 1844. — Mesures qui doivent accompagner l'arrestation des Arabes prévenus de crimes ou délits.

19 octobre 1844. — Distribution de cachets et de burnous aux fonctionnaires indigènes.

15 novembre 1844. — Participation des tribus aux travaux d'utilité publique.

16 novembre 1844. — Statistique de l'intérieur.

26 novembre 1844. — Propriétés rurales du beylick en pays Arabe.

1er juillet 1845. — Importations d'armes et munitions de guerres interdites.

5 juillet 1845. — Proclamations aux populations Arabes et Kabyles.

15 juillet 1845. — Impôt de l'Achour, dégrèvements éventuels.

17 juillet 1845. — Gouvernement Arabe. Redevances dues par suite d'investiture de nouveaux kaïds.

6 août 1845. — Dispositions à prendre pour favoriser le commerce d'échange des tribus du Sahara.

distingue des conquêtes que l'on a faites quelquefois en Europe. Là quand on gardait une province conquise, on n'avait pas la prétention d'introduire dans son sein, un peuple nouveau, on ne voulait pas prendre une partie des terres pour les donner à des familles étrangères différant de mœurs et de religion.

En Afrique au contraire, tous ces obstacles se présentent devant nous et rendent la tâche infiniment difficile. Nous devons donc porter la plus grande sollicitude, la plus constante activité, et une patience inébranlable dans l'administration des Arabes.

Nous nous sommes toujours présentés à eux comme plus justes et plus capables de gouverner que leurs anciens maîtres; nous leur avons promis de les traiter comme s'ils étaient enfants de la France; nous leur avons donné l'assurance formelle que nous leur conserverions leurs lois, leurs propriétés, leur religion, leurs coutumes, etc., etc.; nous leur devons et nous nous devons à nous-mêmes de tenir en tout point notre parole.

Nous avons fait sentir notre force et notre puissance aux tribus de l'Algérie, il faut leur faire connaître notre bonté et notre justice, et leur faire préférer notre gouvernement à celui des Turcs et à celui d'Abd-el-Kader ; ainsi nous pourrons espérer de leur faire supporter d'abord notre domination, de les y accoutumer plus tard et à la longue, de les identifier avec nous, de manière à ne former qu'un seul et même peuple sous le gouvernement paternel du Roi des Français.

La bonne administration ne doit pas nous dispenser de rester forts et vigilants, mais il est permis de croire qu'elle nous donnera l'avantage de n'employer la force que rarement. L'uniformité de principes en administration, n'est pas moins nécessaire qu'en guerre. C'est au système de guerre adopté et suivi dans toute l'Algérie, que nous devons la conquête; nous la conserverons par un bon système d'administration suivi dans toutes les localités aussi uniformément que possible.

Il faut partout la même police, la même pénalité, les mêmes impôts, en un mot le même régime en toutes choses.

L'objet de cette circulaire est donc d'appeler l'attention de MM. les généraux commandants et officiers de tous grades chargés des affaires arabes, sur les principaux points de cette grande administration.

Des fonctionnaires Arabes.

La bonne politique exigera peut-être toujours, que dans les emplois secondaires, nous fassions administrer les Arabes par des Arabes, en laissant la haute direction aux commandants français des provinces et des subdivisions ; mais quant à présent, c'est une nécessité, car le nombre des officiers connaissant la langue, les mœurs, les affaires des Arabes, sera longtemps trop restreint pour que nous puissions songer à donner généralement aux Arabes des aghas et des kaïds français.

Il faut donc nous servir des hommes qui sont en possession de l'influence sur les tribus, soit par leur naissance, soit par leur courage, soit par leur aptitude à la guerre ou à l'administration.

La naissance exerce encore un grand empire chez les indigènes ; si elle ne doit pas être l'unique cause de notre préférence, elle doit toujours être prise en grande considération. Eloigner du pouvoir les familles influentes, serait s'en faire des ennemis dangereux ; il vaut beaucoup mieux les avoir dans le camp qu'en dehors. La noblesse arabe a beaucoup de fierté et de prétentions. Si on l'éloignait des emplois elle ne manquerait pas de s'en faire honneur aux yeux des fanatiques de religion et de nationalité. Le meilleur moyen de l'annuler, de diminuer son prestige, c'est de la faire servir à nos desseins. Le choix des fonctionnaires doit donc être politique autant qu'administratif. MM. les commandants des provinces et des subdivisions, comprendront aisément toute l'importance de ces choix : ils ne sauraient trop consulter à cet égard l'opinion publique des tribus.

Il peut se rencontrer des localités où il ne se trouverait aucun Arabe ayant assez d'influence, assez de talent pour remplir les fonctions d'agha ou de kaïd : dans ce cas, et si la localité est voisine d'un de nos grands centres d'occupation, il sera convenable d'y placer un officier français, réunissant les qualités nécessaires pour diriger les Arabes.

Cette expérience a déjà été faite avec avantage sur un petit nombre de points. C'est même par ce moyen, que nous pourrons donner aux chefs arabes l'exemple de la régularité et de l'honnêteté en administration. Les Arabes voyant que les officiers français administrent avec justice, qu'ils ne spolient personne, demanderont des Français pour les administrer, et les chefs arabes, sentant le danger d'être supplantés, modifieront leurs habitudes de concussions.

Il ne suffit pas de faire un bon choix des fonctionnaires arabes, il faut encore les surveiller, les diriger, s'occuper de leur éducation, de manière à les modifier graduellement ; il faut en même temps les entourer de considération, afin de maintenir leur dignité et les faire respecter de leurs administrés.

Quand on aura des leçons à leur donner, des reproches à leur faire, ce ne doit jamais être devant des Arabes ; il faut éviter avec eux les emportements surtout en public.

On ne doit pas admettre légèrement les accusations portées contre les fonctionnaires ; l'ambition et la jalousie du pouvoir portent souvent les Arabes à dénoncer l'homme qui est aux emplois. On ne doit donner suite à une dénonciation qu'après en avoir parfaitement constaté la vérité.

Les chefs qui se conduisent bien doivent toujours être accueillis avec honneur et bienveillance par les officiers français quel que soit leur grade.

L'Arabe est très sensible aux bons procédés, et je n'ai eu jusqu'ici qu'à me louer de les avoir employés avec eux. C'est à peine si on pourrait citer deux ou trois Arabes, ayant répondu aux bons traitements par l'ingratitude.

Des Arabes non fonctionnaires.

Les simples Arabes doivent être traités avec bonté, justice, humanité. Il faut écouter leurs plaintes, leurs réclamations, les examiner avec soin, afin de leur faire rendre justice s'ils ont raison, et les punir s'ils se sont plaints à tort. C'est par ces moyens qu'Abd-el-Kader s'était acquis un très grand ascendant moral et une grande popularité ; il était toujours prêt à écouter le dernier des Arabes.

Les marabouts méritent des ménagements particuliers ; ils peuvent être quelquefois appelés au pouvoir, mais toujours ils doivent être traités avec considération, et de manière à nous en faire des amis.

Des impôts et des amendes.

Les impôts principaux sont : l'âachour (dîme sur les grains) et le zekket (impôt sur les bestiaux et quelques autres petits produits appartenant plus spécialement à telle ou telle localité).

MM. les commandants supérieurs des provinces et des subdivisions dirigeront les officiers chargés des affaires arabes, de manière à perfectionner graduellement la statistique sur laquelle doivent être basés les impôts ; ils accoutumeront graduellement les Arabes et leurs chefs à porter l'impôt au chef-lieu, sans qu'il soit besoin d'aller le requérir avec la force armée. Il leur sera facile de faire sentir aux Arabes que cette mesure est tout à fait dans leurs intérêts, puisque la présence de la force armée par la consommation qu'elle fait en fourrages ou autrement accroît nécessairement l'impôt. Plusieurs exemples prouvent que l'habitude de payer sans contrainte peut aisément être donnée. MM. les commandants supérieurs s'attacheront à faire tourner au profit du Trésor les droits de marché qu'il est d'usage de percevoir et qui ont été perçus jusqu'ici au profit des kaïds ou des aghas. Ceux-ci ne doivent avoir que la part qui a été réglée dans ma circulaire du 12 février 1844.

Sur un petit nombre de points, on a perçu un droit sur le mariage ; ce droit sera supprimé partout.

Aucun impôt que ceux dont il vient d'être parlé ne pourra être établi ou maintenu sans l'autorisation expresse du gouverneur général, qui, lui-même, consultera le ministre sur l'établissement d'un impôt nouveau.

Les tribus du désert paieront la *eussa* (impôt sur les achats de grains), et l'impôt du commerce, conformément à l'usage.

La législation des amendes a été réglée par ma circulaire du 5 avril 1844.

Il ne me reste ici qu'à recommander à MM. les commandants militaires et à MM. les officiers chargés des affaires arabes, d'être très modérés dans l'emploi de ce moyen de répression, en le proportionnant toujours au délit et à l'esprit plus ou moins récalcitrant de la tribu ; mais, dans aucun cas, ils ne pourront dépasser les limites que j'ai fixées dans ma circulaire sus-précitée, excepté le cas de révolte ouverte, qui y est du reste prévu.

De la solidarité des tribus pour les crimes et délits.

Nous avons traité au long ce chapitre dans notre circulaire du 2 janvier ; nous n'en parlons ici que pour bien faire sentir à MM. les commandants militaires que si nous avons dû maintenir la terrible législation de la responsabilité des tribus, comme le seul moyen de maintenir une bonne police dans un pays qui n'a pas toutes les combinaisons multipliées de notre administration civile et judiciaire, ils ne doivent en user qu'avec une extrême modération et lorsque les nécessités politiques ou de sûreté publique sont parfaitement démontrées.

J'invite MM. les commandants supérieurs et MM. les officiers chargés des affaires arabes à se bien pénétrer de l'esprit de cette circulaire, ainsi que de toutes celles qui l'ont précédée, lesquelles ils ne sauraient trop revoir et trop étudier.

18 Septembre. — 7 Octobre. — DÉLIMITATION. — Id. *qui modifie la délimitation des communes d'Ouled-Fayet et de Sidi-Ferruch.*

Le président du conseil, ministre secrétaire-d'État au département de la guerre,

Vu l'arrêté de ce jour portant délimitation des communes du district de Douéra (1);

Considérant que la délimitation de la commune de Saint-Ferdinand, déterminée par cet arrêté, rend nécessaire une délimitation nouvelle des communes d'Ouled-Fayet et de Sidi-Ferruch qui, aux termes de l'arrêté du 17 décembre 1843 appartiennent au district d'Alger,

Arrête :

Art. 1er. Les communes d'Ouled-Fayet et de Sidi-Ferruch, dépendant du district d'Alger, seront délimitées de la manière suivante :

Commune d'Ouled-Fayet.

La commune d'Ouled-Fayet est bornée :

Au nord, par l'Oued-Staouéli, en remontant son cours depuis l'extrémité d'un petit chemin d'exploitation qui aboutit à l'angle nord-est du n° 35 des concessions de Saint-Ferdinand, jusqu'à la route d'Alger à Douéra, en renfermant dans la commune toutes les concessions d'Ouled-Fayet ;

A l'est, elle suit cette route vers Douéra, jusqu'à la rencontre à droite, des concessions de Baba-Hassan ;

Au sud, 1° Elle laisse en dehors de la commune ces concessions, longe les nos 14, 13, 1, 2, 5, jusqu'au point trigonométrique Z, placé à l'angle nord-ouest du n° 4 ;

2° De là, elle se forme par une ligne droite allant aboutir à la naissance de grand ravin qui passe au nord de Saint-Ferdinand ;

3° Elle suit le cours de ce ravin, qui sert aussi de limite à Saint-Ferdinand, sur une longueur d'environ 1,000 mètres ;

A l'ouest, 1° Elle se prolonge par le même ravin jusqu'au coude qu'il fait au-dessous de la parcelle 128 des concessions de Saint-Ferdinand ;

2° De là, elle continue par une ligne droite qui vient aboutir à la jonction des ravins nord et sud de Aïn-Kala ;

3° Elle remonte le cours de l'embranchement nord, sur une longueur de 140 mètres ;

4° De là, elle suit une ligne droite qui vient aboutir à la route de Saint-Ferdinand à Alger, à l'entrée du petit chemin d'exploitation ;

5° Elle suit ce petit chemin d'exploitation jusqu'à l'Oued-Bridjà ;

6° Elle remonte le cours de ce ruisseau jusqu'au prolongement d'un petit chemin d'exploitation, et se continue par ce chemin jusqu'au point de départ.

Cette commune confronte, au nord, la commune de Cheragas ; à l'est, celle de Delhi-Ibrahim ; au sud, le district de Douéra ; à l'ouest, la commune de Sidi-Ferruch.

Commune de Sidi-Ferruch.

La commune de Sidi-Ferruch est bornée :

Au nord, en partant de l'embouchure de l'Oued-Bridjà, par le rivage de la mer, jusqu'à l'embouchure de l'Oued-Beni-Messous ;

A l'est, par une ligne droite qui longe le territoire du village de Staouéli ; passe à l'angle ouest d'une redoute, et se prolonge jusqu'à l'Oued-Staouéli, par une autre ligne droite formant un angle ouvert au sud-ouest de 164° 40' ;

Au sud, 1° La limite parcourt ce ravin jusqu'à l'angle nord-ouest des concessions de Saint-Ferdinand ;

2° De là, elle se forme par une ligne droite, limitant à l'ouest les concessions de Saint-Ferdinand, et qui vient aboutir à l'Oued-Bridjà ;

A l'ouest, elle suit ce dernier ravin jusqu'à la mer.

Art. 2. Le gouverneur-général de l'Algérie est chargé, etc.

20 Septembre — MAIRES ET ADJOINTS. — *Arrêté qui nomme le sieur Girard maire provisoire du village de Dalmatie.*

Sur la proposition de M. le directeur de l'intérieur,

1° Le sieur Girard, colon à Dalmatie, est nommé provisoirement aux fonctions de maire de ce village.

Avant d'entrer en fonctions il prêtera le serment exigé par la loi ;

2° Le directeur de l'intérieur est chargé, etc.

20 Septembre. — 24 Octobre. — AFFAIRES ARABES. — *Ordonnance royale qui nomme Abd Allah ben Aly agha de la montagne du Sud (subdivision de Tlemcen), et détermine l'étendue de son commandement.*

Louis-Philippe, etc.

(1) Voyez l'arrêté qui précède et note.

Sur le rapport de notre ministre secrétaire-d'État de la guerre, président du conseil,

Art. 1er. Sy Mohammed ben Abd Allah ben Ali est nommé agha de la montagne du Sud (subdivision de Tlemcen).

Son commandement comprendra les Ben Hédïel, les Beni Snous (subdivisés en Azaïl, Beni Bahdel, Beni Ammou, Khemis, Ouled Mousa et Ouled el Arbi, Beni Achir et Dar Heïad, Mazir el Kef, et Beni Bou Saïd) et les Ouled Anbar.

L'agha de la montagne du Sud est placé sous l'autorité immédiate du commandant de Tlemcen.

Art. 2. Notre ministre secrétaire-d'État de la guerre, président du conseil, est chargé, etc.

22 Septembre. — 3 Octobre. — TELÉGRAPHIE. — *Arrêté du Gouverneur-Général, qui désigne les fonctionnaires auxquels est attribuée la faculté de correspondre par la voie du télégraphe.*

Vu l'art. 13 de l'arrêté ministériel du 8 juin 1844, portant organisation du service télégraphique en Algérie;

Considérant que la communication entre Alger et Milianah se trouve organisée et que des mesures sont prises tant pour l'embranchement de Blidah sur Médéah que pour le prolongement de la ligne jusqu'à Orléanville;

Art. 1er. Le droit de correspondre par la voie du télégraphe est attribué au gouverneur-général et, en son absence, à l'officier-général investi du commandement supérieur, et dans les localités de la province d'Alger, où des postes télégraphiques existent déjà ou vont y être créés (Blidah, Médéah, Milianah, Orléanville), aux commandants supérieurs en résidence sur ces points.

Art. 2. Les autorités ci-après désignées, résidant au chef-lieu du Gouvernement, auront la faculté de se servir de la même voix pour la transmission des affaires de service urgentes rentrant dans leurs attributions; savoir :

Le lieutenant-général commandant la division;

Les directeurs de l'intérieur et des finances;

L'intendant militaire.

Art. 3. Dans les villes autres qu'Alger, les officiers et fonctionnaires chefs de service qui y sont employés, pourront correspondre par la voie du télégraphe, pour les affaires urgentes, en faisant viser par l'officier-général commandant la subdivision ou l'officier supérieur le suppléant, les dépêches qu'ils auront à transmettre.

Art. 4. Le directeur du service télégraphique, ainsi que les commandants supérieurs en résidence sur les divers points de la ligne, sont chargés, etc.

22 Septembre. — 7 Octobre. — MINES. — *Arrêté ministériel qui concède pour 99 ans aux sieurs Henry frères, de Marseille, les mines de cuivre et de fer existant dans la portion du territoire des Mouzaïas, délimitée audit arrêté.*

Vu la loi du 21 avril 1810, l'instruction ministérielle du 3 août suivant, et le décret du 3 janvier 1813, concernant la concession et l'exploitation des mines en France;

Vu la nécessité de se conformer à leurs principales dispositions pour les mines de l'Algérie, en attendant que cette législation y ait été rendue complètement applicable (1);

Considérant que l'utilité de l'exploitation des mines de cuivre et de fer dont les affleurements paraissent entre le col de Mouzaïa et le bois des Oliviers a été suffisamment reconnue;

Après avoir pris l'avis du gouverneur-général et du conseil d'administration de l'Algérie,

Art. 1er. Il est fait concession, pour quatre-vingt-dix-neuf ans, aux sieurs Henry frères, négociants à Marseille, des mines de cuivre et de fer existant dans la portion du territoire des Mouzaïas, délimitée ainsi qu'il suit, et conformément au plan annexé au présent arrêté, savoir :

Au nord, une ligne brisée partant du col de Mouzaïa (point A), suivant les crêtes B, C, jusqu'au point D, pic des Mouzaïas, et de là une ligne droite tirée au point E, où l'Oued-Merdjà se jette dans la Chiffa;

A l'est, le cours de la Chiffa en le remontant jusqu'au point E (1), affluent de l'Oued-M'saoud;

Au sud, le cours de la Chiffa jusqu'au point F, affluent de l'Oued-Mokahal, de là une ligne tirée jusqu'au point G, source de l'Oued-Kaïd, suivant le cours de cette rivière

(1) Voyez ci-dessous les ordonnances royales des 9 novembre et 9 décembre 1845. Voyez également ci-dessous à sa date l'arrêté ministériel du 9 novembre 1845, portant modèle des clauses à insérer dans les projets d'ordonnances de concession de mines en Algérie.

Aux termes de l'article 1 de l'ordonnance royale du 21 juillet 1845 sur les concessions, promulguée le 1 septembre suivant, les concessions de mines ne peuvent avoir lieu que par ordonnance royale.

jusqu'à son embouchure dans le Bou-Roumi, au point H, puis ensuite le Bou-Roumi jusqu'au point K, embouchure de l'Oued-Zaouïa;

A l'ouest, le cours de l'Oued-Zaouïa, en le remontant jusqu'à sa source au point L; enfin du point L, une ligne droite rejoignant le point de départ A.

Art. 2. Cette concession est faite sans garantie de la part de l'Etat, relativement aux causes de force majeure qui pourraient troubler les concessionnaires dans le cours de leur exploitation.

Art. 3. Les minerais extraits par les concessionnaires devront être, ou traités en Algérie, ou transportés en France pour y être traités. Leur exportation à l'étranger est interdite.

Art. 4. Les concessionnaires paieront à l'Etat, conformément aux dispositions du titre IV, section II, de la loi du 21 avril 1810;

1° Une redevance fixe, annuelle, de 10 fr. par kilomètre carré de surface;

2° Une redevance proportionnelle qui ne pourra s'élever audessus de cinq pour cent, soit de la valeur des minerais qui seront présentés en Douane pour être transportés en France, soit du produit des minerais qui seraient traités en Algérie, en se conformant, pour les derniers, aux dispositions du titre VII, section VI et V de la même loi. La redevance proportionnelle est fixée à cinq pour cent pour la première année d'exploitation.

Art. 5. Pour le surplus des conditions d'exploitation, les concessionnaires auront à se conformer aux dispositions reconnues applicables en Algérie et contenues dans les titres V, VII, IX et X de la loi du 21 avril 1810, ainsi qu'à celles du décret du 3 janvier 1813.

Art. 6. Il est entendu, conformément à l'article 19 de la loi du 21 avril 1810, que la présente concession, créant une propriété distincte de celle de la surface du sol, ne donne aux concessionnaires aucun droit à la possession de ladite surface.

Art. 7. Le gouverneur-général de l'Algérie est chargé, etc.

24 Septembre. —7 Octobre. — MUPHTI. —*Arrêté du Gouverneur-Général, qui nomme Sid-Ahmed ben Kaïd Omar muphti à Oran.*

Vu l'article 31 de l'ordonnance royale;

Vu la démission de Mustapha-ben-Ibrahim des fonctions de muphti à Oran;

Sur la proposition du procureur-général;

Art. 1er. Sid Ahmed ben Kaïd Omar, assesseur au tribunal d'Oran, est nommé muphti dans cette ville, en remplacement de Mustapha ben Ibrahim, démissionnaire.

Art. 2. Il jouira à ce titre d'un traitement de 1,200 fr. qui courra du jour de sa prestation de serment.

Art. 3. Le procureur-général est chargé, etc.

27 Septembre. — 4 Octobre. — MAIRES ET ADJOINTS. — Id. *qui nomme le sieur Méjanelle maire de la commune de Crescia.*

Sur la proposition de M. le directeur de l'intérieur,

1° M. Méjanelle, François, est nommé maire de la commune de Crescia.

Avant d'entrer en fonctions, il prêtera le serment exigé par la loi.

2° Le directeur de l'intérieur est chargé, etc.

27 Septembre. — 12 Octobre. — AFFAIRES ARABES. — Id. *qui nomme Sy Abd-el-Kader Ould Zin agha des Beni-Amer, et Sy Bou Noua agha des Ghosel.*

Louis-Philippe, etc.

Sur le rapport de notre ministre secrétaire-d'État de la guerre, président du conseil,

Art. 1er. Sy Abd-el-Kader Ould Zin est nommé agha des Beni Amer Cheragas, en remplacement de Sy Ahmed ben Jousef, décédé.

Sy Bou Noua est nommé Agha des Ghosel, en remplacement de Sy Larbi ben Khanfour.

Art. 2. Notre ministre secrétaire-d'État de la guerre, président du conseil, est chargé, etc.

30 Septembre. — LIEU DE RÉSIDENCE DES INDIGÈNES. — *Circulaire n° 19 de M. le Gouverneur-Général à MM. les officiers-généraux, colonels et commandants des divisions, subdivisions et cercles, et à MM. les officiers chargés des affaires arabes, sur la nécessité d'assujettir à résider, sur le territoire dépendant du commandement des chefs desquels ils relèvent, les fractions de tribus, les familles et individus indigènes qui s'en sont éloignés.*

Par suite de l'état de guerre qui a jeté pendant si longtemps le trouble au milieu des populations que nous gouvernons aujourd'hui, plusieurs familles et même des fractions entières de tribus ont quitté leur territoire pour se réfugier sur le territoire des tribus voisines, soit qu'elles y aient été contraintes par l'autorité d'Abd-el-Kader, soit qu'elles aient pris d'elles-mêmes cette détermination pour se soustraire à notre obéissance, soit pour tout autre motif de convenance particulière.

Quoi qu'il en soit, et bien que notre domination sur les Arabes se soit étendue sur l'Algérie tout entière, un grand nombre de ces familles sont demeurées sur le territoire qu'elles avaient choisi et sont restées en dehors de la juridiction de leurs chefs naturels. Cette situation anormale a des inconvénients graves, en ce qu'elle permet à quelques individus de ces familles qui n'ont aucun intérêt de propriété dans la tribu qu'ils habitent, d'échapper à la surveillance des chefs de cette tribu et de se livrer impunément à une vie d'intrigues et de brigandages.

Nous avons le plus grand intérêt à faire disparaître peu à peu ces états de choses, sans à-coup et de manière à nuire le moins possible aux intérêts nouveaux que plusieurs de ces familles se sont créés dans leurs nouvelles résidences.

Je désire, en conséquence, que vous fassiez établir, par l'officier chargé des affaires arabes dans chaque localité placée dans l'étendue de votre commandement, un état, par aghalik, des familles ou fractions de tribus qui se trouvent dans le cas indiqué ci-dessus, avec des observations qui fassent connaître le motif pour lequel elles ont émigré et celui pour lequel elles ont continué à rester sur le territoire étranger. Vous joindrez à ces observations vos réflexions sur l'urgence plus ou moins grande qu'il y aurait à faire rentrer de suite telle ou telle famille dans sa tribu, sur l'opportunité de conserver telle ou telle autre dans sa position actuelle. Vous m'exposerez enfin votre manière de voir sur l'époque la plus favorable pour faire rentrer successivement toutes celles auxquelles devra s'appliquer la mesure générale précitée.

En m'adressant ces états, vous n'attendrez pas ma décision pour faire ce qui sera raisonnable et possible.

1 — 12 Octobre. — Logements militaires. — *Arrêté du Gouverneur-Général, qui applique à la ville de Milianah les dispositions de l'arrêté ministériel du 29 octobre 1841.*

Vu l'arrêté de M. le ministre de la guerre, en date du 29 octobre 1841, sur le logement des officiers dans les places d'Alger, Constantine, Oran, Bône, et Philippeville (1);

Considérant que les constructions particulières à Milianah, offrent présentement les ressources suffisantes pour le logement des officiers de la garnison :

Art. 1er. Les dispositions de l'arrêté ministériel du 29 octobre sus-visé, sont, à partir de ce jour, rendues applicables à la ville de Milianah.

Art. 2. L'intendant militaire de la division d'Alger est chargé, etc.

1 — 21 Octobre. — Constitution de la propriété. — *Ordonnance royale relative au droit de propriété en Algérie.*

Louis-Philippe, etc.

Le comité de législation de notre conseil d'État entendu,

Sur le rapport de notre ministre secrétaire-d'État au département de la guerre, président de notre conseil des ministres (2);

---

(1) Cette ordonnance a été rendue sur le rapport ci-dessus qui en fait connaître l'esprit et les motifs.

(2) Cette ordonnance s'occupe plus particulièrement de la propriété, dans ses rapports avec l'*individu*.

D'autres ordonnances et arrêtés ont eu pour objet de régler la propriété dans ses rapports avec l'*Etat*.

Telles sont :

1° L'ordonnance royale du 21 juillet 1845, sur les concessions;

2° L'ordonnance royale du 9 novembre 1845, sur le *domaine* et *sur l'administration des biens domaniaux*;

3° L'ordonnance royale du 31 octobre 1845, sur le *séquestre*;

4° L'arrêté ministériel du 9 novembre 1845, sur les *mines*;

5° L'arrêté du gouverneur-général, sur les concessions dans les cimetières.

Les titres V et VI de l'ordonnance ci-dessus du 1er octobre 1844, sont abrogés par l'article 53 de l'ordonnance royale du 21 juillet 1846.

Voyez ci-dessous :

1° L'ordonnance royale du 21 juillet 1846 et note;

2° Les arrêtés ministériels du 27 juillet 1846;

3° Le réglement ministériel du 17 septembre 1846;

4° L'arrêté ou le réglement ministériel du 2 novembre 1846;

5° L'arrêté du gouverneur-général du 9 novembre 1846.

Cette ordonnance et ces arrêtés ou réglements forment la législation sur les terres incultes.

L'on doit encore consulter comme faisant suite à l'ordonnance royale du 21 juillet 1846, et comme complétant les dispositions des articles 47 et suivants de cette ordonnance relativement aux transmissions d'immeubles:

1° L'arrêté du 12 mars 1844;

2° Celui du 8 avril 1843;

3° L'ordonnance royale du 2• septembre 1845;

4° L'ordonnance royale du 9 novembre 1845.

(RAPPORT AU ROI

Sur le droit de propriété en Algérie du 1er *octobre* 1844.

SIRE, La sécurité dont l'Algérie est redevable à la valeur et au dévoûment de l'armée, les progrès incessants de toutes les industries, notamment de l'agriculture, l'affluence des capitaux et des bras, réclament des mesures propres à développer cette heureuse situation, que nos dernières victoires et la paix avec le Maroc viennent consolider encore.

Une commission, composée d'hommes éminents pris dans les deux chambres et dans l'administration, a été instituée le 17 décembre 1841, à l'effet d'éclairer les questions nombreuses que fait naître la position particulière du pays. La commission a préparé entre autres une série de dispositions relatives au droit de propriété en Algérie.

En matière si délicate, j'ai jugé nécessaire de prendre également l'avis du comité de législation du conseil d'État. Ce comité a examiné attentivement les difficultés qui lui étaient soumises, et m'a renvoyé, avec ses amendements, un projet d'ordonnance qui embrasse les matières suivantes:

Des acquisitions d'immeubles;

Du rachat des rentes;

Des prohibitions d'acquérir ou de former des établissements;

De l'expropriation et de l'occupation temporaire pour cause d'utilité publique;

Des terres incultes;

Des marais.

Pour ne négliger aucune précaution, j'ai communiqué cet important travail à mon collègue, M. le garde des sceaux, qui tout en approuvant le projet, a bien voulu m'adresser quelques observations que j'ai prises en considération.

J'ai moi-même étudié avec le plus grand soin les mesures proposées et je les ai trouvées conformes aux intérêts de la France et de l'Algérie, intérêts qui ne doivent jamais être séparés.

Il est d'une haute importance politique que le territoire de l'Algérie soit promptement peuplé et mis en valeur, pour empêcher que les sacrifices de l'État ne restent trop longtemps improductifs, et pour mettre l'Algérie en position de se suffire à elle-même et de parer à toutes les éventualités.

L'un des plus grands obstacles que puisse rencontrer la colonisation naît de l'incertitude ou de l'instabilité de la propriété. Sans la sécurité de la possession, point d'entreprises sérieuses. Aussi l'ordonnance que j'ai l'honneur de soumettre ici à la sanction de Votre Majesté, a-t-elle pour objet essentiel de faire cesser les situations douteuses, d'épurer, de fixer et de garantir les droits immobiliers.

L'habitude qu'ont les indigènes de vivre dans l'indivision, le nombre infini de copropriétaires d'un même immeuble qui résulte de cette indivision, le manque d'état civil chez les Arabes, le mystère qui entoure la famille musulmane, font que les acquéreurs européens ont été parfois induits en erreur sur la véritable qualité de leurs vendeurs; il est juste et urgent de régulariser leurs acquisitions.

Les immeubles en Algérie, sont généralement grevés de *habous*, c'est à dire de *substitutions*. Des craintes, exagérées d'ailleurs, se sont élevées sur la légitimité des ventes de biens substitués. Pour lever tous les doutes, il y a lieu de les valider formellement.

J'ai reconnu nécessaire de déterminer le caractère des baux à rente, dont la durée n'est pas limitée par le contrat; d'autoriser les acquéreurs à exiger les titres formant la preuve de leur droit; de faciliter la constatation de la propriété par la vérification des contenances vendues; enfin d'abréger, par une courte prescription, la durée des incertitudes qu'on ne pouvait éviter.

Les achats à rente perpétuelle ont offert aux premiers colons le moyen de devenir propriétaires sans gros débours. A mesure que la confiance s'est établie, que les transactions se sont multipliées, que les capitaux sont devenus plus abondants, les rentes perpétuelles ont perdu leur utilité primitive, et font obstacle aujourd'hui au développement de l'industrie. Le moment est venu de les déclarer rachetables au taux légal de l'intérêt de l'argent à l'époque du remboursement.

Les enseignements de l'expérience donnent au gouvernement le droit et le devoir de ne point se départir de sa prérogative de haute tutelle sur la marche de la colonisation, et la prudence conseille de déterminer les circonscriptions assignées aux établissements européens, afin de leur imprimer cette force de cohésion et d'ensemble qui assure le succès.

L'expropriation pour cause d'utilité publique comporte actuellement des règles appropriées aux progrès qu'a faits le pays.

La première période qui a suivi la conquête a été consacrée à déblayer le terrain; à préparer les bases de la colonisation, c'était le temps des mesures énergiques;

Une ère nouvelle s'ouvre. Il s'agit de donner des garanties à la propriété sérieuse qui se fonde.

L'expropriation pour cause d'utilité publique ne sera admise que dans des cas nettement définis et conformes aux principes du droit commun. C'est le ministre qui déclarera l'utilité publique et prononcera l'expropriation. Toutes précautions sont prises pour que les parties intéressées puissent présenter utilement leurs réclamations.

Ne pouvant confier, comme en France, le réglement de l'indemnité à un jury spécial dont les éléments n'existent point encore en Algérie, je propose de l'attribuer à la justice ordinaire.

L'indemnité sera liquidée en une somme capitale. Cette somme sera payée ou consignée avant la prise de possession, conformément à la fixation faite par le tribunal. Dans les cas d'urgence même, il y aura lieu à la consignation de la somme provisionnelle que déterminera le tribunal, et c'est sur le vu du procès-verbal de consignation que le président du tribunal ordonnera l'envoi en possession.

Cette protection, ce respect pour la propriété, fruit du travail, de l'industrie et des capitaux, iront audevant de toutes les craintes, exciteront au plus haut point la confiance, et par là aideront puissamment l'administration dans l'accomplissement de l'œuvre considérable et nationale de la colonisation.

A côté des encouragements que mérite le travail, il est juste de placer des mesures d'intérêt public, indispensables pour accélérer la mise en culture des terres. La colonisation ne saurait être, sans péril, ni retardée par les interminables procès qu'entraîneraient la recherche, la reconnaissance et la délimitation des propriétés, ni paralysée par l'inertie, le calcul ou le mauvais vouloir de détenteurs de terres incultes.

Le ministre de la guerre déterminera les territoires assignés à la culture par des arrêtés insérés au *Moniteur Algérien*. Les terres incultes comprises dans ces territoires, et dont la propriété particulière n'aura point été justifiée dans le délai de trois mois, à partir de l'insertion des arrêtés au *Moniteur*, seront réputées vacantes, et l'administration pourra en disposer par voie de concession. Si, plus tard, le propriétaire prétendu prouve son droit, il recevra, à titre d'indemnité, des terres pareillement incultes et d'égale étendue.

Dans tous les cas, les terres laissées incultes dans les territoires de colonisation seront soumises à un impôt spécial et annuel de *cinq francs* par hectare. Cet impôt diminuera dans la proportion des terres cultivées dans l'année.

Tout territoire qui jouit de la protection de l'Etat doit contribuer aux charges de cette protection ; les propriétés coloniales en ont été affranchies à titre d'encouragement au travail ; mais le travail seul doit être encouragé. Maintenant que, dans un intérêt public, l'Etat multiplie ses sacrifices pour fertiliser l'Algérie, il est juste que ceux qui, loin de l'aider, contrarieraient ses bienfaisantes vues, portent la peine de leur incurie ou de leur égoïsme.

Les marais, foyers d'insalubrité, sont un fléau public : leur dessèchement ne peut être fait que par les soins de l'administration, à raison des travaux d'ensemble et de la dépense majeure qu'il nécessitera. Depuis des siècles, les marais sont abandonnés, et constituent des biens vacants. L'intérêt public veut que l'administration puisse en disposer immédiatement, sauf à faire une part équitable au propriétaire qui justifierait de son droit.

Telles sont, Sire, les principales matières de l'ordonnance que j'ai l'honneur de soumettre à la sanction de Votre Majesté, et qui, je n'en doute pas, exercera une décisive influence sur la prospérité de l'Algérie.

Bientôt deux autres projets d'ordonnance dont le comité de législation du conseil d'Etat n'a point encore terminé l'examen, et qui se rapportent, l'un au séquestre, l'autre à l'aliénation des biens domaniaux et aux concessions, seront pareillement soumis à Votre Majesté, et viendront compléter les dispositions destinées à régir la propriété en Algérie.)

TITRE Ier.

Des acquisitions d'immeubles.

Art. 1er. Les ventes et autres actes translatifs de propriété, antérieurs à la présente ordonnance, consentis à des Européens, au nom de propriétaires indigènes, et dans lesquels, sans mandat spécial, les cadis auront stipulé pour des mineurs ou des absents, les maris pour leurs femmes, les pères pour leurs enfants, gendres ou belles-filles, les frères pour leurs frères, sœurs ou alliés au même degré, les chefs de famille pour les membres de la famille placés sous leur protection, présents ou absents, ne pourront être argués de nullité à raison de l'insuffisance des pouvoirs des cadis, maris, pères frères et chefs de famille, sauf le recours des ayants-droit, s'il y a lieu, contre ceux qui auront agi en leur nom.

Ne pourra être contestée la validité des procurations écrites ou données devant témoins, en vertu desquelles il aura été procédé aux actes ci-dessus, lorsque ces procurations auront été, avant la vente, reconnues suffisantes et certifiées par le cadi.

Art. 2. Tout bail à rente, ou par annuité,

dont la durée n'est pas fixée par le contrat, est considéré comme perpétuel, et emporte transmission définitive et irrévocable des immeubles qui en sont l'objet.

La rente ou l'annuité stipulée est également considérée comme perpétuelle, sauf l'exercice de la faculté de rachat par le débiteur.

Art. 3. Aucun acte translatif de propriété d'immeuble consenti par un indigène, au profit d'un Européen, ne pourra être attaqué par le motif que les immeubles étaient inaliénables, aux termes de la loi musulmane.

Art. 4. Toutes les fois que l'État ou un Européen seront en cause, comme demandeur ou défendeur, les actions en revendication d'immeubles, en nullité ou en rescision de ventes ou autres actes translatifs de propriété, et en général toutes les actions réelles, seront portées devant les tribunaux français de la situation des immeubles, et jugées d'après les lois françaises, combinées avec la présente ordonnance et les dispositions antérieures.

Art. 5. Le dernier paragraphe de l'art. 1er, et des art. 2, 3 et 4 ci-dessus, sont applicables aux ventes antérieures à la promulgation de la présente ordonnance, comme à celles qui auront lieu ultérieurement.

Art. 6. Dans les ventes d'immeubles ruraux, antérieures à la présente ordonnance, et qui n'auront pas été faites à raison de tant la mesure, l'indication de la contenance ne donnera lieu à une diminution de prix pour l'insuffisance, ou à un supplément de prix pour excédant de mesure, qu'autant que la différence de la mesure réelle à celle exprimée au contrat, sera de plus du tiers de la mesure réelle.

L'action en diminution de prix de la part de l'acquéreur, ou en supplément de prix de la part du vendeur, devra, sous peine de déchéance, être intentée dans l'année de la promulgation de la présente ordonnance.

Art. 7. Toute action en nullité ou en rescision de ventes antérieures à la présente ordonnance, ou en revendication d'immeubles compris dans ces ventes, devra, sous peine de déchéance, être intentée dans les deux ans de la promulgation de la présente ordonnance, sans préjudice des prescriptions et déchéances qui seraient encourues avant ce terme.

Ce délai court contre les interdits, les mineurs et les femmes mariées, sauf leur recours, s'il y a lieu, contre qui de droit.

Les ventes qui auront lieu à l'avenir demeurent soumises aux dispositions du code civil.

Art. 8. Les acquéreurs d'immeubles pourront, à toute époque, exiger de ceux de leurs auteurs médiats ou immédiats, qui sont détenteurs des titres de propriété, la remise ou le dépôt de ces titres en l'étude d'un notaire. L'action sera portée devant le tribunal de la situation des immeubles. Le tribunal ne pourra statuer qu'après que l'administration du domaine aura été mise en cause pour surveiller ses droits.

S'il est dû, pour le prix ou pour partie du prix des immeubles, soit une rente, soit les intérêts d'un prix à terme, le débiteur pourra en suspendre le paiement durant le procès, tant à l'égard du vendeur qu'envers son cessionnaire; sans préjudice des dommages-intérêts, s'il y a lieu.

Art. 9. L'action en production de titres ne pourra être intentée à raison des ventes antérieures à la promulgation de la présente ordonnance que dans le délai de deux ans, à partir de cette promulgation.

Art. 10. Lorsque le domaine aura vendu comme sien un immeuble non occupé et que la propriété de cet immeuble sera revendiquée par un tiers, la vente faite par le domaine sera maintenue, et si les droits du réclamant sont reconnus valables, l'État lui restituera le prix qu'il aura perçu et le subrogera à tous ses droits à raison du prix restant dû ou de la rente constituée.

A l'avenir, le domaine sera autorisé à vendre les immeubles sur lesquels personne n'aura fait acte public de possession. Avis de cette vente sera publié trois mois à l'avance dans le *Moniteur Algérien*. Le propriétaire qui n'aura pas fait de réclamation dans ledit délai de trois mois ne pourra, après la vente, exercer d'autre droit que celui de demander la restitution du prix payé et de se faire subroger aux droits du domaine en ce qui concerne le prix à payer ou la rente stipulée.

TITRE II.

Du rachat des rentes.

Art. 11. Toute rente perpétuelle, constituée ou à constituer, pour prix de vente ou de concession d'un immeuble, ou pour cession d'un droit immobilier, au profit des particuliers, de corporations ou du domaine, est essentiellement rachetable, nonobstant toute coutume ou stipulations contraires.

Les parties peuvent seulement convenir que le rachat ne sera pas fait avant un délai qui ne pourra pas excéder dix ans, ou sans avoir averti le créancier au terme d'avance qu'elles auront déterminé.

Art. 12. Le rachat s'effectuera au taux légal de l'intérêt de l'argent, tel qu'il se trouvera fixé pour l'Algérie, à l'époque du remboursement.

Toute convention ou disposition contraire sera considérée comme non écrite.

Art. 13. Le rachat des rentes dues au domaine ou aux établissements de piété, de charité ou d'utilité publique, s'effectuera sur les bases fixées par l'article précédent.

Art. 14. Si le créancier n'accepte pas le rachat, le débiteur peut lui faire des offres réelles ; et au refus du créancier de les accepter, consigner le capital dans le dépôt public établi pour recevoir les consignations.

Par l'acte de notification des offres réelles, le créancier sera averti des lieu, jour et heure auxquels la consignation sera effectuée ; il sera sommé d'y assister. S'il ne se présente pas, le procès-verbal de consignation lui sera notifié, avec sommation de retirer les sommes consignées.

Art. 15. Tout débiteur envers le domaine, d'une ou plusieurs rentes établies pour aliénation ou concession de biens, aura la faculté d'offrir en compensation de sa dette, et jusqu'à due concurrence, une ou plusieurs rentes liquidées à la charge du domaine, et provenant de cession ou d'expropriation d'immeubles.

TITRE III.

Des prohibitions d'acquérir ou de former des établissements.

Art. 16. Nul officier des armées de terre ou de mer, nul fonctionnaire ou employé militaire ou civil salarié ne pourra, pendant la durée de son service en Algérie, y acquérir des propriétés immobilières, directement ou indirectement, par lui-même ou par personnes interposées, ou devenir preneur ou locataire de semblables propriétés par bail excédant neuf années, s'il n'a obtenu de notre ministre de la guerre une autorisation spéciale(1).

Art. 17. L'autorisation sera délivrée, s'il y a lieu, sur l'avis motivé du gouverneur-général et du conseil d'administration.

Art. 18. Les acquisitions d'immeubles faites contrairement aux prohibitions portées en l'art. 16 seront nulles.

La nullité de la vente ou du bail sera prononcée par le tribunal civil, sur la demande de toute partie intéressée ou sur l'action d'office du ministère public. Le tribunal statuera en même temps, s'il y a lieu, sur les dommages-intérêts réclamés.

Art. 19. Sont nulles de plein droit toutes acquisitions à titre onéreux d'immeubles situés même dans les territoires régis par la présente ordonnance, si lesdits immeubles ne sont pas renfermés dans les limites qui seront successivement assignées aux établissements européens et à la colonisation par des arrêtés de notre ministre de la guerre rendus après avis du conseil d'administration du gouverneur-général, et publiés au journal officiel de la colonie (1).

Un plan certifié, indiquant le périmètre des circonscriptions ainsi limitées, sera annexé à chacun des arrêtés de notre ministre de la guerre ; une copie, également certifiée, demeurera déposée au greffe du tribunal civil, pour être donnée en communication, sans frais, à toute partie intéressée.

Art. 20. Sont exceptées de la prohibition portée en l'article précédent :

1° Les acquisitions faites par l'administration pour des services publics ;

2° Les acquisitions faites par des particuliers pour des établissements d'industrie et de commerce formés en dehors des limites ci-dessus fixées, pourvu que ceux qui les ont fondés aient obtenu une autorisation spéciale et personnelle, délivrée dans les formes prescrites par l'art. 17.

Art. 21. Les actes prohibés par l'art. 19 ne pourront, en aucun cas, produire effet, alors même que les biens qui en auraient été l'objet deviendraient ultérieurement susceptibles de libre transmission en faveur des colons, par l'extension du territoire assigné à la colonisation.

Art. 22. Tous notaires, cadis ou rabbins qui prêteraient leur ministère pour les actes interdits par la présente ordonnance seront, selon la gravité des cas, suspendus ou révoqués, sans préjudice, s'il y a lieu, de dommages-intérêts envers les parties.

Art. 23. Sont valables et sortiront leur plein et entier effet les acquisitions d'immeubles situés en dehors des limites assignées à la colonisation, si ces actes sont antérieurs à la promulgation de la présente ordonnance, et si les acquéreurs s'en sont mis en possession.

Si, par l'effet de la force majeure, l'ac-

(1) Cette disposition éminemment exceptionnelle, a été inspirée par le désir de prévenir des *abus de position*. Elle a été et est encore religieusement exécutée. Une décision ministérielle du 18 mars 1847, porte de plus, que l'autorisation spéciale dont il s'agit ne peut s'étendre à des autorisations indéterminées.

(1) Les prohibitions générales d'acquérir sont définitivement réglées par les articles 47 et suivants de l'ordonnance royale du 21 juillet 1846. *Voy.* ces articles.

quéreur n'a pu se mettre ou se maintenir en possession desdits immeubles, la vente pourra être résiliée. Toute action, à cet effet, devra être intentée dans le délai de six mois, à compter de la promulgation de la présente ordonnance.

En cas de résiliation, le capital stipulé sera restitué; mais il ne pourra être ordonné de restitution, soit des arrérages payés, soit des fruits perçus.

TITRE IV.

De l'expropriation et de l'occupation temporaire pour cause d'utilité publique.

CHAPITRE PREMIER.

Formes de l'expropriation.

Art. 24. L'expropriation pour cause d'utilité publique sera prononcée dans les cas et dans les formes ci-après déterminés, sauf les exceptions portées aux art. 107 et 111 de la présente ordonnance.

Art. 25. L'expropriation pour cause d'utilité publique ne pourra avoir lieu que :

1o Pour la fondation de villes, villages ou autres centres de population ;

2o Pour l'agrandissement des enceintes de tous ces centres de population ;

3o Pour tous travaux relatifs à la défense et à l'assainissement du territoire ;

4o Et pour toutes autres causes pour lesquelles la loi du 3 mai 1841 autorise l'expropriation.

Art. 26. Lorsqu'il y aura lieu de déclarer l'utilité publique, un avis indiquant la nature et la situation des travaux à entreprendre et des établissements à former sera, à la diligence du gouverneur-général, inséré dans le journal officiel de l'Algérie et affiché au siége de la justice de paix, et à défaut de justice de paix, au chef-lieu du commissariat civil.

Pendant dix jours, à partir de ces insertions et affiches, les propriétaires et autres intéressés seront admis à consigner leurs observations sur un registre ouvert, pour la province d'Alger, à la direction de l'intérieur, et pour les autres provinces, à la sous-direction de l'intérieur.

Toutefois, dans les portions du territoire qui seront formées en district, ces observations pourront être faites au commissariat civil du district.

Les observations des propriétaires et autres intéressés seront soumises au conseil d'administration qui en constatera sommairement les résultats.

La déclaration d'utilité publique ne pourra être faite qu'après l'accomplissement de ces formalités : elle sera rendue par notre ministre de la guerre, sur les avis du conseil d'administration et du gouverneur-général.

Art. 27. Extrait de la décision ministérielle portant déclaration d'utilité publique, et indiquant, en outre, les immeubles qui doivent être soumis à l'expropriation, leur

---

(1) Ce titre IV forme la législation sur la matière, pour les *portions de l'Algérie qui se trouvent comprises dans le ressort des tribunaux civils de première instance*, aux termes de l'article 113 ci-dessous.

L'arrêté du 9 décembre 1841 continue d'être applicable aux terres incultes, conformément à l'article 107 ci-dessous.

Le titre IV ci-dessus a eu pour rapporteur dans la commission *de colonisation* M. Dumon, aujourd'hui ministre des travaux publics. Il tend à se rapprocher de la législation de la métropole, tout en tenant compte de la situation, sous beaucoup de rapports, exceptionnelle de l'Algérie.

Notons quelques uns des caractères distinctifs de la législation nouvelle, comparativement à l'arrêté de 1841 ou à la législation de la métropole.

L'enquête d'utilité publique qui n'est que facultative d'après l'arrêté de 1841, devient obligatoire, conformément à l'article 26 de l'ordonnance royale du 1er octobre 1844.

2° Les cas d'expropriation sont plus nombreux dans la législation algérienne que dans celle de la métropole.

3° L'exproprié doit justifier de ses droits de propriété, « En France, disait M. Dumon, on n'exige pas du propriétaire qu'il preuve sa propriété; si son droit en cette qualité est contesté, il l'est par des tiers qu'on renvoie à se pourvoir devant les tribunaux; il n'en pouvait être de même en Algérie. Le fait de la propriété n'a ni la même évidence, ni la même authenticité dans la plaine de la Mitidja que dans celle de la Beauce; il ne peut donc fonder la même présomption légale. »

4° L'indemnité est réglée par la justice ordinaire, au lieu de l'être arbitrairement par l'administration comme dans l'arrêté de 1841 ou par un jury spécial, comme dans la législation de la métropole, et elle est payée ou consignée préalablement à la mise en possession.

5° Les fermiers et locataires sont admis à réclamer directement les indemnités qui peuvent leur être dues, d'après le principe de la loi française qu'avait méconnu l'arrêté de 1841.

6° L'indemnité est payée en capital au lieu de l'être en rentes, comme le prescrivait l'arrêté de 1841.

7° Dans le cas d'expropriation pour occupation temporaire, le droit est donné au propriétaire, après trois années d'occupation, d'offrir le délaissement de son immeuble et d'en demander la valeur. Ce principe ne se trouve point dans la législation de la métropole.

Le texte des articles 113 et 107 combinés de l'ordonnance ci-dessus, donne lieu à une observation très importante, c'est qu'il n'y aurait point de législation en matière de propriété pour les parties de territoire qui ne seraient pas comprises dans le ressort des tribunaux de première instance, s'il ne s'agissait point de terres incultes. Cette lacune frappera sans doute le législateur.

nature, leur situation et leurs propriétaires, s'ils sont connus, sera inséré dans le journal officiel de l'Algérie et affiché aux lieux déterminés au paragraphe 1er de l'article précédent.

Les observations des propriétaires et autres parties intéressées seront reçues dans les formes et délais déterminés au même article, et soumises au conseil d'administration, qui en constatera sommairement les résultats.

Art. 28. L'expropriation sera prononcée par une décision de notre ministre de la guerre, rendue sur l'avis du conseil d'administration et sur celui du gouverneur-général.

Toutes les pièces de l'instruction seront, à cet effet, transmises à notre ministre de la guerre par le gouverneur-général. Les parties intéressées pourront adresser au même ministre leurs réclamations ou observations, indépendamment de celles qui auront été faites conformément à l'article précédent.

Extrait de la décision portant indication des immeubles expropriés, avec les désignations portées en l'article précédent, sera publié et affiché sans délai, de la même manière que la décision déclarative de l'utilité publique.

Pareil extrait sera notifié aux propriétaires intéressés.

CHAPITRE II.

Effets de l'expropriation quant aux priviléges, hypothèques et autres droits réels.

Art. 29. Immédiatement après la notification prescrite par l'article précédent, la décision ministérielle portant expropriation sera transcrite, sans frais, au bureau de la conservation des hypothèques, conformément à l'article 2181 du code civil.

Art. 30. Dans la quinzaine de la transcription, les priviléges et les hypothèques conventionnelles, judiciaires et légales, antérieurs à la publication de la décision, seront inscrits.

A l'expiration de ce délai, l'immeuble exproprié deviendra libre de tout privilége et de toute hypothèque non encore inscrits, de quelque nature qu'ils soient, sans préjudice du recours contre les maris, tuteurs et autres administrateurs qui auraient dû requérir ces inscriptions, et les droits des créanciers, des femmes, mineurs, interdits et de l'État, seront transportés sur le montant de l'indemnité tant qu'elle n'aura pas été payée, ou que l'ordre n'aura pas été définitivement réglé.

Les créanciers inscrits n'auront, dans aucun cas, la faculté de surenchérir; mais ils pourront exiger que l'indemnité soit fixée par l'autorité judiciaire, conformément aux dispositions ci-après.

Art. 31. Les actions en résolution ou en revendication, et toutes autres actions réelles, ne pourront arrêter l'expropriation ni en empêcher l'effet. Le droit des réclamants sera transporté sur le prix, et l'immeuble en demeurera affranchi.

CHAPITRE III.

Réglement, attribution et paiement de l'indemnité.

Art. 32. Le propriétaire qui voudra faire valoir ses droits à l'indemnité sera tenu de justifier de son droit de propriété. Les titres et autres documents qu'il aura produits seront communiqués au directeur des finances, qui procédera à leur examen, et prendra ou provoquera telles mesures qu'il jugera convenables pour la conservation des intérêts du domaine.

Art. 33. Dans la huitaine qui suit la notification prescrite par l'article 28, le propriétaire est tenu d'appeler et de faire connaître à l'administration, les fermiers, locataires, ceux qui ont des droits d'usufruit, d'usage ou d'habitation, tels qu'ils sont réglés par le code civil, et ceux qui peuvent réclamer des servitudes résultant des titres mêmes du propriétaire ou d'autres actes dans lesquels il serait intervenu; sinon il restera seul chargé envers eux des indemnités que ces derniers pourront réclamer.

Les autres intéressés seront en demeure de faire valoir leurs droits par l'avertissement énoncé en l'article 28, et tenus de se faire connaître à l'administration dans le même délai de huitaine; à défaut de quoi ils seront déchus de tous droits à l'indemnité.

Art. 34. Les dispositions de la présente ordonnance, relatives aux propriétaires et à leurs créanciers, sont applicables à l'usufruitier et à ses créanciers.

Art. 35. Dans la huitaine de la notification prescrite par l'article 28, l'administration notifiera aux propriétaires et à tous autres intéressés qui auront réclamé les sommes qu'elle offre pour indemnités.

Art. 36. Dans la quinzaine suivante, les propriétaires et autres intéressés sont tenus de déclarer leur acceptation, ou, s'ils n'acceptent pas les offres qui leur sont faites, d'indiquer le montant de leurs prétentions.

Ils seront également tenus de déclarer, dans le même délai, à peine de déchéance, s'ils requièrent l'expropriation entière des bâtiments, dont une portion seulement serait comprise dans l'expropriation pour cause d'utilité publique.

Art. 37. Si, dans le délai ci-dessus, les offres de l'administration ne sont pas acceptées, l'administration citera les propriétaires et tous les autres intéressés devant le tribunal civil de première instance de la situation de l'immeuble exproprié, pour qu'il y soit procédé au réglement de l'indemnité.

La citation contiendra l'énonciation des offres qui auront été faites, et les moyens à l'appui.

Art. 38. Dans la huitaine de la citation, les parties assignées signifieront leurs demandes et les moyens à l'appui.

A l'expiration de ce délai, le tribunal pourra se transporter sur les lieux, ou déléguer à cet effet un ou plusieurs de ses membres.

Il fixera, par le même jugement, le jour et l'heure où le transport devra s'effectuer, et nommera d'office, s'il y a lieu, un ou plusieurs experts.

Art. 39. Le tribunal, ou, le cas échéant, le juge-commissaire, parties présentes ou dûment appelées, fera sur les lieux toutes vérifications, y prendra tous renseignements, ou entendra toutes personnes qu'il croira pouvoir l'éclairer.

Les experts prêteront serment, et procéderont en la forme ordinaire.

Les opérations terminées, la minute du procès-verbal sera remise au greffe du tribunal, dans les huit jours.

Lorsque le procès-verbal aura été déposé, le tribunal délibérera, en chambre du conseil, toutes affaires cessant, sur les mémoires produits et sur les conclusions écrites du ministère public. Le jugement sera prononcé en audience publique.

Art. 40. Le tribunal appréciera la sincérité des titres produits, et les actes et circonstances qui seront de nature à modifier l'évaluation de l'indemnité.

Si l'exécution des travaux qui ont motivé l'expropriation doit procurer une augmentation de valeur immédiate et spéciale au restant de la propriété, cette augmentation sera prise en considération dans l'évaluation du montant de l'indemnité.

Art. 41. Si le tribunal acquiert la conviction que des ouvrages ou travaux quelconques ont été faits par le propriétaire, de mauvaise foi et dans la vue d'obtenir une indemnité plus élevée, le tribunal devra, selon les circonstances, rejeter ou réduire la valeur de ces ouvrages ou travaux.

Art. 42. Si dans les six mois, à compter de la décision ministérielle prononçant l'expropriation, l'administration ne poursuit pas la fixation de l'indemnité, les parties pourront exiger qu'il soit procédé à cette fixation.

Quand l'indemnité aura été réglée, si elle n'est acquittée ni consignée dans les six mois du jugement du tribunal, les intérêts courront de plein droit à l'expiration de ce délai.

Art. 43. Le tribunal accordera des indemnités distinctes aux parties qui les réclameront à des titres différents, comme propriétaires, fermiers, locataires, ou en toute autre qualité.

Dans le cas d'usufruit, le tribunal ne fixera qu'une seule indemnité, égale à la valeur totale de l'immeuble; le nu propriétaire et l'usufruitier exerceront leurs droits sur le montant de l'indemnité, au lieu de l'exercer sur la chose.

L'usufruitier sera tenu de donner caution. Les pères et mères ayant l'usufruit légal des biens de leurs enfants en sont seuls dispensés.

Art. 44. L'indemnité allouée par le tribunal ne pourra, en aucun cas, être inférieure aux offres de l'administration, ni supérieure à la demande de la partie intéressée.

Art. 45. La décision du tribunal, seulement en ce qui concerne la fixation du montant de l'indemnité, sera souveraine et sans appel.

Art. 46. Les frais de l'instance en réglement de l'indemnité seront supportés comme il suit :

Si l'indemnité réglée par le tribunal ne dépasse pas l'offre de l'administration, les parties qui l'auront refusée seront condamnées aux dépens.

Si l'indemnité est égale à la demande des parties, l'administration sera condamnée aux dépens.

Si l'indemnité est à la fois supérieure à l'offre de l'administration et inférieure à la demande des parties, les dépens seront compensés de manière à être supportés par les parties et par l'administration dans la proportion et la demande avec l'indemnité de l'offre réglée.

Tout indemnitaire qui n'aura pas indiqué le montant de ses prétentions, conformément à l'art. 36, sera, dans tous les cas, condamné aux dépens.

Art. 47. L'indemnité sera liquidée en une somme capitale.

Toutefois, si l'immeuble exproprié est grevé d'une rente valablement constituée pour prix de la transmission du fonds, cette rente ne sera pas comprise dans la liquidation. L'indemnité, en ce cas, consistera dans la somme que l'immeuble sera jugé valoir en sus de la rente.

L'administration aura l'option de continuer le service de la rente ou de la racheter au taux légal.

Art. 48. L'administration ne pourra se mettre en possession des immeubles qu'après avoir délivré aux propriétaires expropriés le montant de l'indemnité ou en avoir fait la consignation.

Art. 49. S'il s'élève des contestations relatives à l'attribution de l'indemnité, le tribunal en ordonnera la consignation pour le compte de qui il appartiendra.

La consignation sera également ordonnée si l'immeuble est chargé d'inscriptions hypothécaires, ou s'il s'élève des oppositions ou autres empêchements à la délivrance de l'indemnité.

Les titres de liquidation ne seront délivrés par l'administration que sur le vu d'un jugement ou d'un arrêt définitif, ou sur une transaction régulière et authentique.

CHAPITRE IV.

De l'occupation temporaire.

Art. 50. Dans le cas où l'exécution des travaux d'utilité publique définis dans l'art. 25 nécessitera l'occupation temporaire d'un immeuble en tout ou en partie, il sera procédé de la manière suivante :

Art. 51. L'occupation temporaire sera autorisée par décision rendue par notre ministre de la guerre, sur l'avis motivé du conseil d'administration et sur celui du gouverneur-général.

Dans les trois jours de la réception de l'arrêté de notre ministre de la guerre, le directeur de l'intérieur transmettra ampliation dudit arrêté au procureur du roi près le tribunal de l'arrondissement où seront situées les propriétés qu'il s'agira d'occuper, et au maire de la commune de leur situation.

Sur le vu de cet arrêté, le procureur du roi requerra de suite, et le tribunal ordonnera immédiatement que l'un des juges se transporte sur les lieux, avec un expert que le tribunal nommera d'office.

Le maire fera, sans délai, publier l'arrêté par affiche, tant à la principale porte de l'église du lieu qu'à celle de la maison commune, et par tous les autres moyens possibles. Les publications et affiches seront certifiées par ce magistrat.

Art. 52. Dans les trois jours, le juge-commissaire rendra, pour fixer le jour et l'heure de sa descente sur les lieux, une ordonnance qui sera signifiée à la requête du procureur du roi, au maire de la commune où le transport devra s'effectuer, et à l'expert nommé par le tribunal.

Le transport s'effectuera dans les dix jours de cette ordonnance, et seulement huit jours après la signification dont il vient d'être parlé.

Le maire, sur les indications qui lui seront données par l'agent de l'administration chargé de la direction des travaux, convoquera, au moins cinq jours à l'avance, pour le jour et l'heure indiqués par le juge-commissaire :

1° Les propriétaires intéressés, et, s'ils ne résident pas sur les lieux, leurs agents, mandataires ou ayant cause ;

2° Les usufruitiers ou autres personnes intéressées, telles que fermiers, locataires ou occupants à quelque titre que ce soit.

Les personnes ainsi convoquées pourront se faire assister par un expert ou arpenteur.

Art. 53. Un agent de l'administration du domaine, désigné par le directeur des finances, et un expert ingénieur, architecte ou arpenteur, choisi par le directeur de l'intérieur, se transporteront sur les lieux, au jour et à l'heure indiqués pour se réunir au juge-commissaire, au maire ou à l'adjoint, à l'agent chargé des travaux et à l'expert désigné par le tribunal. Le juge-commissaire recevra le serment préalable des experts sur les lieux et il en sera fait mention au procès-verbal.

L'agent chargé des travaux déterminera, en présence de tous, par des pieux et piquets, le périmètre du terrain dont l'exécution des travaux nécessitera l'occupation.

Cette opération achevée, l'expert désigné par le directeur de l'intérieur procédera immédiatement et sans interruption, de concert avec l'agent de l'administration du domaine, à la levée du plan parcellaire, pour indiquer, dans le plan général de circonscription, les limites et la superficie des propriétés particulières.

Art. 54. L'expert nommé par le tribunal dressera un procès-verbal qui comprendra :

1° La désignation des lieux, cultures, plantations, clôtures, bâtiments et autres accessoires du fonds. Cet état descriptif devra être assez détaillé pour servir de base à l'appréciation de la valeur foncière, et, en cas de besoin, de la valeur locative, ainsi que des dommages-intérêts résultant des changements ou dégâts qui pourront avoir lieu ultérieurement ;

2° L'estimation de la valeur foncière et locative de chaque parcelle de ces dépendances, ainsi que de l'indemnité qui pourra être due pour frais de déménagement, pertes de récoltes, détériorations d'objets mobiliers ou tous autres dommages.

Ces diverses opérations auront lieu contradictoirement avec l'agent de l'administration du domaine et l'expert nommé par le directeur de l'intérieur, avec les parties intéressées, si elles sont présentées, ou avec l'expert qu'elles auront désigné, si elles sont absentes et qu'elles n'aient pas nommé d'expert; ou si elles n'ont poins le libre exercice de leurs droits un expert sera désigné d'office par le juge-commissaire pour les représenter.

Art. 55. L'expert nommé par le tribunal devra, dans son procès-verbal :

1° Indiquer la nature et la contenance de chaque propriété, la nature des constructions, l'usage auquel elles sont destinées, les motifs des évaluations diverses, et le temps qu'il paraît nécessaire d'accorder aux occupants pour évacuer les lieux;

2° Transcrire l'avis de chacun des autres experts et les observations et réquisitions, telles qu'elles lui seront faites, de l'agent chargé des travaux, du maire, de l'agent du domaine et des parties intéressées ou de leurs représentants.

Chacun signera ses dires, ou mention sera faite de la cause qui l'en empêche.

Art. 56. Lorsque les propriétaires, ayant le libre exercice de leurs droits, consentiront à la cession qui leur sera demandée et aux conditions qui leur seront offertes par l'administration, il sera passé entre eux et le directeur de l'intérieur un acte de bail ou de vente, qui sera rédigé dans la forme des actes d'administration, et dont la minute restera déposée aux archives de la direction de l'intérieur.

Art. 57. Dans le cas contraire, sur le vu de la minute du procès-verbal dressé par l'expert et de celui du juge-commissaire qui aura assisté à toutes les opérations, le tribunal, dans une audience tenue aussitôt après le retour de ce magistrat, déterminera, sans retard et sans frais :

1° L'indemnité de déménagement à payer aux détenteurs avant l'occupation;

2° L'indemnité approximative et provisionnelle de dépossession qui devra être consignée, sauf réglement ultérieur et définitif, préalablement à la prise de possession.

Art. 58. Le même jugement autorisera le directeur de l'intérieur à se mettre en possession, à la charge :

1° De payer sans délai l'indemnité de déménagement soit au propriétaire, soit au locataire;

2° De signifier avec le jugement l'acte de consignation de l'indemnité provisionnelle de dépossession.

Ledit jugement déterminera le délai dans lequel, à compter de l'accomplissement de ces formalités, les détenteurs seront tenus d'abandonner les lieux. Ce délai ne pourra excéder cinq jours pour les propriétés non bâties, et dix jours pour les propriétés bâties.

Le jugement sera exécutoire nonobstant appel ou opposition.

Art. 59. Aussitôt après la prise de possession, le tribunal procédera au réglement définitif de l'indemnité de dépossession.

L'indemnité annuelle, représentative de la valeur locative de la propriété et du dommage résultant du fait de la dépossession, sera payée, par moitié, de six en six mois, au propriétaire et au fermier, le cas échéant.

Lors de la remise des terrains qui n'auront été occupés que temporairement, l'indemnité due pour les détériorations causées par les travaux, ou pour la différence entre l'état des lieux au moment de la remise, et l'état constaté par le procès-verbal descriptif, sera payée, sur le réglement amiable ou judiciaire, soit au propriétaire, soit au fermier ou exploitant, et selon leurs droits respectifs.

Art. 60. Lorsque des terrains seront occupés temporairement pour l'extraction des pierres ou autres matériaux nécessaires aux travaux publics, il ne sera dû de dédommagement au propriétaire que pour la destruction des bâtiments ou clôtures, pour la perte des récoltes pendantes et pour la diminution de valeur que les terrains auraient subie par suite des travaux de l'administration.

Il n'y aura lieu à faire entrer dans l'estimation la valeur des matériaux à extraire, que dans le cas où l'administration s'emparerait d'une carrière ou minière déjà en exploitation. Dans ce cas les matériaux seront évalués d'après leur prix courant, abstraction faite de la hausse occasionnée par le travail d'utilité publique pour lequel ils seraient pris.

Art. 61. Si l'occupation temporaire se prolonge plus de trois ans, le propriétaire aura le droit d'exiger la prise de possession définitive par une déclaration expresse notifiée à l'administration; en ce cas, il sera procédé à l'expropriation, conformément aux dispositions de la présente ordonnance, et l'indemnité sera réglée eu égard à l'état et à la consistance de l'immeuble, tels qu'ils auront été constatés par les procès-verbaux mentionnés aux art. 54 et 55.

CHAPITRE V.

De la prise de possession en cas d'urgence.

Art. 62. Lorsqu'il y aura urgence de

prendre possession des terrains et bâtiments qui seront soumis à l'expropriation, l'urgence sera spécialement déclarée par une décision de notre ministre de la guerre.

Art. 63. En ce cas, la décision portant expropriation, et celle qui déclare l'urgence, seront notifiées au propriétaire, avec assignation devant le tribunal civil. L'assignation sera donnée à huit jours au moins, outre le délai des distances, s'il y a lieu. Elle énoncera la somme offerte par l'administration.

Art. 64. Au jour fixé, le propriétaire et les détenteurs seront tenus de déclarer la somme dont ils demanderont la consignation avant l'envoi en possession.

Faute par eux de comparaître, il sera procédé contre eux en leur absence.

Art. 65. Le tribunal fixe les sommes à consigner.

Le tribunal peut se transporter sur les lieux ou commettre un juge pour visiter les terrains, recueillir tous les renseignements propres à en déterminer la valeur, et en dresser, s'il y a lieu, un procès-verbal descriptif. Cette opération devra être terminée dans les dix jours, à dater du jugement qui l'aura ordonnée.

Dans les trois jours de la remise de ce procès-verbal au greffe, le tribunal déterminera les sommes à consigner.

Art. 66. La consignation doit comprendre, outre le principal, la somme nécessaire pour assurer, pendant deux ans, le paiement des intérêts au taux légal.

Art. 67. Sur le vu du procès-verbal de la consignation, et sur une nouvelle assignation à deux jours de délai, le président ordonne la prise de possession.

Art. 68. Le jugement du tribunal et l'ordonnance du président sont exécutoires sur minutes et ne peuvent être attaqués par opposition ni par appel.

Art. 69. Le président taxera les dépens, qui seront supportés par l'administration.

Art. 70. Après la prise de possession, il sera, à la poursuite de la partie la plus diligente, procédé à la fixation définitive de l'indemnité, conformément aux articles 40 et suivants de la présente ordonnance.

Art. 71. Si cette fixation est supérieure à la somme qui a été déterminée par le tribunal, le supplément doit être consigné dans la quinzaine de la notification du jugement, et, à défaut, le propriétaire peut s'opposer à la continuation des travaux.

CHAPITRE VI.

Dispositions générales.

Art. 72. La décision qui déclare l'utilité publique et celle qui prononce l'expropriation sont rendues sur la proposition du chef du service dans l'intérêt duquel l'expropriation est poursuivie.

Le réglement et l'attribution de l'indemnité sont effectués, pour tous les services publics, à la diligence du directeur de l'intérieur.

Le domaine et les anciennes corporations sont représentés par le directeur des finances, soit devant l'autorité judiciaire, soit devant l'autorité administrative.

Art. 73. Les significations et notifications mentionnées en la présente ordonnance seront faites, ainsi qu'il est prescrit par les art. 3 et 4 de notre ordonnance du 16 avril 1843.

Art. 74. Pour les ajournements donnés en exécution des art. 37 et 63 de la présente ordonnance, seront observés les délais fixés par les art. 6 et 7 de l'ordonnance du 16 avril 1843, sans que, dans aucun cas, le délai puisse excéder trente jours.

Art. 75. Les significations et notifications mentionnées en la présente ordonnance peuvent être faites tant par huissiers que par tout agent de l'administration, dont les procès-verbaux font foi en justice.

Art. 76. Les plans, procès-verbaux, certificats, significations, jugements, contrats, quittances et autres actes faits en vertu de la présente ordonnance, seront visés pour timbre et enregistrés gratis, lorsqu'il y aura lieu à la formalité de l'enregistrement.

Il ne sera perçu aucun droit pour la transcription des actes au bureau des hypothèques.

Art. 77. Les concessionnaires de travaux publics exerceront tous les droits et seront soumis à toutes les obligations de l'administration, tels que ces droits et obligations sont réglés par la présente ordonnance.

Art. 78. Les ordonnances et arrêtés antérieurs sur l'expropriation et l'occupation temporaire pour cause d'utilité publique sont abrogés, sauf ce qui sera dit aux art. 107 et 108 de la présente ordonnance.

CHAPITRE VII.

Dispositions transitoires.

Art. 79. Les indemnités dues pour expropriations consommées depuis le 5 juillet 1830, jusqu'à la promulgation de la présente ordonnance, seront réglées conformément à la législation sous l'empire de laquelle ces expropriations auront été consommées. Pour le temps antérieur à l'arrêté du 17 octobre 1833, l'expropriation est réputée consommée :

1° Par le seul fait de la démolition ou de l'occupation effective de l'immeuble ;

2° Par l'attribution qui en aura été faite à un service public;

3° Par la disposition que l'administration en aurait faite en faveur des tiers, à titre d'aliénation, d'échange ou de concession;

4° Enfin, par tout acte ou fait administratif ayant eu pour résultat de faire cesser la possession du propriétaire.

TITRE V (1).

Des terres incultes.

Art. 80. Notre ministre de la guerre déterminera, par des arrêtés spéciaux, le périmètre des territoires qui devront être mis en culture à l'entour de chaque ville, village ou hameau existant ou à créer.

Chaque arrêté rappellera les dispositions des articles 81, 82, 83, 91 et 92 ci-après; il sera affiché à Alger, ainsi qu'au chef-lieu de l'arrondissement judiciaire de la situation des terres à mettre en culture, et inséré au *Moniteur Algérien*.

Art. 81. Dans les trois mois de cette insertion, tout Indigène ou Européen qui se prétendra propriétaire des terres incultes comprises dans le périmètre déterminé, signifiera ses titres de propriété au directeur des finances à Alger.

Dans cette signification, il élira domicile au chef-lieu de l'arrondissement judiciaire de la situation des immeubles; toutes les significations à la requête du domaine seront valablement faites à ce domicile élu, sans qu'il soit besoin d'observer les délais des distances, à raison du domicile réel du propriétaire prétendu. A défaut d'élection de domicile, toutes ces significations seront valablement faites au parquet du procureur du roi.

Le délai de trois mois courra contre les interdits, les mineurs et les femmes mariées; sauf leur recours contre qui de droit.

Art. 82. Tout réclamant sera tenu de produire des titres remontant, avec date certaine, à une époque antérieure au 5 juillet 1830, et constatant le droit de propriété, la situation, la contenance et les limites de l'immeuble.

Art. 83. Les terres incultes, comprises dans le périmètre dont la propriété n'aura pas été réclamée conformément aux articles précédents, seront réputées vacantes, et l'administration, sans qu'il soit besoin de jugement, pourra en faire la concession aux clauses et conditions qu'elle jugera convenables.

(1) Ce titre est abrogé par l'art. 53 de l'ordonnance royale du 21 juillet 1846.

Art. 84. Si les titres de propriété ne sont produits qu'après les trois mois fixés par l'art. 81 ci-dessus, et, s'ils sont reconnus valables, le propriétaire sera mis en possession de ceux de ses biens qui seront encore dans les mains de l'État. Quant à ceux qui auront été concédés, le concessionnaire, même provisoire, ne pourra en être évincé, et, dans aucun cas, le propriétaire ne pourra prétendre d'autre indemnité que la délivrance d'une contenance égale de terres incultes de même nature, et dans le lieu le plus rapproché, lorsque le domaine en aura à sa disposition.

Si pourtant les immeubles ont été concédés à titre onéreux, l'État restituera au propriétaire le prix qu'il aura reçu, et le subrogera à tous ses droits pour le prix à recevoir ou pour la rente constituée, le tout sans garantie.

Art. 85. Dans l'année, soit de la signification des titres, fait au directeur des finances, conformément à l'art. 81, soit de la production des titres mentionnés en l'art. 84, l'administration des domaines assignera, devant le tribunal de la situation des immeubles, ceux dont elle entendra contester les droits.

Passé ce délai, les titres seront réputés valables, et l'administration ne sera plus recevable à les contester.

Art. 86. Le propriétaire assigné par l'administration, en vertu de l'article précédent, pourra, s'il est dû une rente pour le prix ou partie du prix des terres incultes, mettre en cause le créancier de cette rente. Le jugement, quand il y aura lieu, sera déclaré commun avec ce créancier et l'immeuble affranchi du paiement de la rente, sauf le recours dudit créancier contre qui de droit:

Art. 87. Le tribunal, investi de la vérification des titres, procédera, comme en matière sommaire et d'urgence, toute autre affaire cessant.

Il décidera si les titres sont conformes aux prescriptions de l'art 82 ci-dessus, sauf les droits que les tiers pourraient exercer dans les délais de l'art. 7.

Art. 88. Le jugement énoncera la contenance pour laquelle le défendeur aura fait preuve de ses droits, et désignera la situation et les limites résultant des titres.

Art. 89. S'il n'est pas produit de titres antérieurs au 5 juillet 1830, ou si les titres produits sont insuffisants, le défendeur sera déchu de tous droits, sauf son recours contre qui il appartiendra, et l'État sera déclaré propriétaire des terres en litige.

Art. 90. Les propriétaires des terres incultes dont les titres n'auront pas été contestés, ou auront été déclarés valables par jugements ou arrêts définitifs, feront fixer la situation et les limites de leurs propriétés, contradictoirement avec leurs voisins.

Lorsque l'espace effectif sera insuffisant pour toutes les contenances admises par les jugements ou arrêts, il y aura lieu, pour chaque propriété, à une réduction proportionnelle aux contenances totales. Dans aucun cas, l'État ne sera responsable du défaut de contenance.

L'établissement de la situation et le bornage se feront sous la surveillance de l'autorité administrative, qui statuera sur toutes les contestations à ce relatives.

Art. 91. Celui qui possède dans le périmètre d'un territoire où la culture est obligatoire, une terre cultivée, ou sur laquelle lui ou ses auteurs ont fait des plantations, des travaux de dessèchement ou d'irrigation, ou fait construire des bâtiments d'exploitation ou une maison d'habitation, est réputé légitime propriétaire, à l'égard du domaine, des terrains qu'il possède réellement, sauf les droits que les tiers pourront faire valoir, dans les délais de l'art. 7 ci-dessus.

Il sera tenu, dans les trois mois de l'insertion au *Moniteur Algérien* de l'arrêté qui aura déterminé le périmètre, de signifier au directeur des finances, à Alger, le plan des lieux, avec indication de la contenance dont il se prétend en possession, des tenants et aboutissants, et description sommaire des travaux exécutés.

Les deux derniers paragraphes de l'art. 81 ci-dessus lui sont applicables.

Art. 92. Celui qui, dans les trois mois, n'aura pas satisfait à la prescription de l'article précédent, perdra le bénéfice résultant de la mise en culture et autres travaux, et sera tenu de produire des titres remontant, avec date certaine, à une époque antérieure au 5 juillet 1830.

Art. 93. Dans l'année de la signification prescrite par l'art. 91 ci-dessus, l'administration des domaines citera devant le conseil d'administration de l'Algérie, sauf recours devant nous, en notre conseil d'État, ceux dont elle entendra contester les droits résultant de la mise en culture ou autres travaux.

Le conseil d'administration ne pourra motiver sa décision que sur l'existence ou la non-existence des travaux et culture allégués.

L'arrêté du conseil d'administration énoncera la contenance pour laquelle les droits du défendeur auront été reconnus, et désignera la situation et les limites de sa propriété.

Art. 94. Les terres laissées incultes dans les périmètres où la culture aura été ordonnée seront soumises à un impôt spécial et annuel de cinq francs par hectare, indépendamment de tous autres impôts établis ou à établir sur les terres en général.

L'inculture sera constatée administrativement, et l'impôt établi et perçu dans la même forme que les contributions publiques.

Art. 95. Ne seront point sujets à l'impôt spécial :

1° Les terrains que l'administration autorisera à conserver ou à convertir en bois;

2° Les prairies naturelles, pourvu qu'elles soient nettoyées, et que leur étendue n'excède pas le quart de l'immeuble dont elles font partie ;

3° Les terrains que l'administration reconnaîtra ne devoir pas être cultivés.

Art. 96. L'impôt spécial diminuera annuellement dans la proportion des terres mises en cultures durant l'année. Lorsqu'un propriétaire aura fait agréer par l'administration un plan de mise en culture qui exigera plusieurs années, l'impôt spécial ne sera pas perçu sur les terres incultes pour les années durant lesquelles le propriétaire aura exécuté les travaux et culture auxquels il s'était soumis.

Art. 97. Les propriétaires de terres incultes pourront s'affranchir de l'impôt spécial, en offrant de délaisser lesdites terres au domaine, à la charge par celui-ci de leur en rendre d'autres, à leur première demande, de même étendue, et, autant que possible, de même nature.

Art. 98. Les propriétaires de terres incultes qui se refuseraient à payer l'impôt spécial, ou qui demeureraient plus de six mois sans l'acquitter, seront réputés de plein droit avoir fait au domaine le délaissement des terres incultes assujetties audit impôt, et les dispositions du précédent article et des articles suivants leur deviendront applicables.

Art. 99. Les terres à donner en échange devront être situées dans les périmètres affectés à la culture. Elles seront délivrées sous la condition spéciale de cultiver.

Art. 100. Le droit de demander des terres à titre d'indemnité n'aura d'autre limite que le manque de terres dans les zones colonisées, sauf à le faire valoir plus tard dans les nouvelles zones, qui pourront être successivement ouvertes à l'agriculture ; dans aucun cas, il ne pourra se convertir en droit de créance pécuniaire contre l'État. Il se prescrira par dix ans.

Art. 101. Si l'administration n'accepte

pas le délaissement, les terres qui en étaient l'objet seront affranchies de l'impôt spécial.

Art. 102. Les actes de délaissement et de délivrance des terres données en échange se feront par des arrêtés du Gouverneur-Général, qui seront soumis à l'approbation de notre ministre de la guerre.

Art. 103. Les contestations relatives au délaissement ou à la délivrance des terres données en échange seront portées devant le conseil d'administration de l'Algérie, sauf recours devant nous en notre Conseil d'État.

Art. 104. Si, dans l'année de la demande en attribution de terres formée par un propriétaire, en vertu de l'art. 97, l'administration ne lui a pas fait cette délivrance, le propriétaire aura droit à une indemnité égale à la valeur des terres délaissées.

Cette indemnité sera fixée d'après les règles déterminées par les articles 107 et 108 ci-après.

Art. 105. Les droits que des tiers pourraient avoir, comme créanciers ou à tout autre titre, soit sur des terres concédées en vertu de l'art. 83, soit sur des terres délaissées en vertu de l'art. 97, cesseront de grever lesdites terres, et passeront, s'il y a lieu, dans le même ordre et sans aucune novation, sur les terres données en échange ou sur l'indemnité qui en tiendra lieu. Ils seront admis à intervenir dans le réglement de cette indemnité.

Art. 106. L'inculture des terres situées dans les périmètres déterminés en vertu de l'art. 80 ci-dessus, est une cause suffisante d'expropriation pour utilité publique.

Art. 107. Lorsqu'il y aura lieu d'exproprier des terres incultes pour cause d'utilité publique, il sera procédé conformément à la législation en vigueur avant la promulgation de la présente ordonnance.

Art. 108. L'indemnité sera arbitrée par le conseil d'administration, d'après l'appréciation des circonstances.

Néanmoins, le montant ne pourra en être fixé qu'abstraction faite de toute augmentation de valeur résultant de travaux publics tels que routes, canaux, dessèchements, création de centres de population et autres ouvrages exécutés par l'administration.

La plus value que ces ouvrages et travaux auront donnée aux immeubles contigus, appartenant au même propriétaire et non compris dans l'expropriation, devra être appréciée et compensé, jusqu'à due concurrence, avec l'indemnité.

TITRE VI (1).

Des marais.

Art. 109. Les marais sont réputés biens vacants.

L'administration peut immédiatement prendre, pour leur dessèchement, telle mesure, passer tel marché, et faire telle concession qu'elle jugera convenable.

Art. 110. Les droits à la propriété d'un marais ne pourront s'établir que contradictoirement avec l'administration des domaines et par des titres remontant, avec date certaine, à une époque antérieure au 5 juillet 1830. L'action sera portée devant le tribunal de la situation des marais.

Art. 111. Dans le cas où les titres produits seront reconnus valables, le droit du propriétaire se résoudra en une indemnité, à la fixation de laquelle il sera procédé conformément aux articles 107 et 108 ci-dessus.

Art. 112. Le propriétaire d'un marais exproprié en vertu de l'article précédent, pourra, au lieu de demander une indemnité, exiger une égale quantité de terres incultes s'il s'en trouve à la disposition du domaine dans l'un des périmètres affectés à la culture ; il sera, quant à ces terres incultes, soumis aux dispositions des articles 94 et suivants du titre V ci-dessus.

TITRE VII.

Dispositions générales.

Art. 113. Les dispositions de la présente ordonnance sont applicables aux portions de l'Algérie qui se trouvent comprises dans le ressort des tribunaux civils de première instance.

Art. 114. Pour l'avenir, l'étendue et la limite du ressort des tribunaux déjà institués ou de ceux qui le seraient ultérieurement, ne pourront être déterminées ou modifiées que par des ordonnances royales.

Art. 115. La disposition de l'article 5, paragraphe 2, de notre ordonnance du 22 juillet 1834, est abrogée en ce qui concerne toutes les matières qui se rapportent à la propriété.

Art. 116. Notre ministre secrétaire-d'État de la guerre, président du conseil, est chargé, etc.

---

(1) Ce titre est abrogé par l'article 53 de l'ordonnance royale du 21 juillet 1846.

3 — 7 Octobre — Voitures publiques. — *Arrêté du Directeur de l'Intérieur, qui réforme les dispositions des arrêtés rendus antérieurement sur la matière, et en porte de nouvelles qui précisent les obligations des loueurs et des cochers dans leurs rapports avec le public.*

Vu l'arrêté du 12 avril 1841 par lequel M. le Gouverneur-Général nous charge de publier les dispositions auxquelles doivent être assujettis les entrepreneurs et loueurs de voitures publiques, ainsi que leurs préposés, dans l'intérêt de la circulation, de la sûreté et de la commodité des voyageurs;

Vu nos arrêtés des 12 avril 1841, 9 octobre 1841 et 18 novembre 1842;

Considérant que les tarifs établis par les arrêtés sus-visés ont cessé d'être en harmonie avec l'activité toujours croissante de la circulation, et qu'il convient, d'un autre côté, de mieux préciser les obligations des loueurs et des cochers dans leurs rapports avec ceux qui font usage de leurs voitures;

TITRE Ier.

Tarif des voitures de place (1).

Art. 1er. A dater de la publication du présent arrêté, les voitures qui desservent les environs d'Alger pourront être louées à la course, à la journée, à la demi journée et à l'heure.

Toutefois, les cochers pris à l'heure ne seront pas tenus de se rendre dans des localités situées à plus de quatre kilomètres d'Alger.

Art. 2. Le prix des courses d'Alger aux points ci-après désignés et réciproquement, est fixé, pour chaque personne, ainsi qu'il suit :

(1) Voyez ci-dessous les arrêtés des 20 mai 18, 1345 mai et 27 juin 1846.

DESTINATIONS.	Distances en kilomèt. à partir d'Alger.	MAXIMUM des prix. F.	C.
Rampe Bab-Azoun, vis à vis la fontaine.	1	»	10
L'Agha, à l'embranchement des deux routes.	2	»	20
Mustapha-Pacha, au champ de manœuvre.	3	»	30
Hussein-Dey, au camp des chasseurs.	6	»	75
Maison-Carrée, au pont de l'Arrach.	11	1	25
Jardin-d'Essai, vis à vis le café des platanes.	5	»	60
Kouba, près le camp.	8	»	75
Mustapha-Supérieur, à la caserne de gendarmerie.	4	»	50
Colonne Voirol.	6	»	60
Birmandraïs, vis à vis la fontaine.	9	»	75
Birkadem, sur la place.	11	1	»
Tixeraïn, audessous du camp.	13	1	25
Saoula, près de l'abreuvoir.	14	1	50
Fort l'Empereur, au bas du chemin montant.	4	»	50
El-Biar, bivouac des indigènes.	7	»	75
Dely-Ibrahim, vis à vis l'église.	11	1	25
L'Achour, sur la place.	12	1	25
Drariah, sur la place.	14	1	50
Kaddous, au café maure.	10	1	25
Cheragas, sur la place.	11	1	50
Ouled-Fayet, sur la place.	14	1	50
Staouéli, près l'établissement des Trappistes.	16	2	»
Bab-el-Oued, place de la fontaine.	2	»	30
Bouzaréah, au puits de Birsemman.	7	1	»
Hôpital du Dey.	2	»	30
Pointe-Pescade, près le fort.	6	1	»

Art. 3. Toutes les fois qu'un voyageur montera en voiture à l'un des points intermédiaires de la route, il ne paiera que le surplus de la distance, déduction faite du prix des stations antérieurement parcourues.

Art. 4. Tout cocher sera tenu de partir immédiatement lorsque la moitié des places de l'intérieur, s'il s'agit d'une voiture à six ou à huit places, et les trois quarts, s'il s'agit d'une voiture à quatre places, seront occupées par des voyageurs allant au même point ou à des points divers et plus ou moins éloignés, mais formant entre eux une ligne non interrompue.

Il en sera de même si un ou plusieurs voyageurs offrent de payer le nombre de places suffisant pour déterminer le départ.

Art. 5. Le tarif applicable à la journée, à la demi journée et à l'heure, sera réglé conformément au tableau ci-après, savoir :

	Pour la journée.		Pour la demi journée.		Pour chaque heure.	
	pendant la semaine.	les dimanc. et fêtes légales.	pendant la semaine.	les dimanc. et fêtes légales.	pendant la semaine.	les dimanc. et fêtes légales.
Voitures à 8 places.	15 f.	18 f.	8 f.	10 f.	2f. 50	3 f.
Voitures à 6 et à 4 places. . . .	12	15	7	8	2	2 50

Art. 6. La journée se composera de douze heures et la demi journée de six, qui commenceront à partir du moment convenu et de manière qu'elles soient terminées, l'une et l'autre, y compris le temps de retour, à onze heures du soir au plus tard ; le tout sauf conventions contraires.

Le cocher ne pourra refuser de continuer son service à l'expiration du nombre d'heures énoncé ci-dessus. Il sera payé pour tout l'excédant sur le pied de l'heure.

La première heure, une fois commencée, sera due tout entière ; les autres se diviseront, mais sans que la plus petite fraction puisse être moindre d'un quart d'heure.

Art. 7. Lorsqu'une voiture à huit places aura été prise à la journée, à la demi journée ou à l'heure, et que les voyageurs ne se feront pas ramener par elle à Alger, ils devront payer 25 centimes en sus, à titre d'indemnité de retour par chaque kilomètre existant entre Alger et le point où ils auront cessé de s'en servir, en suivant la ligne qui offrir le trajet le plus court.

Cette indemnité sera réduite à 20 centimes pour les voitures à six et à quatre places.

Chaque fraction de 500 mètres et au-dessus comptera pour un kilomètre entier. Les fractions inférieures n'entreront point en ligne de compte.

En cas de contestation, les distances indiquées dans l'article 2 feront la loi des parties.

Art. 8. Tout cocher pris sur place ou sur un point quelconque de la voie publique est tenu de marcher à toute réquisition.

Il est également tenu d'aller chercher les voyageurs à domicile, pourvu que ce soit dans une rue accessible aux voitures, et, s'il est renvoyé sans être employé, il recevra le prix d'une demi heure à titre d'indemnité de déplacement.

Celui qui refusera de marcher au prix du tarif, ou qui exigera des droits plus considérables, sera mis à pied pour huit jours au moins et pour un mois au plus.

Art. 9. Des lignes particulières pourront être affectées aux entrepreneurs qui en formeront la demande, mais à la charge par eux de n'en point exploiter d'autres et d'établir des départs à heure fixe.

TITRE II.

Obligations des loueurs et des cochers.

Art. 10. Toute voiture admise à circuler sur les routes de l'Algérie, sera estampillée d'un numéro peint en noir, sur un écusson blanc, et placé, tant en français qu'en arabe, sur la partie supérieure de derrière, ainsi que sur les panneaux inférieurs.

Elle devra de plus être garnie, sur le devant, d'une lanterne qui devra être allumée aussitôt après le coucher du soleil.

En outre, il sera fixé solidement à l'intérieur, et dans l'endroit le plus apparent, deux écriteaux, dont l'un indiquera le nombre des places, et l'autre contiendra un extrait du présent arrêté, composé des huit premiers articles.

Art. 11. Chaque année, dans le courant des mois d'avril et d'octobre, il sera procédé par un commissaire de police, assisté d'un ou plusieurs experts, à la visite générale des voitures publiques.

Cette visite aura principalement pour objet de s'assurer :

1o Si elles sont en bon état, tant sous le rapport de la propreté que sous celui de la solidité ;

2o Si elles sont pourvues des lanternes, écriteaux et numéros prescrits par l'article qui précède ;

3o Si les chevaux sont propres au service auquel ils sont employés ;

4o Si les harnais sont en bon état.

Il sera fait en outre à domicile et sur les places de stationnement, des visites fréquentes par les commissaires de police, ou par leurs délégués, avec ou sans les experts de l'administration.

Le résultat de ces vérifications sera constaté par des procès-verbaux et soumis à l'autorité civile supérieure.

Art. 12. La circulation de toute voiture qui ne remplirait pas les conditions ci-dessus, sera provisoirement interdite et ne pourra être autorisée de nouveau qu'après une autre vérification dont les frais, fixés à la somme de cinq francs, seront à la charge des entrepreneurs.

Art. 13. Le *laisser-passer* pourra être retiré dans l'un des trois cas suivants :

1o Si les entrepreneurs ont employé des chevaux atteints de maladies contagieuses, vicieux ou hors d'état de faire le service.

2o S'ils ont fait circuler des voitures en mauvais état et pouvant compromettre la sûreté publique ou celle des voyageurs :

3o Si les chevaux ou voitures, bien que trouvés en bon état, ne sont pas les mêmes que ceux qui ont été présentés à la visite.

Art. 14. Les entrepreneurs tiendront constamment à la disposition du public la moitié au moins du nombre de leurs voitures.

Ces voitures ne pourront stationner que sur les places désignées à cet effet par la police.

Elles devront se trouver sur l'une de ces places depuis cinq heures du matin jusqu'à dix heures du soir en été, et de six heures du matin jusqu'à huit heures du soir en hiver.

Il pourra être établi près de chaque lieu de stationnement, un agent assermenté, chargé spécialement de surveiller la police des voitures, de recevoir les réclamations du public et de constater les contraventions.

Art. 15. Nul ne pourra être employé comme cocher s'il n'est âgé de dix-huit ans au moins, et pourvu d'un livret et d'un permis de conduire.

Ce permis sera délivré par la police sur le vu d'un certificat signé de deux propriétaires de voitures et constatant que l'intéressé sait conduire. Il devra être renouvelé tous les ans dans la dernière quinzaine de décembre.

Les entrepreneurs conduisant eux-mêmes leurs voitures ne seront point affranchis de cette obligation.

Art. 16. Lorsqu'un entrepreneur voudra vendre sa voiture ou cesser de la faire rouler, il devra préalablement en faire la déclaration à la police et lui remettre son *laisser-passer*.

Art. 17. Les cochers devront toujours se tenir à portée de leurs voitures. Ils ne pourront ni circuler à vide, ni s'arrêter sur la voie publique, si ce n'est à droite et seulement pour prendre ou déposer des voyageurs.

Ils devront aussi prendre la droite chaque fois qu'ils rencontreront une autre voiture.

Art. 18. Les cochers devront conduire au trot et de manière à parcourir un kilomètre environ par cinq minutes.

Il leur est enjoint d'aller modérément dans les descentes, sur les ponts, au détour des chemins et dans l'intérieur ainsi qu'aux abords de la ville.

Il leur est défendu de faire galoper leurs chevaux ou de lutter de vitesse entre eux.

L'un des chevaux, au moins, portera au cou un grelot mobile dont le bruit puisse avertir les passants.

Art. 19. Défense est également faite aux cochers de laisser fumer dans leurs voitures et d'y admettre, soit des chiens ou autres animaux, soit des bagages, gros paquets et autres matières encombrantes, soit des individus en état d'ivresse, soit enfin un nombre de personnes excédant celui qu'elles sont destinées à contenir.

Art. 20. Les contraventions aux dispositions contenues dans les articles précédents seront punies de six à dix francs d'amende auxquels il pourra être ajouté trois jours de prison conformément aux articles 475 et 476 du code pénal.

La récidive entraînera toujours un emprisonnement de cinq jours, conformément à l'article 478 du même code.

Art. 21. Tout cocher trouvé en état d'ivresse aux heures pendant lesquelles il est chargé de conduire sa voiture, ou qui sera convaincu d'avoir insulté les voyageurs par des propos grossiers, par des actions indécentes, ou de toute autre manière, encourra le retrait de son permis de conduire, indépendamment des peines portées par les lois, s'il y a lieu.

Art. 22. Il est prescrit aux cochers, sous

peine d'être poursuivis comme coupables de vol, de visiter, après chaque course, l'intérieur de leurs voitures, et de restituer aux voyageurs les effets que ceux-ci auraient pu y laisser; ou dans le cas où cette restitution ne pourrait avoir lieu, de les remettre au commissariat de police.

Les objets ainsi déposés, qui n'auraient pas été réclamés ou dont on n'aurait pu trouver le propriétaire au bout d'un an et un jour, seront vendus aux enchères publiques, et le prix en sera versé dans la caisse coloniale.

Art. 23. Les loueurs et entrepreneurs sont civilement responsables des faits de leurs cochers, conformément à l'article 1384 du code civil.

Art. 24. Nos arrêtés des 12 avril 1841, 9 octobre 1841 et 18 novembre 1842, concernant les voitures publiques, sont et demeurent abrogés.

Art. 25. La police et la gendarmerie sont chargées, etc.

4 — 28 Octobre. — CHAMBRE DE COMMERCE — *Arrêté ministériel qui crée une Chambre de Commerce dans chacune des villes d'Oran et de Philippeville* (1).

Le président du conseil, ministre secrétaire-d'État de la guerre,

Vu la demande des principaux commerçants des villes d'Oran et de Philippeville, tendant à ce qu'une chambre de commerce soit établie dans chacune de ces localités.

Vu la loi du 3 nivôse an XI, le décret du 23 septembre 1806 et les arrêtés des 7 septembre 1830, 11 novembre 1834 et 30 mars 1835.

Après avoir pris l'avis du gouverneur-général et du conseil d'administration de l'Algérie;

Art. 1er. Il est créé une chambre de commerce dans les villes d'Oran et de Philippeville. Ces deux chambres seront composées chacune de neuf membres, dont sept français, un musulman et un israélite choisis parmi les notables commerçants actuellement en exercice dans ces deux localités.

Art. 2. La nomination des membres de chaque chambre aura lieu dans une assemblée qui sera convoquée et présidée par le directeur de l'intérieur.

Cette assemblée se composera:

1° Du S. directeur président,

2° Des membres du tribunal de première instance;

3° De trente notables commerçants, dont quinze seront désignés par le S. directeur de l'intérieur et quinze par le tribunal (1).

Art. 3. Les membres de chaque chambre de commerce seront nommés pour trois ans, par scrutin secret de liste, et à la majorité absolue des suffrages.

Art. 4. Dans le cas où aucun candidat n'aurait obtenu la majorité absolue, après les deux premiers tours de scrutin, il se fera un ballottage entre les deux candidats qui auront obtenu le plus de voix.

Art. 5. L'installation des membres de chaque chambre aura lieu dans les huit jours qui suivront leur nomination, sous la présidence du S. directeur de l'intérieur.

Art. 6. Les chambres de commerce nommeront tous les ans leur président. Le S. directeur de l'intérieur sera membre né et président d'honneur de la chambre; il présidera effectivement les séances où il assistera en personne.

Art. 7. Les attributions de ces chambres consisteront :

1° A donner à l'autorité les avis et renseignements qui leur seront demandés sur les faits et les intérêts commerciaux et industriels.

2° A présenter leurs vues sur l'état du commerce et de l'industrie ; sur les moyens d'en accroître la prospérité et sur les améliorations à introduire dans la législation commerciale.

Art. 8. Désormais et jusqu'à ce qu'il en soit autrement ordonné, ces chambres de commerce seront renouvelées par tiers chaque année.

Les deux premières années le sort désignera les membres sortants.

Ce renouvellement aura lieu dans une assemblée composée :

1° Des membres du tribunal des première instance, à défaut d'un tribunal spécial de commerce.

2° Des membres de la chambre de commerce, y compris les membres sortants;

3° Des notables commerçants, en nombre égal à celui des membres du tribunal de première instance et de la chambre du commerce. Les notables seront désignés, un tiers par le S. directeur, un tiers par le tribunal, et l'autre tiers par la chambre du commerce.

Art. 9. Les dépenses prévues par le budjet des chambres de commerce d'Oran

(1) Une chambre de commerce existait déjà à Alger, depuis 1830.

Il y a en France 47 chambres de commerce.

(1) Cette restriction au principe de libre élection doit nécessairement tôt ou tard disparaître.

et de Philippeville seront payées au moyen d'une contribution de 15 p. 0[0 en sus du prix des patentes qui sera perçu dans ces deux localités.

Art. 10. Le recouvrement de cette contribution sera opéré, aux mêmes époques et de la même manière que celui des droits de patente, par le receveur des domaines et contributions.

Art. 11. Le gouverneur-général de l'Algérie est chargé, etc.

14 — 21 Octobre. — Colonisation. — *Arrêté du Gouverneur-Général portant qu'il sera formé au Fondouck un nouveau centre de population composé de 150 familles.*

Vu l'article 2 de l'arrêté du 1er décembre 1840 sur le séquestre.

Vu l'arrêté du 18 avril 1841 relatif à l'établissement des centres de population.

Vu l'arrêté du 9 décembre 1841 sur les expropriations pour cause d'utilité publique.

Considérant qu'il convient d'établir un nouveau village au Fondouck.

Que les terres qui avoisinent, précédemment abandonnées par les indigènes sont en grande partie entre les mains du domaine.

Vu les plans produits.

Sur la proposition du directeur de l'intérieur.

Le conseil d'administration entendu.

Art. 1er. Il sera formé au Fondouck, district d'Alger, un nouveau centre de population de 150 familles. La circonscription territoriale de ce village renfermera environ 1200 hectares conformément au plan ci-annexé.

Art. 2. Il sera fait remise à la direction de l'intérieur, par la direction des finances, des terres qui appartiennent au domaine dans les limites de ce territoire. Quant aux parcelles comprises dans ce même territoire et reconnues comme appartenant à des particuliers, elles sont et demeurent dès à présent expropriées pour cause d'utilité publique et à titre d'occupation définitive.

La prise de possession aura lieu immédiatement, et les indemnités dues aux propriétaires expropriés seront liquidées conformément à l'arrêté du 9 décembre 1841.

Art. 3. Le directeur de l'intérieur et le directeur des finances sont chargés, etc.

M. le président du conseil, ministre de la guerre, en approuvant par dépêche du 6 octobre l'arrêté ci-dessus, a fait connaître à M. le gouverneur-Général qu'un crédit sera mis incessamment à la disposition de M. le directeur de l'intérieur pour que les travaux touchant l'établissement de ce nouveau centre de population puissent être commencés avant la fin du présent exercice.

14 — 28 Octobre. — Milice. — *Arrêté du Gouverneur-Général portant que la milice de Gigelly se composera à l'avenir d'une compagnie de grenadiers et d'une section de pompiers.*

Vu les arrêtés des 28 octobre 1836 et 17 décembre 1841, sur l'organisation de la milice;

Considérant qu'il y a lieu de modifier l'organisation déterminée par notre arrêté du 5 avril 1843, pour la milice de Gigelly;

Sur la proposition du commandant supérieur de la localité,

Art. 1er. A l'avenir, la milice de Gigelly se composera d'une compagnie de grenadiers, et d'une section de sapeurs-pompiers.

Art. 2. Le commandant supérieur de Gigelly est chargé, etc.

17 — 28 Octobre. — Chevriers — *Arrêté qui règle l'exercice de la profession de chevrier.*

Considérant que les chèvres sont, en Algérie surtout, une cause permanente d'insalubrité pour les villes et de dévastations pour les campagnes; qu'il importe donc tout à la fois de les éloigner des centres de populations et de protéger contre leurs ravages, par des mesures efficaces, l'agriculture et les plantations dont elles sont le plus redoutable fléau (1);

Sur la proposition du directeur de l'intérieur,

Le conseil d'administration entendu;

Art. 1er. Nul ne pourra, sous peine de *cent francs* d'amende et de *un* à *trois* mois *d'emprisonnement*, exercer en Algérie la profession de *chevrier*, s'il n'est pourvu d'une autorisation spéciale délivrée par la principale autorité civile du lieu de sa résidence.

Art. 2. L'autorisation devra être renouvelée tous les ans, dans la dernière quin-

(1) Cet arrêté qui édicte des peines correctionnelles (articles 1 et 12), a une couleur éminemment locale. Il y aura lieu de régler cette matière par ordonnance royale.

zaine de décembre, et pourra toujours être retirée.

Elle mentionnera les noms, prénoms, domicile, âge, lieu de naissance, signalement et numéro d'ordre du titulaire, ainsi que la situation du local occupé par son troupeau, et le nombre de têtes dont il sera composé.

Il sera perçu pour chaque tête un droit de *quinze centimes* par mois qui seront versés dans la caisse coloniale.

Art. 3. Un état nominatif de tous les *chevriers*, contenant toutes les énonciations ci-dessus, sera dressé et affiché au bureau de police ou à la mairie de chaque localité.

Art. 4. Quiconque voudra obtenir l'autorisation exigée par le présent arrêté, devra justifier préalablement qu'il possède, soit à titre de propriétaire, soit à titre de locataire, une étable proportionnée au nombre d'animaux qu'elle sera destinée à contenir, et située, s'il s'agit d'une ville, en dehors des portes ou dans l'un des faubourgs extérieurs.

Art. 5. Les commissaires civils, maires, adjoints, commissaires de police ou leurs délégués, veilleront à ce que les *chèvreries* soient entretenues dans le plus grand état de propreté possible et prescriront à cet effet toutes les mesures qui leur paraîtront nécessaires.

Art. 6. Les *chevriers* porteront au bras droit une plaque en fer-blanc où sera gravé le mot chevrier avec le numéro d'ordre du porteur.

Il sera, de plus, attaché au cou de chaque chèvre une plaque où sera reproduit le numéro de son propriétaire.

Lesdites plaques seront délivrées par le commissaire de police ou par l'autorité qui en remplira les fonctions au prix de 1 fr. 50 c. pour les premières, et de 25 c. pour les secondes. Les fonds en provenant seront versés à la caisse coloniale.

Art 7. Les *chèvres* devront être nourries et tenues constamment renfermées dans leurs étables.

Toutefois le chef de l'autorité civile désignera, dans chaque localité, des lieux de stationnement où elles pourront être amenées pour la distribution du lait, savoir ; de cinq heures à huit heures du matin, à partir du 1er avril jusqu'au 1er octobre, et, pendant les six autres mois, de six à neuf heures; en ce compris le temps nécessaire tant pour aller que pour revenir et à la charge pour les chevriers de balayer et d'enlever, avant leur départ, toutes les ordures occasionnées par ces animaux sur l'emplacement qu'ils auront occupé.

Chaque défaut de balayage ou d'enlèvement donnera lieu, contre son auteur à une amende de dix francs, conformément à l'article 12 de l'arrêté sur le nettoiement du 26 juillet 1843.

Art. 8. Lorsque des chèvres seront trouvées en divagation soit à d'autres heures que celles fixées par l'article précédent, soit hors des lieux de stationnement déterminés par le même article, ou du chemin usité pour y conduire, elles seront mises en fourrière, et ceux à qui elles appartiendront seront tenus de payer, pour chaque chèvre, une amende de *trois francs*, indépendamment des droits de fourrière tels qu'ils sont établis par l'article 3 de l'arrêté du 29 avril 1835, et des dommages-intérêts qui pourront être encourus à raison du préjudice causé.

Cette amende sera doublée à la première récidive ; il y sera ajouté un mois de prison pour la seconde; et la troisième entraînera de plein droit le retrait de l'autorisation précédemment accordée.

Art. 9. Les *chevriers* ne pourront employer ni même avoir en leur possession d'autres mesures que celles créées par la loi du 18 germinal an III, et rendues obligatoires en Algérie par l'ordonnance royale du 26 décembre 1842.

Ces mesures seront établies en fer-blanc dans la forme cylindrique, et auront intérieurement le diamètre égal à la hauteur. Elles seront garnies d'une anse ou d'un crochet, et porteront le nom qui leur est propre, ainsi que le nom ou la marque du fabricant, sur le cercle supérieur rabattu et servant de bordure. Deux gouttes d'étain aplaties seront en outre placées, l'une au bord supérieur, l'autre à la jonction du fond de chaque mesure, pour recevoir les marques de vérification ; le tout, conformément à l'ordonnance royale du 16 juin 1839.

Art. 10. Dans les localités où les *chevriers* excéderont le nombre de *six*, il y aura parmi eux un *syndic* qui sera nommé par la principale autorité civile du district et pourra toujours être remplacé ou révoqué.

Ses fonctions seront gratuites.

Elles consisteront à surveiller la pureté du lait et la fidélité du mesurage; à visiter, au moins une fois par mois, l'intérieur des étables, afin de vérifier si elles sont entretenues dans l'état de propreté prescrit par l'article 5 ; à assurer l'exécution de toutes les mesures relatives au bon exercice de la profession ; enfin à signaler toutes les contraventions que parviendront, de quelque manière que ce soit, à leur connaissance.

Art. 11. Il est accordé aux chevriers actuels un délai de deux mois, à partir de la publication du présent arrêté, pour se conformer à toutes les dispositions qui précèdent.

Art. 12. Tout propriétaire ou principal locataire qui, ce délai passé, aura loué ou fourni, dans l'intérieur des villes, un local pour y loger ou abriter des chèvres, sera puni de *quinze francs d'amende* et de *un à cinq jours d'emprisonnement*.

Art. 13. Les contraventions seront constatées par les gendarmes, gardes coloniaux, gardes champêtres, gardes particuliers, agents forestiers inspecteurs de police et autres ayant qualité pour verbaliser.

Art. 14. Tout chevrier qui aura encouru le retrait de son autorisation, sera tenu de se défaire de son troupeau dans le mois pour tout délai.

A l'expiration dudit délai, les chèvres, boucs et chevreaux existant encore dans sa possession, seront vendus aux enchères publiques, et le produit de la vente sera versé dans ses mains, déduction faite des frais, amendes et réparations civiles.

Art. 15. Aucune chèvre particulière ne pourra être tenue en pâturage, même sur les terrains appartenant à son propriétaire, à moins qu'ils ne soient clos de murs.

Art. 16. Le directeur de l'intérieur et le procureur-général sont chargés, etc.

17 Octobre. — 18 Novembre. — DÉLIMITATION. — *Arrêté ministériel qui réunit le hameau de la Maison-Carrée à la commune de Hussein-Dey.*

Le président du conseil, ministre secrétaire-d'État de la guerre,

Vu l'arrêté du 17 décembre 1843, sur les délimitations de communes du district d'Alger.

Considérant que le hameau de la Maison-Carrée ne fait partie d'aucune commune, et qu'il importe néanmoins d'y établir un représentant de l'autorité civile dans l'intérêt de la police comme aussi de l'état civil des personnes qui le composent,

Art. 1er. Le hameau de la Maison-Carrée est réuni à la commune de Hussein-Dey.

Art. 2. Un adjoint spécial sera chargé de l'administration de ce hameau.

Art. 3. Le gouverneur-général de l'Algérie est chargé, etc.

18 Octobre. — 18 Novembre. — COMMISSARIATS CIVILS. — *Arrêté ministériel qui nomme les sieurs Thierry, Charpentier et Desmoulins, secrétaires des commissariats civils de Koléah, La Calle et de Mostaganem.*

Art. 1er. Le sieur Thierry (Edouard), secrétaire du commissariat civil de Mostaganem, est nommé aux mêmes fonctions à la résidence de Koléah, en remplacement du sieur Charpentier.

Art. 2. Le sieur Charpentier (Alexandre), secrétaire du commissariat civil de Koléah, est nommé aux mêmes fonctions à la résidence de La Calle, en remplacement du sieur Desmoulins.

Art. 3. Le sieur Desmoulins (Claude-Philémon), secrétaire du commissariat civil de La Calle, est nommé secrétaire du commissariat civil de Mostaganem, en remplacement du sieur Thierry, nommé aux mêmes fonctions à Koléah.

Art. 4. Le gouverneur-général de l'Algérie est chargé, etc.

19 Octobre. — 18 Novembre. — DROITS DE TIMBRE. — *Ordonnance royale portant que les expéditions en quittances de droits délivrées par les administrations financières de l'Algérie, seront timbrées.*

Art. 1er. Les expéditions et quittances de droits délivrées par les administrations financières de l'Algérie seront timbrées.

L'administration des finances fera elle-même appliquer ce timbre et comptera de son produit.

Sont toutefois affranchies de la formalité du timbre les expéditions relatives au transport des grains, les manifestes des cargaisons et les déclarations qui doivent être fournies aux douanes.

Art. 2. Le droit de timbre des expéditions et quittances délivrées par les administrations financières est fixé, conformément à la législation de la métropole, sans addition du décime.

Art. 3. Les quittances des articles d'argent déposés à la poste seront constatées sur un mandat timbré de trente-cinq centimes, lorsque la somme excédera dix francs.

Les quittances de dix francs et au-dessous sont affranchies de tout droit de timbre.

Le droit sera toujours payé par l'envoyeur.

Art. 4. Le droit de timbre des expéditions et quittances sera perçu au profit du Trésor.

Art. 5. La présente ordonnance sera exécutoire en Algérie à partir du 1er janvier prochain.

Art. 6. Notre ministre secrétaire-d'État de la guerre, président du conseil, est chargé, etc.

19 Octobre. — 30 Novembre. — MESURES RELATIVES A LA CONDUITE DES INDIGÈNES PRÉVENUS DE CRIMES OU DÉLITS. — *Circulaire n° 20 du Gouverneur-Général à MM. les Officiers-Généraux et Colonels commandant les divisions et subdivisions, prescrivant de faire accompagner les Indigènes dirigés sur Alger d'un avis sur les causes qui motivent les mesures préventives prises à leur égard* (1).

Très souvent des indigènes sont envoyés à Alger à la disposition de telle ou telle autorité, sans qu'un avis préalable ait été donné, et sans que l'on ait soin de les faire accompagner des pièces qui ont établi la nécessité de leur envoi à cette destination.

Il en résulte que ces hommes que l'on est obligé de détenir sans connaître immédiatement les causes de leur arrestation, sont exposés à rester confondus avec une classe de détenus à laquelle ils n'appartiennent pas, et subissent, en attendant l'envoi des pièces qui les concernent, une détention assez longue.

Pour faire cesser cet état de choses, j'ai décidé l'adoption des mesures suivantes :

Chaque fois qu'un indigène arrêté pour cause politique ou de sûreté générale devra être conduit à Alger, on remettra au commandant de la gendarmerie ou de la troupe chargée de l'escorter, outre l'ordre de conduite, une lettre adressée à l'autorité à la disposition de laquelle est mis l'indigène, qui lui fera connaître la cause de l'arrestation, toutes les circonstances qui s'y rattachent, ainsi que les décisions qui la concernent, et que j'aurais approuvées.

Je vous prie de faire veiller à la stricte exécution de ces prescriptions.

19 Octobre. — 30 Novembre. — DISTRIBUTIONS DE CACHETS ET DE BURNOUS AUX FONCTIONNAIRES INDIGÈNES. — *Circulaire n° 21 du Gouverneur-Général à MM. les Officiers-Généraux et Colonels commandant les divisions et subdivisions, prescrivant l'envoi de divers renseignements essentiels afin d'être fixé à l'avance sur la quantité de burnous et cachets à distribuer, et sur le nombre de chevaux qui seront à fournir par les tribus.*

Ma circulaire du 5 février 1844 vous faisait connaître que j'avais arrêté en principe le renouvellement périodique des kaïds et des cheikhs investis qui sont actuellement en fonctions.

Ce renouvellement qui, à partir du 1er mai 1845, aura lieu tous les ans à la même époque, demande, pour être opéré, quelques mesures préparatoires qu'il importe de faire commencer dans un délai assez rapproché.

A chaque prorogation de kaïd ou de cheikh investi, il sera, comme vous le savez, donné aux frais de l'État un burnous au fonctionnaire nommé ; dans le cas de renouvellement il faut ajouter le don d'un cachet.

Je dois donc être informé du nombre de cachets et de burnous qui devront être distribués le 1er mai 1845. Il est également important que je sois en mesure d'apprécier le nombre de chevaux qui, aux termes de ma circulaire précipitée, doivent être versés par les tribus à chaque renouvellement de kaïds.

Vous voudrez donc bien me fournir d'ici au 1er janvier 1845, terme de rigueur, un état qui comprendra :

1o Le nom des tribus, en indiquant leur importance ;

2o Le nom du kaïd actuellement en fonctions ;

3o Le nom du kaïd nouveau;

4o Motifs de la prorogation ou du renouvellement ;

5o Nombre de cachets à fournir ;

6o Nombre de chevaux que doit fournir la tribu ;

7o Motif de l'exemption de versement du cheval.

Cet état se terminera par une récapitulation ainsi formulée pour chaque subdivision :

Subdivision de

Nombre de burnous no 3. (ou no 4) à distribuer

Nombre de cachets pour fonctionnaires nouveaux.

Nombre de chevaux dus par les tribus.

En n'exigeant pour prix du burnous d'investiture des kaïds que le versement d'un cheval, vous avez vu que j'entendais qu'il fût parfaitement propre au service de la cavalerie ; je vous prierai de veiller avec soin à ce que cette condition soit strictement observée.

Les chevaux doivent être versés à la remonte après estimation contradictoire entre la remonte et un agent du domaine, pour que le montant de l'estimation soit versé au Trésor par l'administration militaire.

(1) *Voyez* ci-dessus, la circulaire du 17 septembre. — 3 octobre 1844, et note.

NOMS DES TRIBUS.	NOMS des KAIDS OU CHEIKHS investis, actuellement EN FONCTIONS.	NOMS des GAIDS OU CHILIKHS nouveaux.	(4) MOTIFS de la PROROGATION ou du renouvellement.	NOMBRE de cachets à fournir.	NOMBRE de chevaux que doit verser la Tribu.	MOTIF d'exemption de versement du cheval.	Observations.
Ouled Messaoud.	Si Hamouda.	Si Hamoudah.	Sert bien, doit être prorogé.	»	1	»	
Beni Madoum.	Ahmed ben Abdellah.	Ahmour ben Rahma.	L'ancien kaïd a été accusé de concussion.	1	1	»	
Beni Khalifa.	Mohammed ben Diffalla.	Mohammed ben Diffalla	Mérite d'être prorogé.	»	»	La tribu est pauvre, n'a que fort peu de chevaux; a beaucoup souffert.	

Subdivision de

RÉCAPITULATION :

Nombre de burnous à distribuer. 3
Nombre de cachets par fonctionnaire nouveau. . 1
Nombre de chevaux dus par les tribus. . . 2

Le maréchal-de-camp, commandant la subdivision,

20 — 28 Octobre. — MAIRES ET ADJOINTS. — *Arrêté du Gouverneur-Général qui nomme M. Warquin adjoint provisoire du maire de la commune de Dalmatie.*

1° M. Warquin (Henri) est nommé adjoint provisoire du maire de la commune de Dalmatie.

Avant d'entrer en fonctions il prêtera le serment exigé par la loi.

2° Le directeur de l'intérieur est chargé, etc.

20 — 28 Octobre. — MILICE. — *Arrêté du Gouverneur-Général, qui crée à Dalmatie une section de compagnie de milice.*

Vu les arrêtés des 28 octobre et 12 décembre 1836, 17 décembre 1841 et 29 mars dernier, sur la milice;

Attendu qu'il résulte d'un recensement fait à Dalmatie que le nombre des hommes en état de porter les armes s'y élève à 48, et qu'il y a lieu, dès lors, d'y créer une section de compagnie de milice;

Art. 1er. Il est créé à Dalmatie une section de compagnie de milice.

Art. 2. Le directeur de l'intérieur est chargé, etc.

20 — 28 Octobre. — ADMINISTRATION SUPÉRIEURE. — *Arrêté du Gouverneur-Général, qui confère à M. le lieutenant-Général de Bar la direction supérieure de l'administration pendant la durée de son absence.*

Art. 1er. Pendant la durée de notre absence, M. le lieutenant-général de Bar réunira au commandement de la division d'Alger la direction supérieure des services administratifs.

Il présidera le conseil d'administration.

Art. 2. Les chefs des divers services correspondront avec lui pour toutes les affaires qui doivent être soumises au gouverneur-général.

22 Octobre. — 18 Décembre. — RUES. — *Arrêté du Directeur de l'Intérieur, portant que les rues dites des Moulins, de la Montage, Balthazar et des Rampes, changeront leurs dénominations actuelles contre celles de Tanger, Mogador, Joinville et Bugeaud.*

Vu notre arrêté du 11 septembre dernier, qui donne les noms de rue et place d'Isly à la principale voie de communication du faubourg Bab-Azoun;

Considérant que cette mesure ne serait pas complète, si les faits d'armes de Tanger et de Mogador ne recevaient en même temps une semblable consécration;

Considérant, en outre, qu'à côté des noms destinés à perpétuer la double gloire de l'armée et de la marine, se placent naturellement ceux des chefs qui les ont si dignement commandées;

Art. 1er. Les rues actuelles des Moulins, de la Montagne, Balthazar et des Rampes, situées toutes les quatre au faubourg Bab-Azoun s'appelleront désormais, savoir:

La première, rue Tanger;

La seconde, rue Mogador;

La troisième, rue Joinville;

Et la quatrième, rue Bugeaud.

Art. 2. L'architecte, chef du service des bâtiments civils et de la voirie, est chargé, etc.

Cet arrêté a été rendu en exécution des ordres de M. le ministre de la guerre.

4 — 11 Novembre. *Arrêté du Gouverneur-Général, qui nomme M. Rogues adjoint au maire de Hussein-Dey.*

Vu les besoins du service;

1° M. Rogues (Jean-Louis-Jules) est nommé adjoint au maire de Hussein-Dey, pour le hameau de la Maison-Carrée, en remplacement de M. Guénet, démissionnaire.

Il prêtera, avant d'entrer en fonctions, le serment exigé par la loi.

2° Le directeur de l'intérieur est chargé, etc.

4 — 12 Novembre. — LOGEMENTS MILITAIRES. — ID., *qui rend applicables à la ville de Tlemcen les dispositions de l'arrêté ministériel du 29 octobre 1841.*

Vu l'arrêté de M. le ministre de la guerre en date du 29 octobre 1841, sur le logement des officiers dans les places d'Alger, Oran, Constantine et Philippeville;

Considérant que les constructions civiles à Tlemcen offrent dès à présent des ressources pour le logement des officiers de la garnison;

Art. 1er. Les dispositions de l'arrêté ministériel sus-visé du 29 octobre 1841 sont, à partir de ce jour, rendues applicables à la ville de Tlemcen.

Art. 2. L'intendant militaire de la division d'Oran est chargé, etc.

4 — 18 Novembre. — Commissions permanentes de santé. — *Arrêté du Gouverneur-Général, qui règle la composition de la commission permanente de santé de la ville de Bône.*

Vu l'arrêté du 23 mai 1833 portant institution d'une commission permanente de santé à Bône,

Considérant que par suite de l'accroissement de la population et du commerce de cette ville, il y a lieu d'adjoindre de nouveaux membres à ceux désignés par l'arrêté précité,

Art. 1er. La commission permanente de santé de la ville de Bône se composera à l'avenir des membres dont l'indication suit, savoir :

Le maire, président,
Le chef du service des douanes,
Un officier de santé désigné par M. le sous-intendant militaire, chargé de la police des hôpitaux,
Un pharmacien de l'armée,
Le médecin des établissements civils,
Un pharmacien civil,
Le commissaire de police.

Art. 2. Les attributions de la commission modifiée, comme il est dit ci-dessus et les peines applicables aux contraventions qu'elle constatera, seront les mêmes que celles qui ont été réglées par l'arrêté susvisé, du 23 mai 1833.

Art. 3. Le directeur de l'intérieur et le procureur-général sont chargés, etc.

4 — 18 Novembre. — Maires et adjoints. — *Arrêté du Gouverneur-Général, qui nomme M. Jonquier adjoint au maire d'Oran.*

Vu les besoins du service,

1o M. Jonquier, négociant à Oran, est nommé adjoint au maire de cette ville, en remplacement du sieur Arrazat, décédé.

Avant d'entrer en fonctions, il prêtera le serment exigé par la loi.

2° Le directeur de l'intérieur est chargé, etc.

9 Novembre. — 18 Décembre. — Pêche du corail. — *Ordonnance royale qui réduit à* huit cents francs *le droit à payer par les étrangers qui se livreront à la pêche du corail sur les côtes de l'Algérie et sur celles de Tunis.*

Vu notre ordonnance du 16 décembre 1843 sur les droits de navigation et de douane en Algérie ;

Vu le traité, en date du 24 octobre 1832, par lequel le Bey de Tunis a cédé à la France l'exploitation de la pêche sur les côtes de cette régence ;

Voulant accorder aux sujets des puissances alliées de la France, qui se livrent à la pêche du corail sur les côtes de l'Algérie ou de la régence de Tunis, les avantages et diminutions de droits compatibles avec les intérêts de la marine française et de la colonisation de l'Algérie (1).

Sur le rapport de notre ministre secrétaire-d'État de la guerre, président du conseil,

Art. 1er. A dater du 1er janvier 1845, les bateaux corailleurs étrangers qui, d'après l'arrêté du 31 mars 1832 sur la pêche du corail en Algérie, payaient pour la pêche d'été une rétribution de onze cent soixante francs, et de cinq cent trente-cinq francs pour la pêche d'hiver, formant ensemble une valeur de seize cent quatre-vingt-quinze francs, ne paieront qu'un droit de pêche de huit cents francs pour l'année entière, sans distinction de saisons d'hiver ou d'été.

Art. 2. Les bateaux sardes, armés, commandés et équipés par des Sardes et pêchant exclusivement dans les eaux tunisiennes, continueront d'acquitter les droits, conformément à l'art. 6 du traité du 24 octobre 1832. Ces mêmes bateaux pourront faire la pêche sur les côtes de l'Algérie, pourvu qu'au préalable ils en aient fait la déclaration au bureau de La Calle, et qu'ils aient acquitté le supplément de droits nécessaire pour compléter la redevance fixée par l'art. 1er de la présente ordonnance.

Art. 3. Conformément à l'article 3 de notre ordonnance du 16 décembre 1843, les bateaux étrangers employés en Algérie à la pêche du corail, seront tenus de se pourvoir d'un passeport valable pour un an, sous peine d'une amende de cent francs.

Le prix de ces passeports est fixé ainsi qu'il suit :

Pour les bateaux de moins de dix tonneaux, 5 fr.
Id. de dix à trente tonneaux, 15 fr.
Id. de plus de trente tonneaux, 30 fr.

Art. 4. Les articles 1, 3 et 4 de l'arrêté du 31 mars 1832 sont abrogés. Les autres articles, purement réglementaires, seront l'objet d'un nouvel arrêté de notre ministre secrétaire-d'Etat de la guerre.

Art. 5. Notre ministre secrétaire-d'Etat de la guerre est chargé, etc.

(1) Ce considérant explique parfaitement l'esprit de l'ordonnance, voyez ci-dessus l'arrêté du 31 mars 1832 et note.

15 — 30 Novembre. — PARTICIPATION DES TRIBUS AUX TRAVAUX D'UTILITÉ PUBLIQUE. — *Circulaire n° 22 du Gouverneur-Général à MM. les Généraux et Colonels commandant les Divisions et Subdivisions, et à MM. les Officiers, chefs des bureaux arabes, renfermant des instructions sur le mode à suivre quand il y aura lieu d'imposer extraordinairement des tribus pour les faire subvenir à la dépense résultant de travaux d'intérêt local.*

Général,

L'un des grands moyens d'accoutumer les Arabes à notre domination est de favoriser leurs intérêts de toute manière, mais surtout par des travaux d'utilité publique qui leur donneraient des facilités commerciales ou augmenteraient leurs richesses agricoles et les commodités de la vie. De ce nombre sont, les barrages de rivières ou de ruisseaux pour les irrigations, les routes, les chemins, les ponts, les fontaines, les puits, les abreuvoirs, etc.

Mais vous comprendrez qu'il serait impossible au gouvernement de faire tous les frais qu'entraîneraient des travaux aussi multipliés, si les tribus elles-mêmes ne s'imposaient pas quelquefois pour la totalité des dépenses, quand elles ne sont pas très considérables, d'autres fois pour une partie seulement quand les travaux excéderaient leurs facultés pécuniaires.

Je vous engage donc à examiner ce qu'il y aurait de plus urgent à faire dans l'ordre des travaux indiqués ci-dessus, pour les tribus qui sont sous votre commandement. Quand vous aurez reconnu cette urgence, le commandant de la subdivision fera faire par le commandant du génie un aperçu de la dépense, et s'il juge qu'elle n'excède pas les facultés de la tribu, ou les possibilités de l'administration de lui venir en aide, dans le cas où cela serait nécessaire, il appellera la commission administrative à donner son avis. S'il est favorable, il réunira les chefs et les principaux de la tribu ou des tribus intéressées, pour les engager à s'imposer extraordinairement pour subvenir aux frais du travail projeté. Si l'assemblée des chefs arabes y consent, l'impôt extraordinaire sera immédiatement levé dans les formes usitées pour l'impôt ordinaire, s'il n'excède pas le tiers de l'impôt total annuel de la tribu; s'il l'excédait et n'en dépassait pas la moitié, le commandant de la province déciderait; s'il dépassait la moitié il en serait référé au Gouverneur-Général, auquel il sera rendu compte, dans tous les cas, de toutes les opérations de ce genre.

Si l'impôt extraordinaire de la tribu ne pouvait pas suffire au travail, et que l'administration dût supporter une partie des frais, il serait adressé au Gouverneur-Général, par le commandant de la province, une demande de crédit à cet effet.

Au fur et à mesure que l'impôt sera perçu, il sera versé entre les mains de l'officier chargé des affaires arabes.

Dès que la perception sera complète, et le crédit supplémentaire, s'il y a lieu, accordé, on procédera à l'exécution des travaux.

Aussitôt que la dépense aura été votée par la tribu ou les tribus intéressées, le commandant de la subdivision fera étudier complètement le travail par le commandant du génie, qui en fera le plan et le devis; ce dernier sera calculé sur l'emploi des ouvriers militaires.

Le génie militaire sera habituellement chargé de l'exécution. Cependant si l'on jugeait possible de trouver des entrepreneurs civils, en leur fournissant des ouvriers militaires surveillés par des officiers, on pourrait employer ce moyen.

Dans ces deux cas, l'officier chargé des affaires arabes sera le comptable des travaux; si c'est l'officier du génie qui exécute, il acquittera les mandats tirés sur lui à cet effet par cet officier, qui n'aura à rendre aucun compte de gestion des deniers; il sera seulement responsable, envers le commandant supérieur de la subdivision, de la bonne exécution des travaux et du bon emploi des fonds.

Si c'est un entrepreneur civil, l'officier chargé des affaires arabes acquittera les dépenses conformément au cahier des charges.

L'opération étant terminée, l'officier chargé des affaires arabes rendra compte à la commission administrative de l'emploi des deniers perçus sur la tribu ou les tribus, ainsi que du crédit extraordinaire, s'il en a été rendu comptable.

Vous voudrez bien donner copie de cette circulaire à MM. les commandants des subdivisions, qui la feront connaître aux commissions administratives et aux officiers chargés des affaires arabes. Veuillez m'en accuser réception, et me communiquer les observations qu'elles vous auront suggérées.

15 Novembre. — 18 Décembre. — ADMINISTRATION GÉNÉRALE. — *Arrêté du Gouverneur-Général, qui investit M. le lieutenant-général MLrodiea-*

cière des pouvoirs conférés au Gouverneur-Général pour tout le temps que doit durer son absence.

Art. 1er Pendant la durée du congé que nous allons passer en France, M. le lieutenant-général de La Moricière, commandant de la division d'Oran, nous suppléera dans l'exercice des pouvoirs conférés au gouverneur-général par les ordonnances et arrêtés ministériels en vigueur ; à ce titre il présidera le conseil d'administration.

Ces pouvoirs, quand il ne sera pas présent au chef-lieu du gouvernement, seront, en ce qui concerne l'expédition des affaires administratives, exercés par M. le lieutenant-général de Bar, commandant la division d'Alger.

Art. 2. Pour toutes les affaires dans le cas d'être soumises au gouverneur-général, les divers chefs de service auront à correspondre avec le lieutenant-général délégué, en vertu du présent arrêté, pour avoir la direction supérieure des services administratifs.

15 Novembre. — 18 Décembre. — COMMISSIONS ADMINISTRATIVES. — *Arrêté du Gouverneur-Général, portant que le Receveur des Domaines fera toujours partie des Commissions administratives lorsque indépendamment du Receveur des contributions diverses, celles-ci ne comptent pas déjà au nombre de leurs membres un employé supérieur de cette administration.*

Vu les arrêtés des 3 septembre et 7 novembre 1842, sur l'organisation administrative adoptée pour les villes et territoires régis par l'autorité militaire ;

Considérant que d'après la composition actuelle des commissions administratives le receveur des domaines n'en est pas toujours membre, et que pourtant à raison des questions domaniales qui s'agitent dans ces commissions, la présence de cet agent y serait habituellement fort utile

Sur la proposition de M. le directeur des finances,

Vu l'urgence :

Art. 1er. Dans les commissions administratives qui ne comptent pas au nombre de leurs membres un employé supérieur des domaines, le receveur de cette administration en fera toujours partie comme membre, indépendamment du receveur des contributions diverses.

Art. 2. Le directeur des finances ainsi que les commandants supérieurs de chaque localité à laquelle cette disposition est applicable, sont chargés, etc.

16 — 30 Novembre. — STATISTIQUE DE L'INTÉRIEUR. — *Circulaire n° 23 du Gouverneur-Général à MM. les Généraux et Colonels commandant les divisions, etc., qui fixe un dernier délai pour l'envoi des documents statistiques relatifs à la population arabe.*

A différentes reprises j'ai réclamé l'envoi des travaux statistiques en ce ce qui concerne la population arabe de toutes les subdivisions et cercles de l'Algérie; ces travaux devaient être établis sur les modèles imprimés dont j'ai fait faire l'envoi dans tous les chefs-lieux de commandement.

L'établissement de ces documents, pour ne présenter que des résultats exacts, demandait à la vérité un temps assez long ; bien des circonstances ont dû souvent en retarder l'exécution. Je pense néanmoins, qu'en ce moment, tous ces travaux doivent toucher à leur terme, et en vous les réclamant de nouveau, je fixe la fin de l'année pour l'époque où tous devront m'être parvenus.

Si des obstacles nouveaux s'opposaient encore à ce qu'ils me fussent envoyés dans ce délai, vous voudrez bien m'en rendre compte et chercher à compléter ensuite le travail le plus tôt possible.

19 Novembre — 18 Décembre. — CIRCONSCRIPTION ADMINISTRATIVE. — *Arrêté ministériel qui détermine celle de l'Administration civile de Philippeville.*

Vu l'ordonnance royale du 10 décembre 1842, qui institue une sous-direction de l'intérieur à Philippeville;

Considérant qu'il importe d'entourer Philippeville d'une banlieue affectée plus particulièrement aux établissements européens;

Art. 1er. Le ressort de l'administration civile de Philippeville comprend toute la vallée du Zeramma et la partie inférieure de la vallée du Safsaf, jusqu'à la crête des premières montagnes, le tout délimité conformément au plan ci-annexé.

Art. 2. Le gouverneur-général de l'Algérie est chargé, etc.

21 Novembre. — 18 Décembre. — MILICE. — *Arrêté du Gouverneur-Général, portant que la milice de Bou-*

gie sera dorénavant composée d'une compagnie de grenadiers et d'une section de sapeurs-pompiers.

Vu les arrêtés des 28 octobre 1836 et 17 décembre 1841, sur l'organisation de la milice;

Considérant qu'il y a lieu de modifier l'organisation de la milice de Bougie;

Sur la proposition du commandant supérieur de cette localité;

Art. 1er. La milice de Bougie se composera dorénavant d'une compagnie de grenadiers et d'une section de sapeurs-pompiers.

Art. 2. Le commandant supérieur de Bougie est chargé, etc.

21 Novembre. — 18 Décembre. — — ID., *qui crée à Mers-el-Kébir une section de compagnie de chasseurs.*

Vu les arrêtés des 28 octobre et 12 decembre 1836, 17 décembre 1844 et 19 mars 1844, concernant la milice africaine;

Attendu qu'il existe à Mers-el-Kébir une population assez forte pour former, indépendamment du contingent qu'elle doit fournir à la compagnie de marins d'Oran, une section de compagnie de chasseurs;

Art. 1er. Il est créé à Mers-el-Kébir une section de compagnie de chasseurs.

Art. 2. Le directeur de l'intérieur est chargé, etc.

25 Novembre. — 18 Décembre. — COLONISATION. — *Arrêté du Gouverneur-Général, portant qu'il sera formé au lieu dit Misserghine un centre de population composé de 104 feux.*

Vu l'art. 2 de l'arrêté du 1er décembre 1841, sur le séquestre;

Vu l'arrêté du 18 avril 1841 relatif à l'établissement des centres de population;

Vu l'ordonnance du roi du 1er octobre dernier sur la constitution de la propriété;

Considérant qu'il convient d'établir un village sur l'emplacement dit Misserghine (district d'Oran);

Vu les plans produits;

Sur la proposition du directeur de l'intérieur;

Le conseil d'administration entendu;

Art. 1er. Il sera formé à Misserghine (district d'Oran) un centre de population qui comprendra 104 feux. Sa circonscription territoriale renfermera 1044 hectares, conformément au plan ci-annexé.

Art. 2. Il sera fait remise à la direction de l'intérieur, par la direction des finances, des terres qui appartiennent au domaine dans les limites de ce territoire.

Quant aux parcelles appartenant à des particuliers, comprises dans ce même territoire, et qui faute de pouvoir être acquises de gré à gré seraient dans le cas d'être expropriées, il sera procédé pour ce qui les concerne dans les formes déterminées par l'ordonnance du roi, précitée.

Art. 3. Le directeur de l'intérieur et le directeur des finances sont chargés, etc.

26 — 30 Novembre. — PROPRIÉTÉS RURALES DU BEYLICK EN PAYS ARABE. — *Circulaire n° 24 du Gouverneur-Général à MM. les Généraux et Colonels commandant les divisions et subdivisions, et à MM. les Chefs des bureaux arabes, sur l'établissement d'un état de consistance des propriétés rurales appartenant au Beylick, situées sur le territoire arabe*(1).

Par dépêche du 8 de ce mois, M. le ministre de la guerre m'invitant à faire dresser, avec le concours des commissions administratives des villes et territoires régis par l'autorité militaire, sur les divers points de l'Algérie, l'état de consistance des immeubles ruraux faisant partie de l'ancien Beylick, qui sont situés sur le territoire dépendant de chaque subdivision, je vous recommande de prescrire les mesures nécessaires pour que ce travail soit établi le plus tôt possible.

Le tableau ci-joint servira de guide pour l'établir; mais dans la vue de le compléter, vous aurez soin de me faire indiquer en outre, par subdivision, agalik et tribu,

1° Quels sont les biens du Beylick provenant des Turcs;

2° Ceux provenant de séquestre ou confiscation sous la domination française.

M. le directeur des finances, auquel j'écris à ce sujet, transmettra des instructions aux receveurs du domaine, pour qu'ils aient à réunir immédiatement les éléments de ce travail. Veuillez, de votre côté, donner des ordres dans le même but aux officiers chargés des affaires arabes, afin que, de concert avec l'agent du domaine, le relevé de consistance des propriétés rurales du Beylick soit constaté avec exactitude.

---

(1) Ces prescriptions du ministre ont été de nouveau consacrées par l'art. 1er de l'ordonnance royale du 9 novembre 1845 sur le domaine.

26 Novembre. — 18 Décembre. — MAIRES ET ADJOINTS.—*Arrêté du Gouverneur Général, qui nomme le sieur Hamed ben Luzen adjoint indigène à la mairie de la Pointe-Pescade.*

M. le président du conseil, ministre de la guerre, par dépêche du 16 novembre, a approuvé l'arrêté ci-dessus relaté de M. le Gouverneur-Général, portant création d'un bourg à Misserghine.

Vu les besoins du service;

Sur la proposition de M. le directeur de l'intérieur,

1° Le sieur Sid Hamed ben Luzen est nommé adjoint indigène à la mairie de la Pointe-Pescade, en remplacement du sieur Sid Abdrahaman Ouild Sahaji, démissionnaire.

Avant d'entrer en fonctions, il devra prêter le serment exigé par la loi.

2° Le directeur de l'intérieur est chargé, etc.

26 Novembre. — 18 Décembre. — ADMINISTRATION GÉNÉRALE. — *Arrêté du Commandant en chef par intérim, qui délègue M. le lieutenant-général de Bar pour l'exercice des pouvoirs qui lui avaient été conférés par l'arrêté du 15 dudit mois.*

Vu l'arrêté de M. le maréchal, gouverneur-général, en date du 15 du courant, qui, entre autres dispositions, délègue éventuellement, pour l'expédition des affaires administratives, M. le lieutenant-général de Bar, dans le cas où nous viendrions à nous éloigner momentanément du chef-lieu du gouvernement.

Attendu notre départ dans la soirée pour la province d'Oran,

Article unique. Jusqu'à ce qu'il soit autrement ordonné, M. le lieutenant-général de Bar réunira au commandement de la division d'Alger la direction supérieure de l'administration. A ce titre, il présidera le conseil d'administration et exercera la plénitude des pouvoir conférés au gouverneur-général par les ordonnances et arrêtés pour l'expédition des affaires administratives.

30 Novembre. — 31 Décembre. — JUSTICE ET TRIBUNAUX. — *Ordonnance royale qui modifie l'organisation des tribunaux de l'Algérie, en institue de nouveaux et détermine le ressort et la compétence de chacun d'eux.*

Louis-Philippe, etc.

Sur le rapport de notre ministre secrétaire d'État de la guerre, président du conseil, et de notre garde des sceaux, ministre secrétaire d'État au département de la justice et des cultes,

Vu nos ordonnances des 26 septembre 1842 et 1er octobre dernier, nous avons ordonné et ordonnons ce qui suit (1) :

Art. 1er Le ressort de la cour royale d'Alger embrasse tous les territoires compris dans la juridiction des tribunaux de 1re instance de l'Algérie.

Art. 2. La cour royale d'Alger se compose :

D'un président, d'un vice-président, de douze conseillers, d'un greffier en chef, qui a sous ses ordres deux commis greffiers assermentés.

Les fonctions du ministère public près la cour sont remplies par un procureur-général, deux avocats-généraux et deux substituts du procureur-général.

Art. 3. La cour se divise en deux chambres : une chambre civile et une chambre criminelle.

La chambre civile connaît des appels des jugements rendus en matière civile et commerciale par les tribunaux de première instance et de commerce, et par les tribunaux musulmans. Elle est présidée par le président de la cour.

---

(1) Cette ordonnance, celle du 26 juillet 1846, qui crée une deuxième chambre civile au tribunal d'Alger, forment, avec l'ordonnance royale du 26 septembre 1842 le code judiciaire proprement dit de l'Algérie.

Les principales modifications apportées par l'ordonnance royale ci-dessus, à l'ordonnance royale du 26 septembre 1842, consistent :

1° Dans l'accroissement du personnel de la cour royale, porté de 14 à 19.

2° Dans la création d'un emploi de substitut près la cour royale.

3° Dans la division de la cour en deux chambres.

4° Dans l'augmentation du traitement des avocats-généraux, porté de 6,000 à 7,000.

5° Dans la création d'un vice-président à la cour royale d'Alger.

6° Dans la création d'un vice-président au tribunal d'Alger.

7° Dans la création d'un emploi de substitut près ce tribunal.

(Ces deux dernières créations sans augmentation du personnel du tribunal de première instance.)

8° Dans la création d'un tribunal de première instance à Blidah.

9° Dans l'établissement d'une seconde justice de paix à Alger.

10° Dans l'établissement d'une justice de paix à Douéra.

11° Dans la suppression des conseillers adjoints et des juges adjoints.

— Pour compléter l'ensemble de l'organisation judiciaire de l'Algérie, l'on peut consulter les ordonnances des 9 et 16 février 1845 sur les greffiers, l'ordonnance royale et l'arrêté ministériel du 19 mai 1846 sur les interprètes judiciaires.

— Voyez également ci-dessous l'ordonnance royale du 15 décembre 1844, portant nomination des membres de la cour et des tribunaux.

La chambre criminelle connaît :

1° De toutes les affaires de la compétence des cours d'assises, directement pour la province d'Alger, et sur appel des jugements rendus par les tribunuax de Bône, de Philippeville et d'Oran, pour les provinces de Constantine d'Oran;

2° Des appels en matière correctionnelle;

3° Directement, des crimes et délits prévus par le chapitre 3 du titre 4, livre 2 du code d'instruction criminelle, dans tous les cas où le jugement en est déféré aux cours royales de France.

Elle connaît, en outre, des appels en matières civile et commerciale qui lui sont renvoyés par le président.

Elle est présidée par le vice-président : toutefois le président de la cour la préside quand il le juge convenable.

Art. 4. Le tribunal de 1re instance d'Alger se compose d'un président, vice-président, d'un juge d'instruction, de cinq juges, d'un greffier auquel sont adjoints des commis greffiers assermentés, dont le nombre est déterminé par le ministre de la guerre, solon les besoins du service.

Il y a près de ce tribunal un procureur du roi et deux substituts.

Art. 5. Le tribunal de 1re instance d'Alger se divise en deux chambres : une chambre civile et une chambre correctionnelle.

La première connaît des affaires civiles. Elle est présidée par le président du tribunal.

La seconde connaît des affaires correctionnelles et des appels de simple police et des affaires civiles qui peuvent lui être renvoyées par le président. Elle est présidée par le vice-président : toutefois le président du tribunal la préside quand il le juge convenable.

L'une et l'autre chambres jugent au nombre de trois juges, au moins.

Art. 6. A la fin de chaque année, le ministre de la guerre, après la délibération de la cour et du tribunal de 1re instance d'Alger, et sur la proposition du procureur-général, désigne, par un arrêté spécial, ceux des conseillers et des juges qui devront faire partie, pendant l'année suivante, de chacune des chambre de la cour et du tribunal.

Cette désignation subsiste aussi longtemps que l'arrêté de renouvellement n'est pas intervenu. Elle ne fait pas obstacle à ce que les conseillers ou juges attachés à l'une des chambres soient, en cas d'empêchement ou de besoin, suppléés par ceux de l'autre chambre.

La première désignation pour l'année 1845 sera faite d'office par le ministre de la guerre avant le 1er janvier.

Art. 7. Il est établi un tribunal de 1re instance à Blidah.

Le ressort de ce tribunal comprend les districts de Blidah, Bouffarick et Koléah.

Sa compétence est la même en matière civile, commerciale, correctionnelle et d'appel de simple police, que celle des tribunaux de Bône, Oran et Philippeville.

Art. 8. Les tribunaux de Blidah, Oran et Philippeville se composent chacun d'un président, de quatre juges, dont l'un est chargé du service de l'instruction, et d'un greffier, qui a sous ses ordres un commis greffier assermenté (1).

Ils ne peuvent juger qu'au nombre de trois juges au moins.

Il y a près de chacun de ces tribunaux un procureur du roi et un substitut du procureur du roi.

Art. 9. Il est établi une seconde justice de paix à Alger, et une justice de paix à Douéra.

Art. 10. Les justices de paix d'Alger sont délimitées ainsi qu'il suit :

L'une (canton nord), comprend :

1° La partie de la ville située du côté droit de la ligne qui partant de la porte de la Marine suit la rue de la Marine, et traversant la place royale, suit la rue de la Porte-Neuve et la route de Blidah;

2° Les communes d'El-Biar, de Dely-Ibrahim, de Cherragas, d'Ouley-Fayet, de Sidi-Ferruch, de la Pointe-Pescade et de la Boudzarréah.

L'autre (canton sud), comprend :

1° Toute la partie de la ville en dehors de la porte de la Marine et des limites ci-dessus déterminées;

2° Les communes de Mustapha, d'Hussein-Dey, de Kouba, de Birmandreïs, de Birkadem et de Drariah.

Art. 11. Le service au tribunal de simple police d'Alger se fera conformément aux dispositions des articles 142 et 143 du code d'instruction criminelle.

Art. 12. La circonscription de la justice de paix de Douéra est la même que celle du district.

Art. 13. La compétence et les attributions diverses des juges de paix de Blidah et de Douéra sont les mêmes que celles des juges de paix de France.

Art. 14. Les conseillers adjoints et juges adjoints sont supprimés.

Art. 15. Le traitement du vice-président

(1) Voyez l'arrêté ministériel du 21 décembre 1842 qui délimite le ressort des tribunaux d'Alger, Bône, Oran et Philippeville.

Cet arrêté a été modifié, en ce qui touche le ressort du tribunal d'Oran, par l'arrêté ministériel du 4 août 1843.

En ce qui touche le tribunal de Bône, par l'ordonnance royale du 12 février 1845.

de la cour est du quart en sus de celui de conseiller.

Le traitement du substitut du procureur-général est de 4,500 francs.

Art. 16. Le traitement du vice-président du tribunal de 1re instance d'Alger est du quart en sus de celui du juge.

Art. 17. Le traitement des membres du tribunal de 1re instance de Blidah est le même que celui des membres des tribunaux de Bône, Oran et Philippeville.

Art. 18. Le traitement des juges de paix d'Alger est de 3,000 francs; celui du juge de paix de Douéra de 2,400 francs.

Art. 19. L'intégralité de leur traitement est provisoirement conservée aux magistrats remplissant des fonctions qui seraient moins rétribuées d'après la présente ordonnance.

Art 20. Notre ministre secrétaire d'État de la guerre, président du conseil, et notre garde des sceaux, minstre secrétaire d'Etat de la justice, sont chargés, etc.

12 — 18 Décembre. — MAIRES ET ADJOINTS. — *Arrêté du Gouverneur-Général, qui nomme M. Roux, adjoint à la mairie de Fouka.*

1° M. Roux (Firmin) est nommé adjoint à la mairie de Fouka.

Avant d'entrer en fonctions il prêtera le serment exigé par la loi.

2° Le directeur de l'intérieur est chargé, etc.

13 — 31 Décembre. — TRIBUNAL DE COMMERCE. — *Ordonnance royale qui nomme les membres composant le Tribunal de Commerce pour l'exercice 1845.*

Louis-Philippe, etc.

Vu l'article 14 de l'ordonnance royale du 26 septembre 1842.

Sur le rapport de notre président du conseil, ministre secrétaire d'État de la guerre;

Art. 1er. Le tribunal de commerce d'Alger est composé, pour l'anné 1845, de la manière suivante :

Président : M. Lacrouts.

Juges : MM. Bonnevialle, Citati, Laugier aîné, Suquet aîné, Grubert aîné, Bournichon, Fourchon cadet, Alphandery.

Juges suppléants : MM. Lichtlin, Bedel, Couput, Belloir, Guillon, Boissières.

Art. 2. Notre président du conseil, ministre secrétaire d'État de la guerre, est chargé, etc.

13 — 31 Décembre. — COURTIERS. — *Arrêté ministériel qui nomme aux différents offices de courtiers créés en Algérie par arrêté ministériel du 6 mai 1844.*

Vu l'article 73 de l'ordonnance royale du 26 septembre 1842;

Vu l'arrêté ministériel du 6 mai 1844, portant création d'offices de courtier en Algérie;

Art. 1er Sont nommés, à la résidence d'Alger : 1° courtiers en marchandises:

Les sieurs Bain (Pierre-Louis);
Callamand (Justin);
Laisné (Charles);
Meyer (François);
Roustan (Victor);
Aigon (François-Marius);
Aubé jeune;
Bouron (Barthélemy-Guillaume Simon);
Boutin (François-Joseph);
Chaudoin (Louis-Joseph-Vict.);
Gomot (François-Eléonore);
Guasco (François-Philippe);
Jauvat (Camille-Gabrielle);
Lambert de Maupas (Pierre-François);
Levi (Joseph-Vita);
Millou (Léon);
Mottet (Léon-Paul-Philippe);
Olive (Joseph-Pierre);
Oualid (Jacob);
Oxeda (Jacob);
Porcellaga (Louis-François-Xavier).

2° Courtiers maritimes :

Les sieurs Canton (Lazare);
Cherfils (Antoine);
Gentili (César);
Martin (Antoine);
They (Joseph);
Kulman (Joseph);
Trèves (Jacob-Auguste);

3° Courtiers en marchandises et courtiers maritimes cumulativement :

Les sieurs Garisson Vienne (Etienne).
Vernier (Adolphe-Louis).

Art. 2. Sont nommés à la résidence d'Oran : 1° Courtiers en marchandises :

Les sieurs Devillère (Hector);
Dorange (Hector-Prosper);
Guès (Auguste-Césaire);
Peyssel (Emmanuel);
Philip (Noël-Philibert).

2° Courtiers en marchandises et courtiers maritimes cumulativement.

Les sieurs Bax (Louis-Urbain);
Gonzalve (Henry);

Guiraud (Joseph-Gabriel-Alphonse);
Maruny (François);
Peyre (Jules).

Art. 3. Sont nommés à la résidence de Bône : 1o Courtiers en marchandises :

Les sieurs Briffaut (Eugène);
Fauvelle (Pierre-Adel.);
Gaudin (Bienvenu-Antoine);
Piquet (Théodore).

2o Courtiers en marchandises et courtiers maritimes cumulativement :

Les sieurs Gantès (Hyacinthe-Pierre);
Gestin (Ludovic).

Art. 4. Sont nommés courtiers en marchandises et courtiers maritimes cumulativement, à la résidence de Philippeville :

Les sieurs Carrus (David);
Chiarelli (Frédéric);
Claris (Philippe-Louis-Dominique);
Minet;
Ricoux (Louis-Toussaint).

A la résidence de Mostaganem :

Les sieurs Goudard (Louis-Joseph-Aristide);
Manfredi (Ferdinand).

A la résidence de Bougie :

Le sieur Grasson (Sébastien).

A la résidence de Djidjeli :

Les sieurs Fiével (Emile);
Sambain (Jean-Pierre).

A la résidence de Cherchell :

Le sieur Mamy (Antoine).

A la résidence de Ténès :

Le sieur Savignac (François-Marie).

Art. 5. Les courtiers ci-dessus dénommés seront admis à prêter serment et à exercer en leurs dites qualités, après avoir justifié du versement du cautionnement auquel ils sont assujettis aux termes de l'article 18 de l'arrêté du 6 mai 1844.

Art. 6. Seront admis à servir d'interprètes, pour les langues indiquées ci-après, et dans leurs résidences respectives ;

Les sieurs Gentili, langue italienne.
They, langues italienne et anglaise.
Kuhlman, id. allemande et suédoise.
Guiraud, id. espagnole.
Gestin, id. anglaise, italienne, espagnole et arabe.
Carrus, langue italienne et arabe.
Chiarelli, id. italienne.
Claris id.
Minet, id.
Ricoux, id. et espagnole.
Goudard, id. id.
Manfredi, langues italienne, portugaise, espagnole, anglaise et illyrienne.
Maruny, langues italienne et espagnole.
Grasson, id. id.
Fiével, id. id.
Sambain, id. id.
Savignac, id. id.

Art 7. Le gouverneur-général de l'Algérie est chargé, etc.

11 — 18 Décembre. — COMMISSIONS SANITAIRES. — *Arrêté du gouverneur-général qui institue à Dellys une commission sanitaire.*

Vu l'article 4 de l'arrêté du 25 avril 1832, portant organisation du service sanitaire en Afrique ;

Art. 1er. Il est institué à Dellys une commission sanitaire composée de cinq membres.

Elle exercera à la fois les attributions conférées par l'arrêté du 25 avril 1832, sur le service sanitaire, et par celui du 23 mai 1833, sur les mesures à prendre, dans l'intérêt de la santé publique, pour empêcher la circulation des denrées et comestibles corrompus ou nuisibles.

Art. 2. Sont nommés membres de ladite commission :

L'officier le plus élevé en grande après le commandant supérieur, qui la présidera ;
Le directeur du port ;
Le chirurgien en chef de l'hôpital militaire;
M. Rey, négociant;
M. Hennich (Albert) négociant.

Art. 3. Le commandant supérieur est chargé, etc.

11 — 18 Décembre. — MILICE. — ID., ID, *portant que le Conseil de recensement de la ville d'Alger sera composé à l'avenir de dix membres.*

Vu les arrêtés des 28 octobre 1836 et 17 décembre 1841 sur la milice.

Considérant qu'il arrive fréquemment que le conseil de recensement se trouve dans l'impossibilité de délibérer faute d'un nombre suffisant de membres présents à Alger.

Sur la proposition de M. le directeur de l'intérieur ;

Art. 1er Le conseil de recensement institué pour la milice de la ville d'Alger se composera à l'avenir de dix membres.

Art. 2. Le directeur de l'intérieur est chargé, etc.

15 — 31 Décembre. — Justice et Tribunaux. — *Ordonnance royale qui nomme les membres des Cours et Tribunaux réorganisés ou institués par celle du 30 novembre précédent.* (1)

Louis-Philippe, etc.

Sur le rapport de notre président du conseil, ministre secrétaire d'État au département de la guerre, et de notre garde des sceaux, ministre secrétaire d'État au département de la justice et des cultes;

Vu notre ordonnance en date du 30 novembre 1844, concernant l'organisation judiciaire de l'Algérie, avons nommé et nommons :

Vice-président de la cour royale d'Alger, M. Bertora, président de chambre à la cour royale de Bastia;

Conseiller à la cour royale d'Alger, M. Majorel, juge au tribunal de 1re instance d'Alger, faisant fonctions de vice-président à ce tribunal;

Conseiller à la cour royale d'Alger, M. Planchat, président du tribunal de 1re instance d'Oran;

Conseiller à la cour royale d'Alger, M. Marion, président du tribunal de 1re instance de Bône;

Conseiller à la cour royale d'Alger, M. Cazamajour, juge au tribunal de 1re instance d'Alger;

Conseiller à la cour royale d'Alger, M. Camper, procureur du roi près le tribunal de 1re instance de Vitré (Ille-et-Vilaine);

Substitut du procureur-général du roi en Algérie, M. Pierrey, substitut du procureur du roi près le tribunal de 1re instance d'Alger;

Vice-président du tribunal de 1re instance d'Alger, M. Semidéi, procureur du roi près le tribunal de 1re instance de Philippeville;

Juge au tribunal de 1re instance d'Alger, M. Tourangin-Desbrissards, conseiller adjoint à la cour royale d'Alger, en remplacement de M. Majorel, appelé à d'autres fonctions;

Juge au tribunal de 1re instance d'Alger, M. Brown, conseiller adjoint à la cour royale d'Alger, en remplacement de M. Cazamajour, appelé à d'autres fonctions;

Juge au tribunal de 1re instance d'Alger, M. Bolaert, juge au tribunal de 1re instance d'Hazebrouck (Nord);

Substitut du procureur du roi près le tribunal de 1re instance d'Alger, M. Bertauld, substitut près le siége d'Oran, en remplacement de M. Pierrey, appelé à d'autres fonctions;

Substitut du procureur du roi près le tribunal de 1re instance d'Alger, M. Bonie, substitut près le siége de Bône;

Président du tribunal de 1re instance de Blidah, M. Lefèvre, juge d'instruction au tribunal de 1re instance de Caen (Calvados);

Juge d'instruction au tribunal de première instance de Blidah, M. Bordes, juge d'intruction au tribunal de 1re instance de Réthel (Ardennes);

Juge au tribunal de 1re instance de Blidah, M. Beaufils, juge au tribunal de 1re instance de Bone;

Juge au tribunal de 1re instance de Blidah, M. Mathelat (Pierre-Alex.), avocat, attaché à la chancellerie;

Juge au tribunal de 1re instance de Blidah, M. de Tonnac, juge de paix à Blidah;

Procureur du roi près le tribunal de 1re instance de Blidah, M. Lardeur, procureur du roi près le tribunal de 1re instance de Montbrison (Loire);

Substitut du procureur du roi près le tribunal de 1re instance de Blidah, M. Mottet, substitut près le siége de Philippeville;

Président du tribunal de 1re instance de Bône, M. Gazan de Laperrière, procureur du roi près le même siége, en remplacement de M. Marion, appelé à d'autres fonctions;

Juge au tribunal de 1re instance de Bône, M. Hun, juge adjoint au même siége, en remplacement de M. Beaufils, appelé à d'autres fonctions;

Juge au tribunal de 1re instance de Bône, M. Bourdens-Lasalle, juge suppléant au tribunal de 1re instance d'Agen (Lot-et-Garonne);

Juge au tribunal de 1re instance de Bône, M. Jourdan (Auguste) avocat;

Procureur du roi près le tribunal de 1re instance de Bône, M. Pinson de Ménerville, juge d'instruction au siége de Philippeville, en remplacement de M. Gazan de Laperrière, appelé à d'autres fonctions;

Substitut du procureur du roi près le tribunal de 1re instance de Bône, M. Thierry, juge adjoint au même siége, en remplacement de M. Bonie, appelé à d'autres fonctions;

Président du tribunal de 1re instance d'Oran, M. de Vaudrecourt, juge d'instruction au tribunal de 1re instance de Libourne (Gironde), en remplacement de M. Planchat, appelé à d'autres fonctions;

Juge au tribunal de 1re instance d'Oran,

(1) Voyez ci-dessous les ordonnances royales des 13 février, 16 mai, 15 décembre 1844, 13 janvier, 22 juillet, 25 septembre, 29 décembre 1845 et 14 avril 1846.

M. Sudraud-Desisles, juge adjoint au siége de Philippeville;

Juge au tribunal de 1re instance d'Oran, M. Gandillot (Guillaume-Denis-Romaric, avocat, docteur en droit;

Substitut du procureur du roi près le tribunal de 1re instance d'Oran, M. Fenigan (Jules), avocat attaché au parquet du procureur-général en Algérie, en remplacement de M. Bertauld, appelé à d'autres fonctions;

Juge d'instruction au tribunal de 1re instance de Philippeville, M. Truaut, juge-adjoint au siége d'Alger, en remplacement de M. Pinson de Ménerville, appelé à d'autres fonctions;

Juge au tribunal de 1re instance de Philippeville, M. Bonhomme de Lajaumont, juge adjoint au siége d'Alger;

Juge au tribunal de 1re instance de Philippeville, M. Bon, juge adjoint au même siége;

Procureur du roi près le tribunal de 1re instance de Philippeville, M. Didier, juge adjoint au tribunal de 1re instance d'Alger, en remplacement de M. Semidéi, appelé à d'autres fonctions;

Substitut du procureur du roi près le tribunal de 1re instance de Philippeville, M. Chevillotte, docteur en droit, juge adjoint à Oran.

Notre ministre secrétaire d'État de la guerre, président du conseil, et notre garde des sceaux, ministre secrétaire d'État de la justice et des cultes, sont chargés, etc.

20 — 31 Décembre. — Milice. — *Arrêté du Gouverneur-Général, qui réorganise la cavalerie de la Milice algérienne.*

Vu les arrêtés du 28 octobre et du 12 décembre 1836, 16 décembre 1841 et 29 mars dernier sur la milice;

Considérant que par suite de l'accroissement considérable survenu dans le chiffre de la population de la ville d'Alger, l'effectif des bataillons urbains de la milice se trouvant au grand complet, le besoin se fait sentir d'une nouvelle organisation de la cavalerie de ladite milice, arme qui par sa spécialité est d'ailleurs dans le cas d'être constituée en un corps à part, ainsi que l'expérience en a démontré la nécessité;

Sur la proposition de M. le directeur de l'intérieur,

Avons arrêté et arrêtons:

Art. 1er. La cavalerie de la milice d'Alger cesse de faire partie du 1er bataillon; elle formera à l'avenir un corps distinct, composé de deux divisions, suivant le cadre ci-après:

État-major.

1 Chef d'escadron, commandant,
1 Chirurgien aide-major,
1 Adjudant-sous-officier, non payé.
1 Maréchal-de-logis chef, porte-étendard.
1 Vétérinaire.
1 Capitaine en 1er.
1 Id. en 2e.
1 Lieutenant en 1er.
1 id. en 2e.
1 Maréchal-des-logis chef.
1 Maréchal des-logis fourrier.
6 Brigadiers.
55 Cavaliers.
2 Trompettes.

Art. 2. Le directeur de l'intérieur est chargé, etc.

20 — 31 Décembre. — Id., id., *portant qu'il sera formé à Alger une seconde compagnie de sapeurs-pompiers.*

Vu les arrêtés du 28 octobre et 12 décembre 1836, 19 décembre 1841 et 29 mars 1844, sur la milice;

Considérant que l'extension que prend la ville d'Alger par ses faubourgs extérieurs nécessite la création d'une seconde compagnie de sapeurs-pompiers dans ladite ville;

Sur la proposition de M. le directeur de l'intérieur,

Art. 1er Il est formé à Alger une seconde compagnie de sapeurs-pompiers, qui sera composée, comme celle déjà existante, de la manière suivante:

1 Capitaine.
1 Lieutenant.
2 Sous-lieutenants.
1 Sergent-major.
1 Sergent-fourrier.
4 Sergents.
8 Caporaux.
61 Sapeurs-pompiers.
1 Tambour.
Total 80 hommes.

Art. 2. Le directeur de l'intérieur est chargé, etc.

20 — 31 Décembre. — Culte — *Ordonnance royale qui approuve les nominations faites par l'Évêque*

d'Alger des abbés Carron et Bernadou, à des canonicats dans sa cathédrale.

Louis-Philippe,

Sur le rapport de notre garde des sceaux, ministre secrétaire d'État au département de la justice et des cultes,

La nomination faite par l'évêque d'Alger de l'abbé Carron (Eustache) à un canonicat dans sa cathédrale, est agréée.

Notre garde des sceaux, ministre secrétaire d'État au département de la justice et des cultes, est chargé, etc.

Sur le rapport de notre garde des sceaux, ministre secrétaire d'État au département de la justice et des cultes,

La nomination faite par l'évêque d'Alger de l'abbé Bernadou (Victor) à un canonicat dans sa cathédrale est agréée.

Notre garde des sceaux, ministre secrétaire d'État au département de la justice et des cultes, est chargé, etc.

21 — 31 Décembre. — Id. id. — *qui nomme le sieur Beard du Dezert, juge de paix à la résidence de Douéra.*

Vu l'art. 9 de l'ordonnance royale du 30 novembre dernier, portant création d'une justice de paix à la résidence de Douéra;

Vu l'article 28 de l'ordonnance du 26 septembre 1842;

Sur le rapport de notre président du conseil, ministre secrétaire d'État de la guerre;

Art. 1er. Le sieur Beard du Dezert, avocat, est nommé juge de paix à la résidence du Douéra;

Art. 2. Notre président du conseil, ministre secrétaire d'État de la guerre, est chargé, etc.

21 — 31 Décembre. — Octroi municipal. — *Ordonnance royale portant qu'à dater du 1er avril 1845 il sera perçu aux portes de mer, dans les villes du littoral de l'Algérie, un droit d'octroi municipal sur les objets désignés au tarif annexé à cette ordonnance.*

Louis-Philippe, etc.

Vu notre ordonnance du 21 août 1839, sur le régime financier en Algérie;

Vu l'art. 5 de la loi de finances du 4 août 1844;

Sur le rapport de notre ministre secrétaire d'État de la guerre, président du conseil,

Avons ordonné, etc.

Art. 1er. A dater du 1er avril 1845, il sera perçu, aux portes de mer, dans les villes du littoral de l'Algérie, un droit d'octroi municipal sur les objets désignés au tarif ci-annexé (1).

Art. 2. Le droit d'octroi municipal sera perçu sur les objets dénommés au tarif, quels qu'en soient l'origine, la provenance, le pavillon importateur et la destination en Algérie.

Art. 3. Les approvisionnements en vivres, destinés pour le service de la marine, seront introduits dans ses magasins de la manière prescrite pour les objets admis en entrepôt; le compte en sera suivi par les employés, et les droits seront dus sur toutes quantités enlevées à destination autre que les bâtiments de l'État.

Art. 4. A partir du 1er janvier 1846, le produit net de l'octroi municipal sera soumis, au profit du Trésor, au prélèvement de dix pour cent prescrit par l'art. 153 de la loi du 28 avril 1816.

Art. 5. Les employés des douanes feront, pour le compte du service local et municipal, la perception du droit d'octroi municipal.

Art. 6. Les dispositions législatives et réglementaires relatives aux douanes seront applicables au droit d'octroi munici-

(1) Avant cette ordonnance, deux octrois : un *octroi de mer* fixé par les arrêtés des 17 octobre 1830 et 27 février 1834 et un *octroi de terre* établi par les dispositions du titre 3 de l'arrêté du 28 juillet 1842.

L'octroi de terre présentait en Algérie plusieurs inconvénients graves. Il blessait les Arabes dans leurs habitudes, et pouvait contribuer à les éloigner de nos marchés. Il occasionnait en outre des encombrements fâcheux à l'entrée des villes dont les rues sont généralement très étroites. Enfin, les frais de perception de ces droits étaient considérables, et excédaient les produits. L'ordonnance ci-dessus a eu pour objet de remédier à ces inconvénients, en simplifiant le système fiscal. Un seul *octroi municipal* remplace les deux octrois de terre et de mer.

10 pour cent sont prélevés sur les produits de cet octroi, au profit du Trésor, conformément à l'article 153 de la loi du 28 avril 1816. Le reste, déduction faite d'un autre dixième pour la perception dont sont chargés les agents de la douane, est appliqué aux besoins locaux de l'Algérie, considérée comme une grande unité communale, et sans affectation particulière aux villes où le droit d'octroi municipal a été perçu.

Le système introduit par l'ordonnance ci-dessus, a d'ailleurs l'avantage que n'offrait pas l'ancien, d'atteindre également tous les consommateurs, Européens et indigènes.

pal, en tout ce qui concerne les déclarations, la mise en entrepôt, le contentieux, la liquidation des droits et le cabotage.

Art. 7. Sont et demeurent abrogées toutes dispositions contraires à la présente ordonnance, notamment l'arrêté du 17 octobre 1830, constitutif du droit d'octroi de mer en Algérie, et le titre III de l'arrêté du 28 juillet 1842, relatif aux droits d'octroi aux portes de terre.

Ces perceptions cesseront d'être effectuées à dater du 1er avril 1845.

Art. 8. Notre ministre secrétaire d'État de la guerre est chargé, etc.

Tarif annexé à l'ordonnance du 21 décembre 1844, sur le droit d'octroi municipal à l'entrée par mer.

DÉSIGNATION DES OBJETS.				F.	C.	OBSERVATIONS.
BOISSONS ET LIQUIDES.						
Vins.	Ordinaire.	En cercles ou en dames-jeannes.	l'hect. de liquide.	5	»	(1) Les bouteilles, flacons et cruchons d'un litre à un demi excl. de contenance seront pris pour un litre et ceux d'un demi litre et au-dessous pour un demi litre.
		En bouteilles (1).	d°	15	»	
	de liqueur.	En cercles.	d°	8	»	
		En bouteilles (1)	d°	25	»	
Vinaigres.		En cercles.	d°	5	»	
		En bouteilles (1).	d°	10	»	
Bière, cidre, poiré et hydromel.		En cercles.	d°	5	»	
		En bouteilles ou cruchons (1).	d°	5	»	
Eau-de-vie et esprit.		En cercles.	d° d'alcool pur	30	»	
		En bouteilles (1) (2).	d°	30	»	
Liqueurs.		En cercles.	d° de liquide.	40	»	(2) Chaque bouteille d'eau de vie ou d'esprit quel qu'en soit le degré, devra être comptée pour un litre d'alcool pur, les demi bouteilles pour un demi litre.
		En bouteilles (1)	d°	40	»	
COMESTIBLES.						
Sucre. Café.			100 kilogrammes.	5	»	
Chocolat.			d°	5	»	
Thé.			d°	10	»	
Sucreries (bonbons, fruits confits au sucre, confitures et autres).			d°	25	»	
			d°	12	»	
Sirops.		En cercles.	d°	10	»	
		En fioles, flacons ou bouteilles.	d°	10	»	
Pâtisseries sucrées de petit four (biscuits, macarons, massepains, nougats et autres).			d°	6	»	
Conserves alimentaires (en terrine, boîtes de bois ou de fer-blanc ou sans être renfermées)			d°	20	»	
Miel.			d°	5	»	

Mélasse, en cercles ou autrement.	d°	5 »	
Marrons, châtaignes et leur farine.	d°	5 »	
Pâtes d'Italie et autres pâtes granulées comme salep, sagou, tapioca, etc.	d°	5 »	
Fromages.	d°	3 »	
Sel marin.	d°	1 »	
Moutarde (farine et confection de).	d°	15 »	
Épices. — Piment commun.	d°	5 »	
Épices. — Cannelle et cassa-lignea	d°	45 »	
Épices. — Muscades, macis, fèves pichurins (noix de sassafras et noix de girofle, fruit du ravensera).	d°	100 »	
Épices. — Clous et griffes de girofle.	d°	40 »	
Épices. — Gingembre et autres.	d°	15 »	
Épices. — Poivre et piment des Colonies.	d°	20 »	
Viandes salées en lard et planches.	d°	5 »	
Saindoux.	d°	3 »	
Poissons de mer secs, salés, fumés ou marines.	d°	5 »	
Porcs vivants.	par tête.	6 »	
Aulx et oignons secs.	100 kilogrammes.	3 »	
COMBUSTIBLES.			
Chandelles en suif.	100 kilogrammes.	5 »	
Bougies de toute sorte.	d°	10 »	
Suif et graisse de mouton.	d°	2 »	
OBJETS DIVERS.			
Tabacs étrangers. — En feuilles ou en côtes.	Valeur.	10 p. °/₀	
Tabacs étrangers. — Cigares et autres tabacs fabriqués (excepté fabriqués en France et arrivant sous les plombs et vignettes de la régie).	d°	15 p. °/₀	
Savons autres que ceux de parfumerie.	100 kilogrammes.	2 »	

22 — 31 Décembre. — DÉFENSEURS. — *Arrêté ministériel qui crée quatre offices de défenseurs près le tribunal de 1re instance de Blidah.*

Le président du conseil, ministre secrétaire d'État de la guerre,

Vu l'art. 73 de l'ordonnance royale du 26 septembre 1842 ;

Vu l'art. 7 de l'ordonnance royale du 30 novembre 1844, portant création d'un tribunal de première instance à la résidence de Blidah ;

Art. 1er. Il est créé quatre offices de défenseurs près le tribunal de première instance de Blidah.

Art. 2. Le gouverneur-général de l'Algérie est chargé, etc.

27 — 31 Décembre. — CULTE RÉFORMÉ. — *Ordonnance royale qui approuve l'élection faite par le Consistoire d'Alger, de M. André en qualité de pasteur auxiliaire pour desservir l'oratoire d'Oran.*

Louis-Philippe, etc.

Sur le rapport de notre garde des sceaux, ministre secrétaire d'État au département de la justice et des cultes,

Vu le procès-verbal de la séance du Consistoire d'Alger, en date du 6 juillet 1844, duquel il résulte que le sieur André, pasteur de l'église consistoriale de Crest (Drôme) a été élu pour desservir l'oratoire d'Oran, en remplacement de M. Hoffmann ;

Vu l'avis de notre ministre secrétaire d'État au département de la guerre,

Vu la loi du 18 germinal an 10, et l'ordonnance du 31 octobre 1839,

Art. 1er. Est approuvée l'élection faite le 6 juillet 1844 par le Consistoire d'Alger, de M. André (Paul-Gabriel) en qualité de pasteur auxiliaire de l'église consistoriale d'Alger, pour desservir l'oratoire d'Oran, en remplacement de M. Hoffmann, nommé dans une autre église.

Art. 2. Notre garde des sceaux, ministre secrétaire d'État au département de la justice et des cultes, et notre ministre de la guerre sont chargés, etc.

30 — 31 Décembre. — GLACIÈRES. — *Arrêté du Gouverneur-Général, qui autorise le sieur Salio, avec privilége pendant cinq années, à établir une glacière sur une des pentes de la montagne de l'Edough.*

Vu la demande du sieur Salio, limonadier à Bône, à l'effet d'obtenir, avec privilége exclusif pendant cinq années, l'autorisation d'établir sur un des versants de la montagne de l'Édough, près de la ville de Bône, une glacière propre à conserver les neiges, de manière à pouvoir en fournir en tout temps à la consommation.

Vu notre arrêté en date du 22 septembre 1843, approuvé par M. le ministre de la guerre le 18 octobre suivant, par lequel semblable autorisation a été accordée aux sieurs Parmeggiani et Ce pour la province d'Alger.

Considérant que les motifs d'intérêt public qui nous ont porté à accueillir la demande du privilége sollicité par ces derniers, militent avec une force égale en faveur de la demande formée par le sieur Salio.

Considérant d'un autre côté, qu'avec des frais à peu près égaux, les chances de débit de la neige sont moins sûres et moins nombreuses à Bône qu'à Alger, et qu'ainsi, il y a justice à imposer à la nouvelle entreprise un tarif moins restreint que celui de l'arrêté sus-visé du 22 septembre 1843 ;

Art. 1er. Autorisation est accordée au sieur Emile Salio, limonadier à Bône, avec privilége pendant cinq années d'établir une glacière sur l'une des pentes de la montagne de l'Edough, près de la ville de Bône, pour la conservation des neiges d'une année à l'autre.

Art. 2. Nul individu ne pourra pendant ces cinq années se livrer à la vente des neiges ou des glaces, soit indigène ou étranger, dans la subdivision de Bône.

Les contraventions à la présente disposition seront punies d'une amende de cinq cents francs à mille francs, sans préjudice de la confiscation des neiges ou des glaces amenées soit de l'intérieur, soit de l'extérieur.

Art. 3. Il sera fait au sieur Salio une concession de terrain sur l'une des pentes de l'Edough, et située de manière à lui offrir le plus de chances possibles de succès.

Art. 4. De son côté, le sieur Salio s'engage envers l'administration à pourvoir pendant toute l'année, sauf le cas de force majeure, aux besoins tant des particuliers que des établissements publics, et notamment des hôpitaux militaires de la subdivision de Bône.

Les prix de la neige et de la glace resteront fixés invariablement ainsi qu'il suit :

1o Pour les hôpitaux civils et militaires de la ville de Bône, à raison de 30 cent. le kilogramme, et pour les habitants de Bône et des villages voisins créés ou à créer, à raison de 35 cent.

2o Pour les hôpitaux civils et militaires de la ville de la Calle et de Ghelma, à raison de 35 cent. le kilogramme, et pour les habitants de la Calle et des localités situées au delà de Dréan jusqu'à Ghelma, à raison de 40 cent. le kilogramme.

Art. 5. Les contraventions aux dispositions de l'article précédent seront passibles d'une amende de 30 francs par jour d'insuffisance d'approvisionnement, et du retrait du privilége, si cette insuffisance se prolongeait au delà de trois mois, comme aussi en cas de perception d'un prix supérieur au tarif ci-dessus.

Art. 6. La présente autorisation aura son effet à partir du premier 1845; et dans le cas où le sieur Salio ne se trouverait pas en mesure de remplir son engagement à l'époque ci-dessus fixée, le présent privilége sera annulé.

Art. 7. Les directeurs de l'intérieur et des finances sont chargés, etc.

31 — 31 Décembre. — AFFAIRES ARABES. — *Ordonnance royale qui nomme Sy ben Aouda agha des Ouled Naïl.*

Louis-Philippe, etc.

Sur le rapport de notre ministre secrétaire d'État de la guerre, président du conseil;

Art. 1er. Sy ben Aouda est nommé agha des Ouled Naïl (subdivision de Médéah).

Art. 2. Notre ministre secrétaire d'État de la guerre, président du conseil, est chargé, etc.

31 — 31 Décembre. — DÉFENSEURS. — *Arrêté ministériel qui nomme les sieurs Fourrier et Fric à deux des quatre offices de défenseurs institués par l'arrêté du 22 décembre.*

Vu l'article 73 de l'ordonnance royale du 26 septembre 1842;

Vu l'article 7 de l'ordonnance royale du 30 novembre 1844;

Vu l'arrêté du 22 de ce mois, portant création de quatre offices de défenseurs près le tribunal créé à Blidah,

Art. 1er. Les sieurs Fourrier (Jean-Marie), avocat près la cour royale de Lyon, et Fric (Henry), avocat près la cour royale de Pau, sont nommés défenseurs près le tribunal de 1re instance de Blidah (Algérie).

Art. 2. Les sieurs Fourrier et Fric seront admis à prêter serment et à exercer en ladite qualité après avoir justifié du versement du cautionnement de deux mille francs, auquel ils sont assujettis par l'art. 10 de l'arrêté du 26 novembre 1841.

Art. 3. Le procureur-général du roi en Algérie est chargé, etc.

ANNÉE 1845.

GOUVERNEMENT DU MARÉCHAL BUGEAUD.

4 — 30 Janvier. — MILICE. — *Arrêté du Gouverneur-Général, qui réorganise la Milice de Ténez.*

Vu les arrêtés des 28 octobre 1840 et 17 décembre 1841, sur la milice.

Considérant que l'augmentation survenue dans le chiffre de la population européenne de Ténez nécessite une nouvelle organisation de la milice de cette localité;

Sur la proposition du commandant de la subdivision d'Orléanville,

Art. 1er. La milice de Ténez sera composée à l'avenir ainsi qu'il suit:

Deux compagnies d'infanterie;
Une section de cavalerie;
Une section de marins;
Une section de sapeurs-pompiers.

Art. 2. Le commandant supérieur de ladite localité est chargé, etc.

8 — 30 Janvier. — TAXE DES LETTRES MILITAIRES. — *Arrêté du Gouverneur-Général, qui rapporte l'avant-dernier paragraphe de l'arrêté du 28 avril 1842, en ce qui concerne l'immunité de taxe accordée aux lettres militaires.*

Vu la dépêche de M. le ministre de la guerre en date du 28 décembre 1844 et l'arrêté de M. le gouverneur-général de l'Algérie en date du 28 avril 1842;

Considérant que la généralité de l'expression de *Lettre militaire*, dans l'arrêté précité a occasionné des abus dans le service du transport des lettres, en ce qui concerne les taxes;

Qu'il est urgent de soumettre le transport des lettres dans la province d'Oran aux mêmes règles et conditions que celles qui sont actuellement en vigueur dans les provinces d'Alger et de Constantine en vertu de l'ordonnance du 26 juin 1835,

Art. 1er. L'avant-dernier paragraphe de l'arrêté du 28 avril 1842 est rapporté, en ce qui concerne l'immunité de taxe accordée aux lettres militaires.

Art. 2. A dater du 1er février 1845, recevront seuls leurs lettres en franchise, et seulement celles relatives au service qui auront été revêtues des formalités prescrites, les fonctionnaires civils ou militaires compris dans la nomenclature de ceux qui sont autorisés à jouir de cette prérogative en vertu des réglements en vigueur.

Art. 3. Le directeur des finances est chargé, etc.

15 — 30 Janvier. — JUSTICE ET TRIBUNAUX. — *Arrêté ministériel qui crée un office d'huissier près la justice de paix de Douéra.*

Le président du conseil, ministre secrétaire d'État de la guerre,

Vu l'art. 73 de l'ordonnance royale du 26 septembre 1842;

Vu l'art. 12 de l'ordonnance royale du 30 novembre 1844, portant création d'une justice de paix à la résidence de Douéra,

Art. 1er. Il est créé un office d'huissier près la justice de paix de Douéra, à la résidence de cette ville.

Art. 2. Cet officier ministériel aura exclusivement le droit d'instrumenter dans le ressort de cette justice de paix, tel qu'il a été délimité par l'art. 12 de l'ordonnance royale du 30 novembre 1844.

Néanmoins, en cas d'absence ou d'empê-

www.ingramcontent.com/pod-product-compliance
Ingram Content Group UK Ltd.
Pitfield, Milton Keynes, MK11 3LW, UK
UKHW020347230726
13925UKWH00003B/1008

9 782013 703970